奈良文化財研究所研究報告　第20冊

第21回 古代官衙・集落研究会報告書

地方官衙政庁域の変遷と特質

報告編

序

　奈良文化財研究所では、古代官衙と集落に関する研究集会を平成8年から継続しています。この研究集会は、全国の官衙や古代集落に関心のある考古学・文献史学・建築史学・歴史地理学などの諸分野の研究者が年に一度、一堂に会して学際的な議論を交わすもので、毎年、律令国家の地方支配に関わるさまざまな遺跡・遺構・遺物の中から一つのテーマを取り上げてきました。

　古代官衙の建物配置では、コの字型や品字型など、複数の類型が確認されていますが、これまでに研究会では門（2009年）・四面廂建物（2011年）・長舎（2013年）と個別の建物を対象に、その建築的特徴、役割、建物配置などを検討してきました。

　2016年度には、建物群で構成された空間に視野を広げ、郡庁域の建物の廂の付加、礎石化、床・葺材の変更など、時間経過による建物やその配置の変化に着目しました。検討を通して政庁域の多様な空間構成を理解するには、空間と機能の関係が重要であることが浮かび上がってきました。いっぽうで、郡庁における儀礼は不明な点が多く、国庁、あるいは宮都に対象を広げ、儀礼の内容や儀礼空間の分析を通して、政庁域の空間の意義づけを図る必要性と課題も出てきました。

　そこで昨年の第21回研究集会では「地方官衙政庁域の変遷と特質」と題して、中央と関係の深い国庁も対象に取り上げ、中央と地方の儀礼、地域性、地方における技術の差異などの検討を目的に研究集会を開催しました。

　研究集会では、各地域・分野の研究者の報告と議論を通じて、古代地方官衙の政庁域の時代的な変遷や地域性が明らかになるとともに、地方官衙の定型化や国分寺の創建など、地方における施設の整備の様相、さらには地方の独自性などにも議論が及び、研究の展開が期待される大きな成果をあげることができました。

　この度、その研究成果をまとめた研究報告と、政庁域の遺構を集成した資料集が完成し、皆様にお届けできる運びとなりました。本書の執筆に当たられました各報告者をはじめ、研究集会に参加された皆さまに厚く感謝申し上げるとともに、本書が広く活用されることを期待します。

　奈良文化財研究所は、これからも古代官衙・集落から古代国家や社会の様相を探るべく、新たな研究課題を開拓し、全国の研究者と連携しながら、研究集会を継続したいと考えています。

　今後とも古代官衙・集落研究会の活動に対して、皆様のご支援とご協力を賜りますよう、よろしくお願い申し上げます。

2018年12月

独立行政法人国立文化財機構
奈良文化財研究所長

松村 惠司

目　次

序 ……………………………………………………………………………………… 3

目次 …………………………………………………………………………………… 5

例言 …………………………………………………………………………………… 6

開催趣旨 ……………………………………………………………………………… 7

プログラム …………………………………………………………………………… 8

Ⅰ　報　告　　　　　　　　　　　　　　　　　　　　　　　　　　　　　　9

地方官衙政庁域の建築の格式と荘厳性―国庁・郡庁正殿・国分寺金堂の比較から― ………… 海野　　聡　11

多賀城政庁と周辺城柵・郡衙の政庁域の変遷と特質 ……………………………… 廣谷　和也　35

常陸国庁と周辺郡衙の政庁域の変遷と特質 ………………………………………… 箕輪　健一　59

出雲国庁と周辺郡衙の政庁域の変遷と特質 ………………………………………… 志賀　　崇　89

大宰府管内における政庁域の構造と特質 …………………………………………… 杉原　敏之　105

文献からみた国・郡・寺院の「庁」における政務とクラ …………………………… 古尾谷知浩　125

国庁・郡庁建築と前期難波宮 ………………………………………………………… 李　　陽浩　133

Ⅱ　討　議　……………………………………………………………………………… 145

例　言

1　本書は、平成29年（2017）12月8日から9日にかけて、奈良文化財研究所平城宮跡資料館講堂において開催した古代官衙・集落研究会の第21回研究集会「地方官衙政庁域の変遷と特質」の報告書である。

2　本研究集会は、馬場基（都城発掘調査部史料研究室長）、林正憲（都城発掘調査部主任研究員）、小田裕樹（都城発掘調査部考古第二研究室研究員）、海野聡（当時：都城発掘調査部遺構研究室研究員、現：東京大学大学院工学系研究科准教授）、大澤正吾（都城発掘調査部考古第二研究室研究員）、清野陽一（都城発掘調査部考古第三研究室研究員）が企画・担当し、松村恵司、山中敏史（名誉研究員）の助言を得て開催した。参加者は、地方公共団体職員・研究者等計141名であった。

3　本書は研究報告編と資料編の2冊からなり、このうち研究報告編は「Ⅰ　報告」と「Ⅱ　討議」の2部構成とした。Ⅰは、研究集会における発表内容と検討成果をふまえて新たに加筆修正された論考を収録し、Ⅱには、討議の記録を参照しながら小田・海野が整理し、収録した。

4　本書における表記は『発掘調査のてびき（集落遺跡編、整理・報告書編、各種遺跡調査編）』（文化庁文化財部記念物課2010・2013）に準拠し統一を図った。ただし、著者の意図を尊重し、表記を統一しなかった部分がある。

5　本書の各論考に引用された事例の図については、資料編に収録した図を参照することとし、本文では原則として省略した。なお引用された図について、本文中では資料編の図面番号を適宜併記した。

6　本書の作成にあたり、下記の各機関・各氏から画像提供などのご高配を賜った。記して感謝申し上げる（五十音順）。
大野神社、株式会社岩波書店、株式会社新泉社、株式会社同成社、株式会社雄山閣、株式会社吉川弘文館、黒田慶一、公益財団法人古代学協会

7　本書の編集は馬場・林・小田・海野・大澤・清野の協議の上、海野・清野が担当し小田が補佐した。また、編集および本文の校正にあたり野口成美、山川貴美、北野智子の助力を得た。なお、資料編の作成にあたり、各資料の収集は海野・清野の指導のもと、野口・山川・北野がおこなった。

開催趣旨

　古代官衙では、コの字型や品字型など、複数の建物配置の類型が確認されており、古代官衙・集落研究会では門（2009年）・四面廂建物（2011年）・長舎（2013年）を対象に、その建築的特徴、役割、建物配置などを検討してきた。こうした検討を踏まえ、2016年度には、郡衙の中枢部である郡庁域の空間構成を対象に検討し、廂の付加、礎石化、床、瓦葺など、時代の流れとともに、建物やその配置の変化があることが確認された。そして郡衙ごとに規模、遮蔽施設、廂の有無など、さまざまな形式をみせており、一定の共通性のなかにも、独自性が表出していることが際立ってきた。これらの政庁域の多様な空間構成を理解するには、空間と機能の関係が重要であることが浮かび上がってきたが、郡庁における儀礼はあきらかではないため、国庁、あるいは宮都に対象を広げ、儀礼や儀礼のための空間を通して、政庁域の空間の意義づけを図る必要性があろう。

　そこで今回の研究集会では、中央と関係の深い政庁域にも焦点を当て、そこから周辺郡衙の政庁域や宮都の政庁域と比較することで、中央と地方の儀礼、地域性、地方における技術の差異などについて検討したい。また時代的な変遷や地域性の検討により、地方官衙の定型化や国分寺の創建など、地方における施設の整備の様相、さらには地方の独自性といった側面を知る手がかりとなることが期待される。

プログラム

2017年12月8日（金）・9日（土）
於：奈良文化財研究所　平城宮跡資料館　講堂

12月8日（金）

13：00 ～ 13：15　開会挨拶

13：15 ～ 14：00　国庁正殿と郡庁正殿・国分寺金堂の比較にみる
　　　　　　　　　建築の格式と荘厳性　　　　　　　　海野　聡（奈良文化財研究所）

14：00 ～ 15：10　多賀城政庁と周辺城柵・郡衙の政庁域の変遷と特質
　　　　　　　　　　　　　　　　　　　　　　廣谷和也（宮城県多賀城跡調査研究所）

15：10 ～ 15：25　〈休　憩〉

15：25 ～ 16：35　常陸国庁と周辺郡衙の政庁域の変遷と特質
　　　　　　　　　　　　　　　　　　　　　　　　　箕輪健一（石岡市役所）

16：35 ～ 17：45　出雲国庁と周辺郡衙の政庁域の変遷と特質
　　　　　　　　　　　　　　　　　　　　　　　　　志賀　崇（雲南市教育委員会）

12月9日（土）

9：30 ～ 10：40　大宰府管内における政庁域の構造と特質
　　　　　　　　　　　　　　　　　　　　　　　　　杉原敏之（福岡県教育庁）

10：40 ～ 11：40　文献からみた国・郡・寺院の「庁」における政務とクラ
　　　　　　　　　　　　　　　　　　　　　　古尾谷知浩（名古屋大学大学院）

11：40 ～ 12：10　国庁・郡庁建築と前期難波宮　　李　陽浩（大阪歴史博物館）

12：10 ～ 13：10　〈昼食・休憩〉

13：10 ～ 15：30　討　論　　　　　　　　　司会：李　陽浩（大阪歴史博物館）

15：30 ～　　　　閉会挨拶

I 報　告

地方官衙政庁域の建築の格式と荘厳性
―国庁・郡庁正殿・国分寺金堂の比較から―

海野　聡（東京大学）

I　はじめに

これまでの経緯と課題　政庁域における建物構成や建築的特徴については、前稿で述べた通り廂の有無・礎石化・床束などが着目すべき点である（文献9）。特に、国庁は元日朝賀など主要な儀礼の場でもあり、地方において国庁の建物が政庁域を荘厳する重要な役割を果たしていた。

　そこで、本稿では国庁と郡庁の正殿を対象に、その規模、廂の有無、基礎構造などに着目して比較し、両者の共通点と相違点をあきらかにすることで、国庁と郡庁の特質を考える基礎としたい。

　また、国庁が整備された一方で、天平年間には国分寺の整備が各国に命じられ、礎石建ちで巨大な諸堂宇が建設された。もちろん、国分寺の建立以前にも白鳳寺院は各地に存在し、礎石や瓦葺の建物が地方に存在したが、官の主導による国分寺の建設が、地方における技術や建物の格式に大きな影響を与えたことは疑いなかろう。いわゆる、定型化国庁の成立した8世紀第1四半期と建設時期が近接しており、地方における建築技術や格式を検討する上で、国分寺金堂は有効な比較対象である。ゆえに当時の地方において、中心的建物であった国庁正殿と国分寺金堂を比べることで、建築技術の差や国庁の建物の格式について一考したい。

　そして、一部の国庁を中心に、地方官衙政庁域には楼閣とみられる総柱建物が確認されており、政庁域の荘厳装置の可能性がある。この政庁域の総柱建物の構造と意味についても検討し、郡庁との空間の比較を試みたい。

　以上の検討とともに、空間の格式や国庁と郡庁の比較、空間構成の模倣の観点から、地方官衙政庁域の祖型についても現段階の私案を示しておきたい。

奈良時代の建物の格式　奈良時代は建物の格式を重んじた時代で、寺院金堂を通してその傾向があきらかになっている（文献6）。平城京の第一級寺院では、身舎桁行5間に四面廂の付いた規模に裳階が廻る構造で、外観上は二重とするものが多かった。この裳階を除いた桁行7間という規模は、大極殿を超えない規模になるよう配慮したと考えられる[1]。これに対し、唐招提寺をはじめとする京内第二級寺院や国分寺の金堂は、身舎桁行5間に四面廂の付いた規模で単層の建物とし、視覚的にも差別化を図っていた。このように寺院金堂では、寺格によって建物の規模や形式が差別化されていた。同様の傾向が地方官衙にもあったのかについて、国庁と郡庁の比較を通して検討してみたい。

II　国庁正殿の特徴

立地と遮蔽施設　国庁の空間中軸線上に位置する建物を正殿と比定することが多いであろうが、まず国庁正殿の特徴として重要であるのは、正殿が独立し、遮蔽施設など他の構築物と接続していないという点である。もちろん、大宰府II・III期のように、回廊が接続することはあっても、いわゆる北辺殿のような形をとり、正殿が存在しないということはない。これは前稿で述べたように、空間における正殿の優位性の明示ということが、国庁において重要であったことの表れであろう。

建物規模と平面　まずは国庁正殿の建築的な特徴を見てみよう（表1・2）。なお、表1・2については、時期ごとに建物の数を数えているため、伯耆国庁・肥前国庁の正殿のように、身舎が存続し続け、廂の付け替えをおこなっているものを別の建物として数えた計73棟を対象にした定量的な分析である。

　まず、桁行規模をみると、郡庁正殿について前稿で述べたように、偶数間ではなく奇数間とするのが基本であろうが、郡山官衙遺跡II－A期（SB1250）、常陸国府跡Ia・b期（SB1501）、筑後国府跡I－A期

表1　国庁正殿の建築的特徴（1）

遺跡名	遺構番号	遺構期	年代	基部構造	建物形式	平面形式	桁行間数	桁行総長	梁行間数	梁行総長	備考	遺跡文献番号	資料編頁
郡山官衙	SB 1250	Ⅱ-A期	7世紀後半～8世紀初め	掘立	側柱	四面廂	8	17.4	5	10.8		1	10・11
多賀城	SB 150 A	第Ⅰ期	8世紀前半	掘立	側柱	片廂	5	19.7	4	11.7	瓦葺。基壇・雨落溝あり。建替。間柱・階段。南側のみ基壇外装とみられる溝あり。階段	2	13～15
	SB 150 Z	第Ⅱ期	8世紀中葉（宝亀11（780）年焼失）	礎石	側柱	四面廂	7	22.8	4	12.0	瓦葺。乱石積基壇・足場あり。建替。階段	2	13～15
	SB 150 B	第Ⅲ-1期	宝亀11（780）年～8世紀末葉	礎石	側柱	四面廂	7	22.8	4	12.0	瓦葺。切石積基壇・足場あり。建替。Ⅳ期まで継続	2	13～15
	SB 748 B	Ⅰ期	733年～8世紀前葉	掘立	側柱	片廂	5	18.0	4	12.6		3	24・25
	SB 748 A	Ⅱ期	8世紀前葉～末葉・9世紀初め	掘立	側柱	片廂	5	(18.0)	4	(12.6)		3	24・25
秋田城	SB 745	Ⅲ期	8世紀前葉～末葉・9世紀初め～9世紀第2四半期	掘立	側柱	片廂	5	16.5	3	12.0		3	24・25
	SB 746 B	ⅣA期	9世紀第2四半期～第3四半期	掘立	側柱	片廂	5	(16.5)	3	(12.0)		3	24・25
	SB 746 A	ⅣB期	9世紀第3四半期～878年	掘立	側柱	片廂	5	16.5	3	12.0		3	24・25
	SB 744	Ⅴ期	878年～10世紀第2四半期中葉	掘立	側柱	片廂	5	15.0	3	9.8	基壇あり	3	24・25
	SB 743	Ⅵ期	10世紀第2四半期～中葉	礎石	側柱	無廂	5	(14.5)	2ヵ	(5.5)		3	24・25
	SB 110	Ⅰ期	8世紀末葉～9世紀前葉	掘立	側柱	片廂	5	17.70	4	12.14	外周柱穴列は縁または廂	4	26・27
	SB 111 A	Ⅱ期	9世紀後半～末葉	掘立	側柱	片廂	5		4		建替	4	26・27
払田柵	SB 111 B	Ⅲ期	9世紀前半～10世紀前半	掘立	側柱	片廂	5	16.67	4	11.25	建替。北側に広縁ヵ・目隠し塀	4	26・27
	SB 111 C	Ⅳ期	10世紀前半～中葉	掘立	側柱	片廂	5	16.52	3	11.16	建替	4	26・27
	SB 112	Ⅴ期	10世紀後葉～11世紀前葉	掘立	側柱	無廂	5	14.45	2	6.92	雨落溝あり	4	26・27
	SB 001	Ⅰ期	9世紀前半	掘立	側柱	廂か否かなど不明	5	15.0	3	9.0	根石	5	28・29
城輪柵	SB 002 A	Ⅱ期	9世紀後半	掘立	側柱	片廂	5	17.5	3	10.2	建替	6	28・29
	SB 002 B	Ⅲ期	10世紀後半	礎石	側柱	片廂	5	17.5	3	10.2	建替	7	28・29
	SB 003	Ⅳ期	11世紀	礎石	床束ヵ	片廂	7ヵ	21	3	10.5	正殿ヵ	8	28・29
八森	SB a 1		9世紀第4四半期後半～10世紀第1四半期前半	礎石	側柱	無廂	7	18.9	3	9.67	雨落溝あり	7	30
	SB 1702	初期官衙	7世紀末葉～8世紀初め	掘立	側柱	二面廂ヵ	5以上	12.9以上	1以上	2.7以上		8	39・40
常陸国府	SB 1501	Ⅰa・b期	8世紀前半	掘立	側柱	片廂	6	15.3	4	10.8		8	39・40
	SB 1502 a	Ⅱ期	8世紀中葉	掘立	側柱	片廂	7	21.0	4	12.3	建替	8	39・40
	SB 1502 b	Ⅲa・b期	9世紀	掘立	側柱	片廂	7	21.0	4	12.3	建替。Ⅲb期まで継続	8	39・40
	M69-SB7 c		8世紀前葉	掘立	側柱	四面廂ヵ	7ヵ	(20.6)	4	11.6	正殿ヵ。建替	9	59・60
武蔵国府	M69-SB7 b		8世紀中葉	掘立	側柱	四面廂ヵ	9ヵ	(26.6)	4	11.6	正殿ヵ。建替。根石あり	9	59・60
	M69-SB7 a		8世紀中葉	礎石	側柱	四面廂ヵ	9ヵ	(26.6)	4	11.6	正殿ヵ。建替	9	59・60
	SB 3000 A	第1期	8世紀後半	掘立	側柱	四面廂ヵ	7ヵ	(23.4)	4	12.0	建替	10	71
美濃国府	SB 3000 B	第2期	8世紀前半	掘立	側柱	四面廂ヵ	7ヵ	(23.4)	4	12.0	建替	10	71
	SB 3000 C	第3期	9世紀	礎石	側柱	四面廂ヵ	7ヵ	(23.4)	4	12.0	基壇あり。建替	10	71
	SB 501 A		8世紀末～9世紀半ば	掘立	側柱	四面廂	7	22.5	4	12.6	建替。かつて前面に孫廂の想定案あり	11	75・76
三河国府	SB 501 B		9世紀半ば～10世紀初め	掘立	側柱	四面廂	7	22.5	4	12.6	建替	11	75・76
	SB 501 C	Ⅲ期	10世紀初め～半ば	礎石ヵ	側柱	四面廂	7	22.5	4	12.6	雨落溝・地業あり。総地業。地下式礎石をともなう掘立柱建物ヵ	11	75・76
伊勢国府	SB 06		8世紀後半～	礎石	不明	不明	7ヵ	(25.2)			瓦葺。基壇・地業あり。7×5間四面廂建物ヵ	12	78・79
	SB 1056	政庁1期	8世紀末葉～9世紀前半	掘立	側柱	片廂	5	15.0	3	8.4		13	82・83
伊賀国府	SB 1055	政庁2期	9世紀前半～10世紀前半	掘立	側柱	三面廂	7	20.7	3	8.3		13	82・83
	SB 1060	政庁3期	10世紀前半～後半	礎石	側柱	無廂	5	15.0	2以上	6以上	瓦葺。基壇・地業あり。5×3間（15.0×9.0m）ヵ	13	82・83

表2　国庁正殿の建築的特徴（2）

遺跡名	遺構番号	遺構期	年代	基部構造	建物形式	平面形式	桁行間数	桁行総長	梁行間数	梁行総長	備考	遺跡文献番号	資料編頁
近江国府	前殿	I期	8世紀中葉～9世紀初め	礎石	不明	不明	7ヵ	(23.1)	5ヵ	(15.0)	瓦葺、瓦積基壇・礎の雨落溝あり。III期まで継続か。基壇規模27.9×19.3m	14	84・85
平安京右京一条三坊	SB08	II－a期	8世紀末葉	掘立	側柱	二面廂	7	20.79	4	11.88	瓦葺。	15	268
	SB09	II－b期	～9世紀初め	掘・礎併	側柱	二面廂	7	20.79	5	15.74	瓦葺。南に孫廂（出3.861m）。身舎は礎石・廂と孫廂は掘立柱。	15	268
因幡国府	SB101	IV期		掘立	側柱	二面廂	5	12.00	4	10.80	正殿か。東にも廂があった可能性あり。	16	101
不入岡	SB73	BI期	8世紀前半	掘立	側柱	四面廂	6	14.1	4	8.1		17	108
伯耆国府	SB04A	I期	8世紀後半	掘立	側柱	片廂	5	15.0	4	10.5	瓦葺か	18	106・107
	SB04B	II期	9世紀初め	掘立	側柱	片廂	5	15.0	4	12.0	瓦葺か	19	106・107
伯耆国府	SB04C	III期	9世紀中葉	礎石	側柱	無廂	5	15.0	3	7.2	瓦葺、縁あり。II期より廂消滅。南面中央3間に縁（出1.8m）。4.8mの南廂ありか。IV期まで継続	20	106・107
出雲国府	SB020（古）	II－2期	8世紀第2～3四半期	掘立	側柱	四面廂	5ヵ	(14.8)	4ヵ	(11.8)		20	112・113
	SB020（新）		8世紀後半	掘立	側柱	四面廂か	5ヵ	(13.8)	4ヵ	(10.8)		20	112・113
	210SB2	先行官衙期段階	7世紀後半	掘立	側柱	四面廂	7	18.00	5	12.90	足場あり。正殿か	21	132～135
筑後国府	SB3389	I－A期	7世紀末～8世紀前半	掘立	側柱	無廂	6	16.70	3	7.10		22	132～135
	SB3391	I－B期	7世紀末～8世紀前半	掘立	側柱	無廂	7	20.80	2	4.80		22	132～135
	SB3390	I－C期	7世紀末～8世紀前半	掘立	側柱	無廂	8	23.20	3	6.60		22	132～135
	SB3397	I－D期	7世紀末～8世紀前半	掘立	側柱	無廂	5	15.0	2	5.60		22	132～135
	180SB1a	III期	10世紀前半～11世紀末葉	掘立	側柱	片廂	5	13.90	4	7.90	雨落溝あり。建替	23	132～135
	180SB1b	III期	10世紀前半～11世紀末葉	掘立	側柱	片廂	5	13.90	4	7.90	雨落溝あり。建替	23	132～135
	180SB1c	III期	10世紀前半～11世紀末葉	掘立	側柱	片廂	5	13.90	4	7.90	雨落溝あり。建替	23	132～135
	180SB2	III期	10世紀前半～11世紀末葉	掘立	側柱	無廂	5	13.60	2	5.40	建替	23	132～135
福原長者原	SB010A	II a期	8世紀第1四半期	掘立	側柱	三面廂	7	17.31	3	10.24	建替	24	139
	SB010B	II b期	8世紀第1四半期	掘立	側柱	三面廂	7	17.31	3	10.24	建替	24	139
大宰府	SB120	I b期	～8世紀第1四半期初め	掘立	側柱	片廂	10以上	27.0以上	4	10.23	雨落溝あり。正殿か。復元案A：東西に延びる11×4間片廂の建物。復元案B：北側柱列が廂・廂部分が回廊となり、東へ延びる建物に取り付く	25	148・149
	SB010A	III期	8世紀第1四半期中葉～10世紀中頃	礎石	側柱	四面廂	7	29.4	4	13.58	瓦葺、切石積基壇、足場あり。建替。階段。渠（SX133瓦組）	25	148・149
	SB010B	III期	10世紀中頃	礎石	側柱	四面廂	7	29.4	4	13.58	瓦葺、切石積基壇あり。建替。階段	25	148・149
肥前国府	SB80A	I期	8世紀前半～中頃	掘立	側柱	無廂	7	20.4	2	6.8	基壇・雨落溝あり。	26	158・159
	SB80B	III期	8世紀後半	掘立	側柱	四面廂	9	24.5	4	10.9	基壇あり。I期建物に廂付加	26	158・159
	SB80C	III期	9世紀前半	礎石	側柱	無廂	7	20.3	2	6.8	基壇あり。II期建物より廂消滅	27	158・159
	SB60	IV期	10世紀	掘立	側柱	無廂	5	15.0	2	6.2	目隠し塀（SA95）	27	158・159
日向国府	SB030a	I a期	～8世紀中頃	掘立	側柱	四面廂か	6ヵ	15.6	3以上		布掘り	28	168・169
	SB030b	I b期	～8世紀中頃	掘立	側柱	四面廂か	8	15.6	3以上		布掘り	28	168・169
	SB030c	I c期	～8世紀中頃	掘立	側柱	二面廂	8	18.7	4	11.9	建替	28	168・169
	SB003a	II a期	8世紀後半～9世紀初め	掘立	側柱	二面廂	7	18.7	4	11.9	建替	29	168・169
	SB003b	II b期	8世紀末葉～9世紀初め	掘立	側柱	二面廂	7	18.7	4	11.9	基壇あり。建替	29	168・169
	SB003c	II c期	9世紀中葉	礎石	側柱	二面廂	7	18.7	4	11.9	基壇あり。建替	29	168・169
	SB003d	II d期	9世紀末～10世紀前半	掘立	側柱	二面廂	7	18.7	4	11.9	建替	30	168・169

（SB3389）、日向国府跡Ｉa期（SB030a）の6間、筑後国府跡Ｉ－Ｃ期（SB3390）、日向国府跡Ｉb・c期（SB030b・c）の8間と不入岡遺跡ＢＩ期（SB73）の6間と偶数間のものも確認できる。この偶数間の国庁正殿は、常陸国を除くと九州に集中しており、地域的な特徴かもしれない。また、比較的初期の国庁にみられる点も国庁の成立や変遷を考える上で1つの手がかりとなろう。

　奇数間のものをみると、大宰府政庁跡Ｉb期正殿（SB120）の桁行11間は破格の規模であるが、桁行9間のものも武蔵国府跡（M69－SB7a・b）、肥前国府跡の正殿にみられる。これらの桁行9間以上のものは限定的で、桁行7間（30棟）・桁行5間（31棟）が中心的である。

　次に、廂の有無を考慮した平面について見てみよう。不明が3棟あるがそれ以外を見ると、四面廂21棟、三面廂3棟、二面廂8棟、片廂24棟、無廂14棟で、約80％が廂付建物で、なかでも片廂がもっとも多い。次いで四面廂が多く、約29％を占める。

　廂の取り付き方を勘案して身舎の規模を見ると、身舎の桁行5間のものが43棟と約59％を占め、次いで桁行7間のものが16棟で22％を占め、この2つで約8割を占める。この身舎桁行7間の四面廂のものは武蔵国・肥前国に限られ、身舎桁行7間の場合、ほとんどが二面廂以下で、桁行の総柱間数は9間以下である。

　梁行については、身舎2間のものが多い。その一方で、郡山官衙遺跡Ⅱ－Ａ期（SB1250）、多賀城跡第Ⅰ期（SB150Ａ）、秋田城跡Ⅱ・Ⅲ期（SB748Ｃ・Ｂ）、払田柵跡Ⅰ期（SB110）・Ⅱ・Ⅲ期（SB111Ａ・Ｂ）、城輪柵跡Ⅰ期（SB0001）、八森遺跡（SBa1）、常陸国府跡Ⅰa・b期（SB1501）・Ⅱ期・Ⅲ期（SB1502a・b）、平安京右京一条三坊九町Ⅱ－b期（SB09）、伯耆国府跡Ⅰ期・Ⅱ期・Ⅲ期（SB04Ａ・Ｂ・Ｃ）、筑後国府跡先行官衙段階（210SB2）・Ⅰ－Ａ期（SB3389）・Ⅰ－Ｃ期（SB3390）・Ⅲ期（180SB1a・b・c）大宰府政庁跡Ⅰ－b期（SB120）は身舎梁行3間で、八森遺跡・伯耆国府跡Ⅲ期を除き、掘立柱建物である。さらにこの2例は無廂である。

　礎石建物の場合、8世紀後半以降、身舎梁行3間のみの建物であっても入母屋造、もしくは寄棟造の屋根を架ける技術が生じていた可能性があり[2]、東寺金堂（9世紀初め）がその例としてあげられるが、技術

的には西大寺弥勒金堂までさかのぼる可能性がある。

　これを勘案すると、伯耆国府跡Ⅲ期の時期は9世紀中葉で、こうした中央の建築技術が地方に伝わっていた可能性を示唆する。また、八森遺跡の遺構の年代を考える上でも1つの指標になろう。

　一方で、掘立柱建物の身舎梁行3間の事例は、秋田城跡・払田柵跡・常陸国府跡・平安京右京一条三坊九坪九町・伯耆国府跡・筑後国府跡の事例を除き、比較的早い時期で、7世紀後半から8世紀初頭の掘立柱建物特有の技術の可能性がある。梁行3間の場合、屋根勾配が同じであるとすると、梁行2間に比べて棟の高さが高くなり、より荘厳性が増すと考えられる。

　このように、廂の付き方にもよるが、国庁正殿では身舎桁行は5間もしくは7間で、7間の場合は二面廂以下とすることが多いという傾向がある（図1）。身舎桁行7間に四面廂とする例は肥前や武蔵の国庁正殿にみられるが、後述のように国分寺金堂でもこの2国のものは大きいため、地域的な特性を示しているのかもしれない。

基礎と屋根葺材　基礎を見てみると、礎石建物は18棟で、約26％と限定的である。基壇を用いる例も13棟で、多くが基壇のない掘立柱建物であった。瓦葺建物の可能性があるものも12棟で、ほとんどが非瓦葺建物であったとみられる。

　その一方で興味深いのが、多賀城跡第Ⅰ期、秋田城跡Ｖ期、肥前国府跡Ⅰ・Ⅱ期で、掘立柱建物であるにもかかわらず基壇を設けており、一定の格式と雨水に対する配慮がなされていたと判断される。また、多賀城跡第Ⅰ期・平安京右京一条三坊Ⅱ－a期のように、掘立柱で瓦葺とみられる建物は荷重の大きい瓦葺で構造的に不利であるが、国庁としての格式を示すために瓦葺とした可能性があり、国庁の荘厳性を考える上で重要である。

Ⅲ　国庁正殿と郡庁正殿

郡庁正殿の特徴　前稿で郡庁正殿の特徴について述べているが（文献9）、表3・4の郡庁正殿と目される遺構76棟を対象に改めて簡潔に述べたい。前稿ではまず、以下の3点を指摘している。

・桁行5間のものが大半であるが、最大級のものでは7間のものがある。

・桁行偶数間のものが一定数みられる。

・身舎梁行2間のものが多いが、身舎梁行3間のものもみられる。全国的に確認できるが、東北地方に特に集中する。

これらの特徴に加え、廂の取り付きについて詳しくみると、四面廂23棟（約30％）、三面廂2棟（約3％）、二面廂8棟（約10％）、片廂7棟（約9％）、無廂36棟（約48％）と無廂のものが約半数を占め、さらに廂付建物のなかでは四面廂が圧倒的に多いことがわかる（図1）。

また無廂のうち、身舎梁行3間のものは15棟を数え、無廂建物であっても、梁行を大きくとっている。これは前述のように、梁行を大きくすると棟高が高くなるため、無廂であっても荘厳性を高めることができる1つの工夫であろう。

基壇は、三十三間堂官衙遺跡I・II・III期、上野国新田郡家跡3・4〜5段階、上原遺跡群山宮阿弥陀森遺跡南区1・2期（基壇の可能性）でみられるが、基本的に郡庁正殿には用いられない。また、礎石建物も上野国新田郡家跡3・4〜5段階のみで、ほかはすべて掘立柱建物である。瓦葺の可能性のあるものも名生館官衙遺跡III期のみで、郡庁正殿は非瓦葺とみてよいであろう。

国庁と郡庁の比較　では、国庁と郡庁の正殿でどのような建築的な違いがあるのであろうか。平面・基礎・葺材の面から比較してみたい。

まず平面については、国庁正殿では約80％が廂付建物であるのに対し、郡庁正殿では約52％と廂付建物の割合は少ない。一方で、四面廂の割合は国庁で約29％、郡庁で約30％とほぼ同じ割合で、いずれにおいても四面廂建物が一定の割合を占め、格式を示すものであったことがうかがえる。この点は、地方官衙における正殿の外観意匠の面によるところが大きく、屋根の形状も切妻造ではなく、入母屋造もしくは寄棟造となり、荘厳性に違いが出てくる。

桁行については、国庁正殿の身舎は7間もしくは5間で、その数は均衡しているが、この両者が大半を占める。一方、郡庁では身舎5間のものがほとんどで、身舎7間のものは西原堀之内遺跡第1次、神野向遺跡III期、上原遺跡群山宮阿弥陀森遺跡南区1・2期・上原遺跡B期、万代寺遺跡前期・後期、城原・里遺跡里地区3期に限られる。

前稿でも述べたが、郡庁正殿の最高の格式とみられるものが7間×4間の四面廂で、それに次ぐ形式が7間×4間の二面廂であるとみられ（図1）、それより

規模が小さいものでは桁行5間で、片廂や無廂のものも正殿とすることがある。国庁正殿は、廂を含めると桁行7間以上であり、多くは郡庁正殿よりも一回り大きい規模である。また、屋根形状も郡庁正殿の多くは切妻造とみられ、この点も国庁へ意匠面で配慮したのかもしれない。同じ四面廂の柱配置であっても、郡庁では有田・小田部遺跡のように柱筋が通らない例や、上神主・茂原遺跡のように身舎と廂の柱筋が通らないものもあり[3]、これらは「身舎・廂分離型」と考えられる（図2）。一方で、国庁の四面廂を見ると、美濃国庁正殿のように柱筋が通っており、「身舎・廂一体型」と考えても齟齬はなく、高い施工技術のもとに建てられていることがわかる（図2）。

梁行については、国庁正殿では身舎2間がほとんどで、一部身舎3間が用いられる程度であるが、郡庁正殿では、身舎3間とするものが多く、無廂あるいは片廂のものが多い。こうした身舎梁行3間の技術は、内裏正殿に用いられていることが知られ[4]、律令期以前の技術を継承しているのかもしれない。

葺材・基礎については、郡庁・国庁ともに非瓦葺・掘立柱建物が多いが、国庁正殿には基壇・礎石・瓦葺の建物が一定数確認できる。両者の格式を示す装置として、これらが機能していたと考えられ、特に後述の多賀城第I期から第II期への改造ではこの点が顕著に表れている。

次に、国ごとに国庁と郡庁を比較して傾向をみてみよう（表5・6）。まず陸奥国では、8世紀前半の多賀城跡第I期の時期の正殿は5間×4間の片廂であるが、名生館官衙遺跡III期、根岸官衙遺跡I期ではこれを超える四面廂の建物が建てられた。多賀城跡正殿は基壇・瓦葺であり、これらの郡庁正殿は掘立柱建物であったから必ずしも建築的に優位性を示すものではなかった。その一方で、8世紀中葉の多賀城第II期では、礎石・乱石積基壇・四面廂・瓦葺と国庁正殿のなかでもかなり格式の高い構成で整備され、陸奥国内の他の郡庁正殿がこれを超える規模で造られることはなかったとみられる。律令国家と東北支配の関係性を考える上で1つの指標になろう。

次に出羽国であるが、郡庁が西原堀之内遺跡のみである。さらに遺構の年代も10世紀以降であるため判断が難しいが、郡庁正殿は無廂で、片廂の建物が多い出羽国庁の正殿よりも格式の低い形式としている。

常陸国は、8世紀の国庁Ia・b期の正殿は6間

表3　郡庁正殿の建築的特徴（1）

遺跡名	国名	遺構番号	遺構期	年代	基部構造	建物形式	平面形式	桁行間数	桁行総長	梁行間数	梁行総長	備考	遺跡文献番号	資料編頁
名生館官衙		SB 01	III期（城内地区 B期）	8世紀初め～前葉	掘立	床束	四面廂	7	17.15	5	12.10	足場あり	31	17
		SB 1231	V期（小館地区 IV2期）	8世紀末葉～9世紀	掘立	側柱	無廂	4	11.5	2	6.0		32	17
三十三間堂官衙		SB 50A	I期	9世紀前半	掘立	側柱	無廂	5	18.0	3	7.2	基壇・雨落溝・足場あり。建替	33	20・21
		SB 50B	II期	9世紀中葉	掘立	側柱	無廂	5	18.0	3	7.2	基壇・雨落溝・足場あり。建替	33	20・21
		SB 50C	III期	9世紀後葉	掘立	側柱	無廂	5	15.0	3	7.2	基壇・雨落溝・足場あり。建替、一部根石カ	33	20・21
東山官衙		SB 481A	II期	8世紀後半	掘立	側柱	無廂	5	12.00	2	6.60	建替	34	22・23
		SB 481B	III期	9世紀前半	掘立	側柱	無廂	5	11.50	2	6.60	建替	34	22・23
		SB 481C	IV期	9世紀後半	掘立	側柱	無廂	5	11.50	2	6.60	建替	34	22・23
		SB 481D	V期	10世紀前半	掘立	側柱	無廂	5	10.59	2	6.23	建替	34	22・23
根岸官衙	陸奥	36号掘立柱建物跡	郡庁院I期	7世紀後半～8世紀初め	掘立	側柱	四面廂	7	15.60	4	8.40	建替	36	32・33
		34号掘立柱建物跡	郡庁院III a期	8世紀中葉～後半	掘立	側柱	無廂	5	15.30	2	6.40	建替。III a期	36	32・33
		33号掘立柱建物跡	郡庁院III b期	8世紀中葉～後半	掘立	側柱	無廂	5	14.90	2	6.00	建替。III b期	36	32・33
		32号掘立柱建物跡	郡庁院III c期	8世紀後半以降	掘立	側柱	無廂	5	15.20	2	6.20	建替。III c期	36	32・33
		31号掘立柱建物跡	郡庁院III d期	8世紀後半以降	掘立	側柱	無廂	5	14.90	2	6.10	建替。III d期	36	32・33
栄町		SB 32	IV期	8世紀中頃	掘立	側柱	四面廂カ	5以上	11.28以上	5	9.77	正殿カ	37	34・35
		SB 41A a	VI期	9世紀～	掘立	側柱	四面廂	7	15.36	5	10.35	足場あり。南に添廂カ縁カ（出1.91m）	37	34・35
		SB 41A b	VI期	9世紀～	掘立	側柱	四面廂	7	15.36	5	10.35	根石。南に添廂カ縁カ（出1.3m）	37	34・35
		SB 41B	VI期	9世紀～	掘立	側柱	四面廂	7	15.36	5	10.35	足場あり。南に添廂カ縁カ（出1.1m）。西および北にも同様の柱列あり	37	34・35
泉官衙		SB 1703	I期（A期）	7世紀後半	掘立	側柱	無廂	3以上	8.1以上	2	4.8		38	36・37
		SB 1710 a	II期（B-a期）	8世紀前半	掘立	側柱	四面廂	6	13.8	4	9.0	建替	38	36・37
		SB 1710 b	II期（B-b期）	8世紀前半	掘立	側柱	四面廂	6	13.8	4	9.0	建替	38	36・37
		SB 1712 a	III期（C-a期）	8世紀後半～9世紀	掘立	床束カ	無廂	5	19.50	3	9.00	雨落溝あり。建替。壺布併用	38	36・37
		SB 1712 b	III期（C-b期）	8世紀末葉～9世紀	掘立	床束カ	無廂	5	19.50	3	9.00	雨落溝あり。建替。目隠し塀	38	36・37
両原堀之内	出羽	第一建物跡	第1次	10世紀以降～平安末期	掘立	側柱	無廂	7	12.6	4	7.20	枕木	35	31
		第一建物跡	第2次	10世紀以降～平安末期	掘立	側柱	無廂	5	10.5	4	8.0	雨落溝あり。周囲1mに縁と報告されるが詳細不明	35	31
神野向	常陸	SB 1020	I期	8世紀前半	掘立	側柱	二面廂	5	15	4	9.0		39	43・44
		SB 1030	II期	8世紀後半	掘立	側柱	片廂	4以上	9以上	4	9.6		39	43・44
		SB 1045	III期	9世紀初め	掘立	側柱	二面廂	7	15.5	5	11.6		39	43・44
上神主・茂原官衙	下野	SB 90	I期	7世紀後葉	掘立	側柱	片廂	5	17.1	3	8.6		40	45
		SB 91（復元案2）	II期	8世紀前半	掘立	側柱	四面廂	6	20.9	7	10.2	報告書ではSB 90の建替とする	40	45
長者ヶ平官衙		SB-1A	II-1期	8世紀前半	掘立	側柱	三面廂	7	16.8	3	7.2	建替	41	50・51
		SB-1B	II-2期	8世紀後半～9世紀前半	掘立	側柱	三面廂	7	16.6	3	7.3	建替	41	50・51
		SB-1C	II-3期	8世紀後半～9世紀	掘立	側柱	無廂	5	13.2	2	5.7	建替。目隠し塀	41	50・51
		SB-1D	II-4期	9世紀後半	掘立	側柱	無廂	5	13.2	2	5.7	建替。枕木	41	50・51
上野国新田郡家跡	上野	9号掘立柱建物跡	1～2段階	7世紀後半～8世紀前半	掘立	側柱	無廂	5	13.5	3カ	6.3	2段階まで継続。建替	42	52・53
		1号礎石建物跡 a	3段階	8世紀後半～後半	礎石	側柱	無廂	5	(15.0)	3	(7.2)	基壇・雨落溝・足場あり。総地業	42	52・53
		1号礎石建物跡 b	4～5段階	9世紀前半～後半	礎石	側柱	無廂	5	(15.0)	3	(7.2)	基壇・雨落溝・足場あり。5段階まで継続	42	52・53
御殿前	武蔵	SB 015B	郡庁院I期	8世紀第1四半期後半～第3四半期前半	掘立	側柱	無廂	3以上	8.1以上	3	8.1	建替	43	57・58
		SB 015C	郡庁院II期	8世紀第1四半期後半～第3四半期前半	掘立	側柱	無廂	2以上	4.8以上	3	6.3	建替	43	57・58
		SB 015D-1	郡庁院III期	8世紀末葉～9世紀第1四半期	掘立	側柱	無廂	3以上	7.2以上	2	4.6	建替	43	57・58

表4　郡庁正殿の建築的特徴 (2)

遺跡名	国名	遺構番号	遺構期	年代	基部構造	建物形式	平面形式	桁行間数	桁行総長	梁行間数	梁行総長	備考	遺跡文献番号	資料編頁
御殿前	武蔵	SB015D-2	郡庁院IV期	9世紀第2四半期～第3四半期	掘立	側柱	片廂	3以上	7.2以上	3	6.9	建替	43	57・58
長者原		建物番号2	b期		掘立	側柱	無廂	2以上	6.2以上	3	8.1	正殿ヵ	44	61
今小路西		西側附付建物	I期	8世紀前半	掘立	側柱	無廂	15以上	40.8以上	2	6.30		45	63
	相模	北側祀付建物(旧)	II期	8世紀後半	掘立	側柱	四面廂ヵ	3以上		5	11.7		45	63
下寺尾西方A		H1号掘立柱建物(旧)	V期	8世紀第1四半期後半～第2四半期初め	掘立	側柱	四面廂	7	16.5	4	9.6	建替。根石	46	64
		H1号掘立柱建物(新)	V期	8世紀第1四半期後半～第2四半期初め	掘立	側柱	四面廂	7	16.5	4	9.6	建替	46	64
弥勒寺東	美濃	正殿I期	郡庁I期(IIa期)	8世紀初め～後半	掘立	側柱	無廂	5	14.8	2	7.4	建替	47	68・69
		正殿II期	郡庁II期(IIb期)	8世紀後葉～9世紀後半	掘立	側柱	片廂	5	14.8	3	9.5	建替。廂付加。地下式礎石	47	68・69
		正殿III期	郡庁III期(IIc期)	9世紀初め～10世紀	掘・礎併	側柱	二面廂	5	14.8	4	11.8	建替。身舎：礎石。廂：掘立・廂付加	47	68・69
久留倍官衙	伊勢	SB436	I～②期	7世紀末～8世紀前半	掘立	側柱	片廂	5	11.25	4	7.40		48	80・81
孤塚		SB05	1～3期		掘立	床束	片廂ヵ	5		3		3期まで継続ヵ	49	77
岡	近江	SB-01A	III-1期	8世紀前半	掘立	床束	四面廂	8	16.8	4	9.6		50	88・89
		SB-01B	III-2期	8世紀中葉	掘立	床束	四面廂	8	16.8	4	10.2		50	88・89
正道官衙	山背	SB8303	官衙II期	7世紀第4四半期～8世紀初め	掘立	側柱	二面廂	3以上	4.98以上	4	6.04	正殿ヵ	51	92・93
		SB7331	官衙III期	8世紀初め～9世紀前半	掘立	側柱	四面廂	8	17.4	4	9.3		51	92・93
上原遺跡群		山宮南SB510A	1期	8世紀前半～	掘立	側柱	無廂	7	18.4	3	6.9	建替。基増があった可能性あり	52	102・103
		山宮南SB510B	2期	8世紀前半～	掘立	側柱	無廂	7	18.4	3	6.9	建替。基増があった可能性あり	52	102・103
		上原SB120	B期	9世紀以降	掘立	側柱	二面廂	7	18.3	4	11.7	建替	52	102・103
戸鳥	因幡	SB170A	I期	7世紀第後半	掘立	側柱	無廂	5	9.50	3	4.86	建替。SA110A・SA105Aが取り付く	53	104
		SB170B	II期	7世紀末葉～8世紀前半	掘立	側柱	無廂	5	9.65	3	5.10	建替。SA110B・SA105Bが取り付く	53	104
万代寺		建物1A	前期	760年～790年頃	掘立	側柱	片廂	7	20.5	3	8.8	建替	54	109
		建物1B	後期	790年～820年頃	掘立	側柱	二面廂	7	20.5	4	11.8	両落溝あり。建替。前期に北廂付加。地下式礎石	54	109
下本谷	備後	SB7509II	II期	7世紀末葉～8世紀前葉	掘立	側柱	四面廂	6	14.58	4	9.04	建替	55	120
		SB7509III	III期		掘立	側柱	二面廂	6	13.86	5	9.64	建替。根石	55	120
		SB7509IV	IV期		掘立	側柱	無廂	6	13.98	2	5.32	建替	55	120
稲木北	讃岐	SB3001	I期	8世紀初め～前葉	掘立	床束	無廂	4以上	9.60	3	5.48	5×3間ヵ。根石。付廂ヵ	56	121
有田・小田部	筑前	189次SB04	II期	7世紀末葉～8世紀前半	掘立	側柱	四面廂ヵ	8ヵ	(16.3)	4	8.60	建替の可能性あり	57	131
井出野		12号掘立柱建物	I期	8世紀後半	掘立	側柱	無廂	5	12.65	2	4.9	正殿ヵ	60	145
小郡官衙	筑後	SB804	II期	8世紀中葉～8世紀後半	掘立	側柱	無廂	3以上	9.90以上	2	5.70	正殿ヵ。SB805中心を中軸とすると4×2間(13.20×5.70m)ヵ。または二面廂	58	140
		SB801	III期	8世紀中葉～後葉	掘立	側柱	四面廂	7	18.90	4ヵ	10.8	A区3期bまで存続	58	140
上岩田		28号建物	A区3期a・b	8世紀第1四半期	掘立	側柱	四面廂	7	14.65	4	8.3	A区3期bまで存続	59	141～143
大ノ瀬官衙	豊前	SB104	IVa期	8世紀中葉～後葉	掘立	側柱	四面廂	7	16.8	4	10.2		61	154・155
		SB105	IVb期	8世紀末葉～9世紀初め	掘立	側柱	四面廂	7	19.8	4	11.4	両落溝あり	61	154・155
フルトノ		建物4		7世紀中～後葉	掘立	側柱	無廂	4	10.0	3	8.5	正殿ヵ	62	156
城原・里	豊後	SB024	里地区3期	7世紀第4四半期～8世紀第1四半期	掘立	側柱	二面廂	7	11.9	5	9.5	南北棟。正殿ヵ	63	165～167
		SB935-940	城原地区第2期	8世紀初め～前半	掘立	側柱	四面廂ヵ	2以上	4.4以上	4以上	6.8以上	正殿ヵ	64	165～167

＊郡庁の可能性がある正殿を広く対象とした。

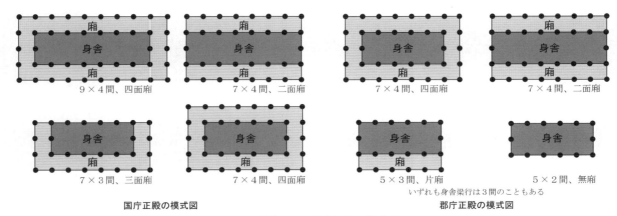

図1　国庁正殿と郡庁正殿の模式図

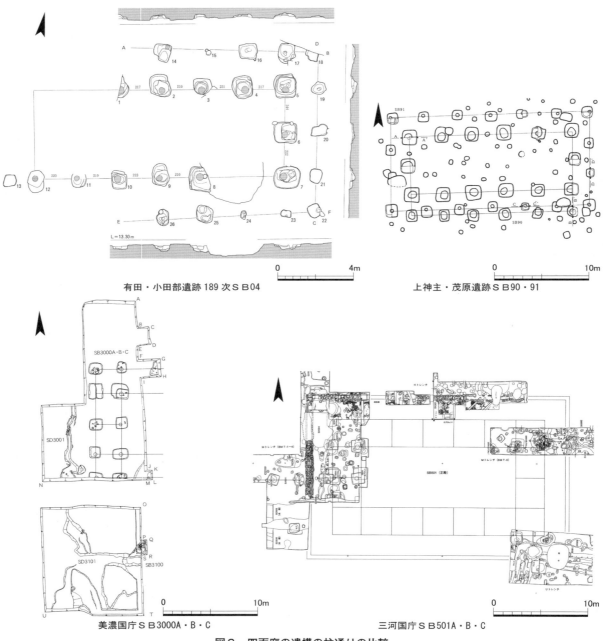

図2　四面廂の遺構の柱通りの比較

×4間の片廂、神野向遺跡Ⅰ期正殿は5間×4間の二面廂で、廂は神野向遺跡のほうが多いが、桁行は国庁正殿がより大きい。9世紀の神野向遺跡Ⅲ期には正殿を7間×5間の二面廂としているが、国庁もⅢa・b期には7間×4間の片廂としており、遜色のない構えとしている。

武蔵国では、国庁正殿が7間×4間の四面廂、あるいは9間×4間の四面廂で非常に大きく、郡庁正殿は片廂、もしくは無廂であるため、国庁正殿の優位性は明確である。伊勢国では、郡庁正殿が桁行5間の片廂で、国庁よりも規模が小さい。近江国庁正殿は基壇・瓦葺・礎石で、磚敷の雨落溝を備えた格式ある建築である。岡遺跡は郡庁のなかでは巨大な8間×4間、四面廂の正殿であるが、近江国庁と比較

表5　国ごとの国庁と郡庁正殿の建築的特徴（1）

陸奥

| | | 郡庁正殿 | | | | | | | | | 国庁正殿 | | | | | | |
遺跡名	遺構番号	基部構造	建物形式	平面形式	桁行間数	桁行総長	梁行間数	梁行総長	遺跡名	遺構番号	基部構造	建物形式	平面形式	桁行間数	桁行総長	梁行間数	梁行総長
名生館官衙	SB 01	掘立	床束	四面廂	7	17.15	5	12.10	郡山官衙	SB 1250	掘立	側柱	四面廂	8	17.4	5	10.8
	SB 1231	掘立	側柱	無廂	4	11.5	2	6.0	多賀城	SB 150 A	掘立	側柱	片廂	5	19.7	4	11.7
三十三間堂官衙	SB 50 A	掘立	側柱	無廂	5	18.0	3	7.2		SB 150 Z	礎石	側柱	四面廂	7	22.8	4	12.0
	SB 50 B	掘立	側柱	無廂	5	18.0	3	7.2		SB 150 B	礎石	側柱	四面廂	7	22.8	4	12.0
	SB 50 C	掘立	側柱	無廂	5	15.0	3	7.2									
東山官衙	SB 481 A	掘立	側柱	無廂	5	12.00	2	6.60									
	SB 481 B	掘立	側柱	無廂	5	11.50	2	6.60									
	SB 481 C	掘立	側柱	無廂	5	11.50	2	6.60									
	SB 481 D	掘立	側柱	無廂	5	10.59	2	6.23									
根岸官衙	36号掘立柱建物跡	掘立	側柱	四面廂	7	15.60	4	8.40									
	34号掘立柱建物跡	掘立	側柱	無廂	5	15.30	2	6.40									
	33号掘立柱建物跡	掘立	側柱	無廂	5	14.90	2	6.00									
	32号掘立柱建物跡	掘立	側柱	無廂	5	15.20	2	6.20									
	31号掘立柱建物跡	掘立	側柱	無廂	5	14.90	2	6.10									
栄町	SB 32	掘立	側柱	四面廂ｶ	5以上	11.28以上	5	9.77									
	SB 41 Aa	掘立	側柱	四面廂	7	15.36	5	10.35									
	SB 41 Ab	掘立	側柱	四面廂	7	15.36	5	10.35									
	SB 41 B	掘立	側柱	四面廂	7	15.36	5	10.35									
泉官衙	SB 1703	掘立	側柱	無廂	3以上	8.1以上	2	4.8									
	SB 1710 a	掘立	側柱	四面廂	6	13.8	4	9.0									
	SB 1710 b	掘立	側柱	四面廂	6	13.8	4	9.0									
	SB 1712 a	掘立	床束ｶ	無廂	5	19.50	3	9.00									
	SB 1712 b	掘立	床束ｶ	無廂	5	19.50	3	9.00									

出羽

| | | 郡庁正殿 | | | | | | | | | 国庁正殿 | | | | | | |
遺跡名	遺構番号	基部構造	建物形式	平面形式	桁行間数	桁行総長	梁行間数	梁行総長	遺跡名	遺構番号	基部構造	建物形式	平面形式	桁行間数	桁行総長	梁行間数	梁行総長
西原堀之内	第二建物跡	掘立	床束	無廂	7	12.6	4	7.20	秋田城	SB 748 B	掘立	側柱	片廂	5	18.0	4	12.6
	第一建物跡	掘立	床束	無廂	5	10.5	4	8.0		SB 748 A	掘立	側柱	片廂	5	(18.0)	4	(12.6)
										SB 745	掘立	側柱	片廂	5	16.5	3	12.0
										SB 746 B	掘立	側柱	片廂	5	(16.5)	3	(12.0)
										SB 746 A	掘立	側柱	片廂	5	16.5	3	12.0
										SB 744	掘立	側柱	片廂	5	(14.5)	3	9.8
										SB 743	礎石	側柱	無廂	5	(14.5)	2ｶ	(5.5)
									城輪柵	SB 001	掘立	側柱	廂か否かなど不明	5	15.0	3	9.0
										SB 002 A	掘立	側柱	片廂	5	17.5	3	10.2
										SB 002 B	礎石	側柱	片廂	5	17.5	3	10.2
										SB 003	礎石	床束ｶ	片廂	7ｶ	21	3	10.5

常陸

| | | 郡庁正殿 | | | | | | | | | 国庁正殿 | | | | | | |
遺跡名	遺構番号	基部構造	建物形式	平面形式	桁行間数	桁行総長	梁行間数	梁行総長	遺跡名	遺構番号	基部構造	建物形式	平面形式	桁行間数	桁行総長	梁行間数	梁行総長
神野向	SB 1020	掘立	側柱	二面廂	5	15	4	9.0	常陸国府	SB 1702	掘立	側柱	二面廂ｶ	5以上	12.9以上	1以上	2.7以上
	SB 1030	掘立	側柱	片廂	4以上	9以上	4	9.6		SB 1501	掘立	側柱	片廂	6	15.3	4	10.8
	SB 1045	掘立	側柱	二面廂	7	15.5	5	11.6		SB 1502 a	掘立	側柱	片廂	7	21.0	4	12.3
										SB 1502 b	掘立	側柱	片廂	7	21.0	4	12.3

武蔵

| | | 郡庁正殿 | | | | | | | | | 国庁正殿 | | | | | | |
遺跡名	遺構番号	基部構造	建物形式	平面形式	桁行間数	桁行総長	梁行間数	梁行総長	遺跡名	遺構番号	基部構造	建物形式	平面形式	桁行間数	桁行総長	梁行間数	梁行総長
御殿前	SB 015 B	掘立	側柱	無廂	3以上	8.1以上	3	8.1	武蔵国府	M69－SB 7 c	掘立	側柱	四面廂ｶ	7ｶ	(20.6)	4	11.6
	SB 015 C	掘立	側柱	無廂	2以上	4.8以上	3	6.3		M69－SB 7 b	掘立	側柱	四面廂ｶ	9ｶ	(26.6)	4	11.6
	SB 015 D－1	掘立	側柱	無廂	3以上	7.2以上	2	4.6		M69－SB 7 a	礎石	側柱	四面廂ｶ	9ｶ	(26.6)	4	11.6
	SB 015 D－2	掘立	側柱	片廂	3以上	7.2以上	3	6.9									
長者原	建物番号2	掘立	側柱	無廂	2以上	6.2以上	3	8.1									

表6 国ごとの国庁と郡庁正殿の建築的特徴（2）

美濃

郡庁正殿									国庁正殿								
遺跡名	遺構番号	基部構造	建物形式	平面形式	桁行間数	桁行総長	梁行間数	梁行総長	遺跡名	遺構番号	基部構造	建物形式	平面形式	桁行間数	桁行総長	梁行間数	梁行総長
弥勒寺東	正殿Ⅰ期	掘立	側柱	無廂	5	14.8	2	7.4	美濃国府	S B 3000 A	掘立	側柱	四面廂ヵ	7ヵ	(23.4)	4	12.0
	正殿Ⅱ期	掘立	側柱	片廂	5	14.8	3	9.5		S B 3000 B	掘立	側柱	四面廂ヵ	7ヵ	(23.4)	4	12.0
	正殿Ⅲ期	掘・礎併	側柱	二面廂	5	14.8	4	11.8		S B 3000 C	礎石	側柱	四面廂ヵ	7ヵ	(23.4)	4	12.0

伊勢

郡庁正殿									国庁正殿								
遺跡名	遺構番号	基部構造	建物形式	平面形式	桁行間数	桁行総長	梁行間数	梁行総長	遺跡名	遺構番号	基部構造	建物形式	平面形式	桁行間数	桁行総長	梁行間数	梁行総長
久留倍官衙	S B 436	掘立	側柱	片廂	5	11.25	4	7.40	伊勢国府	S B 06	礎石	不明	不明	7ヵ	(25.2)		
狐塚	S B 05	掘立	側柱建物	片廂ヵ	5		3										

伊賀

郡庁正殿									国庁正殿								
遺跡名	遺構番号	基部構造	建物形式	平面形式	桁行間数	桁行総長	梁行間数	梁行総長	遺跡名	遺構番号	基部構造	建物形式	平面形式	桁行間数	桁行総長	梁行間数	梁行総長
									伊賀国府	S B 1056	掘立	側柱	片廂	5	15.0	3	8.4
										S B 1055	掘立	側柱	三面廂	7	20.7	3	8.3
										S B 1060	礎石	側柱	無廂	5	15.0	2以上	6以上

近江

郡庁正殿									国庁正殿								
遺跡名	遺構番号	基部構造	建物形式	平面形式	桁行間数	桁行総長	梁行間数	梁行総長	遺跡名	遺構番号	基部構造	建物形式	平面形式	桁行間数	桁行総長	梁行間数	梁行総長
岡	S B－01 A	掘立	床束	四面廂	8	16.8	4	9.6	近江国府	前殿	礎石	不明	不明	7ヵ	(23.1)	5ヵ	(15.0)
	S B－01 B	掘立	床束	四面廂	8	16.8	4	10.2									

山背

郡庁正殿									国庁正殿								
遺跡名	遺構番号	基部構造	建物形式	平面形式	桁行間数	桁行総長	梁行間数	梁行総長	遺跡名	遺構番号	基部構造	建物形式	平面形式	桁行間数	桁行総長	梁行間数	梁行総長
正道官衙	S B 8303	掘立	側柱	二面廂	3以上	4.98以上	4	6.04	平安京右京一条三坊	S B 08	掘立	側柱	二面廂	7	20.79	4	11.88
	S B 7331	掘立	側柱	四面廂	8	17.4	4	9.3		S B 09	掘・礎併	側柱	二面廂	7	20.79	5	15.74

因幡

郡庁正殿									国庁正殿								
遺跡名	遺構番号	基部構造	建物形式	平面形式	桁行間数	桁行総長	梁行間数	梁行総長	遺跡名	遺構番号	基部構造	建物形式	平面形式	桁行間数	桁行総長	梁行間数	梁行総長
上原遺跡群	山宮南 S B 510 A	掘立	側柱	無廂	7	18.4	3	6.9	因幡国府	S B 101	掘立	側柱	二面廂	5	12.00	4	10.80
	山宮南 S B 510 B	掘立	側柱	無廂	7	18.4	3	6.9									
	上原 S B 120	掘立	側柱	二面廂	7	18.3	4	11.7									
戸島	S B 170 A	掘立	側柱	無廂	5	9.50	3	4.86									
	S B 170 B	掘立	側柱	無廂	5	9.65	3	5.10									
万代寺	建物1 A	掘立	側柱	片廂	7	20.5	3	8.8									
	建物1 B	掘立	側柱	二面廂	7	20.5	4	11.8									

筑後

郡庁正殿									国庁正殿								
遺跡名	遺構番号	基部構造	建物形式	平面形式	桁行間数	桁行総長	梁行間数	梁行総長	遺跡名	遺構番号	基部構造	建物形式	平面形式	桁行間数	桁行総長	梁行間数	梁行総長
小郡官衙	S B 804	掘立	側柱	無廂	3以上	9.90以上	2	5.70	筑後国府	210 S B 2	掘立	側柱	四面廂	7	18.00	5	12.90
	S B 801	掘立	側柱	四面廂ヵ	7	18.90	4ヵ	10.8		S B 3389	掘立	側柱	無廂	6	16.70	3	7.10
上岩田	28号建物	掘立	側柱	四面廂	7	14.65	4	8.3		S B 3391	掘立	側柱	無廂	7	20.80	2	4.80
										S B 3390	掘立	側柱	無廂	8	23.20	3	6.60
										S B 3397	掘立	側柱	無廂	5	15.0	2	5.60
										180 S B 1 a	掘立	側柱	片廂	5	13.90	4	7.90
										180 S B 1 b	掘立	側柱	片廂	5	13.90	4	7.90
										180 S B 1 c	掘立	側柱	片廂	5	13.90	4	7.90
										180 S B 2	掘立	側柱	無廂	5	13.60	2	5.40

豊前

郡庁正殿									国庁正殿								
遺跡名	遺構番号	基部構造	建物形式	平面形式	桁行間数	桁行総長	梁行間数	梁行総長	遺跡名	遺構番号	基部構造	建物形式	平面形式	桁行間数	桁行総長	梁行間数	梁行総長
大ノ瀬官衙	S B 104	掘立	側柱	四面廂	7	16.8	4	10.2	福原長者原	S B 010 A	掘立	側柱	三面廂	7	17.31	3	10.24
	S B 105	掘立	側柱	四面廂	7	19.8	4	11.4		S B 010 B	掘立	側柱	三面廂	7	17.31	3	10.24
フルトノ	建物4	掘立	側柱	四面廂	4	10.0	3	8.5									

した場合、規模以外の面で国庁正殿の優位性は揺るがない。

　また豊前国では、国庁正殿は7間×3間の三面廂であるのに対し、大ノ瀬官衙遺跡Ⅳa・b期、フルトノ遺跡で四面廂の建物としている。郡庁正殿が凌駕しているようにみえるが、桁行が国庁正殿より大きいものは大ノ瀬官衙遺跡Ⅳb期のみで、それ以外は小さい。その他の郡庁正殿についても、規模は国庁正殿よりも小さく、優位性は国庁にあるといえる。

　これらの国の正殿では、郡庁に対する国庁の優位性が認められるが、一方で、因幡・筑後の各国では一部逆転するものもある。

　因幡国では、国庁正殿が5間×4間の二面廂という小規模な建物であることにも起因するが、上原遺跡群・万代寺遺跡の正殿はいずれも桁行7間で国庁正殿を超える規模である。唯一、戸島遺跡は桁行が同じ5間で無廂のため、国庁のほうが優位であるが、7世紀後半から8世紀初頭の遺構である。

　筑後国では、小郡官衙遺跡Ⅱ期は無廂であるが、同Ⅲ期正殿と上岩田遺跡は7間×4間の四面廂で、国庁と遜色のない構成である。一方で、筑後国庁の正殿をみると、先行官衙段階は7間×5間の四面廂であったが、その後は無廂や片廂で、規模もⅠ－C期を除き7間以下である。これらからみると、建築的には筑後国庁よりも郡庁の正殿のほうが高い格式と判断される。

Ⅳ　国庁正殿と国分寺金堂

国分寺金堂の特徴　国分寺は周知のとおり、天平年間に造立をはじめ、その造営は遅滞したものの、750年代後半には多くの国分寺伽藍が整ったとされる[5]。そこで、伽藍の中心建物である金堂を取り上げ、その特徴を**図3**に整理した。

　国分寺以前に、地方にも白鳳寺院が存在し、礎石・瓦葺の建物が造られたことは事実であるが、これらに比べて国分寺金堂が巨大であったことは先行研究に詳しい（文献8・12・23）。国分寺も国庁と同じく全国に造られたが、標準設計とみられるものがない。一方で、国分寺金堂には一定の共通点が確認でき、肥前・武蔵・相模などの一部の国分寺を除き、唐招提寺金堂と近似した規模である。これを基準としつつ、国分寺金堂の建築的な特徴を見てみたい。

　唐招提寺金堂は身舎桁行5間、梁行2間に四面廂の付いた平面で、単層、寄棟造、本瓦葺の屋根が架かる。組物は三手先とし、柱から軒先までの軒の出は約4.2mと大きい。この唐招提寺金堂は、東大寺・興福寺をはじめとする京内の第一級寺院の二重金堂に次ぐ格式の金堂で、国分寺金堂の多くも平面規模からみて、唐招提寺金堂と同様の形状であったと考えられる[6]。

　さて、あらためて国分寺金堂を見てみたい。現状、全容がある程度わかる肥前・武蔵・相模・飛騨・美濃・駿河・遠江・伊賀・出雲・周防・讃岐・豊後・薩摩（創建金堂）・若狭の国分寺金堂をみると、ひとつの傾向がうかがえる。

　いずれも四面廂の平面で、肥前国分寺の身舎桁行7間や薩摩・若狭国分寺の身舎桁行3間を除き、身舎桁行5間、梁行2間の四面に廂がめぐる構造である。この規模は、前述のように唐招提寺金堂と同じで、この7間×4間の規模は国分寺金堂に通底する規模と考えられる。ただし、それぞれの柱間は多様で、武蔵・相模国分寺のように柱間が20尺にもおよぶものもある。この20尺は平城宮第一次大極殿の桁行中央間17尺を超えるものである。

　柱位置から基壇端までの距離（基壇の出）をみると、薩摩国分寺以外はいずれも2.7m以上で、手先をもつ組物と考えられる。一方で、奈良時代の二重金堂は基本的に身舎・廂・裳階の構成であるから、柱配置からは二重金堂とは考えにくく、国分寺金堂は単層であろう。

　基礎を見ると、すべて瓦葺の礎石建物であるが、基壇外装は多様である。壇正積、あるいは切石積が一定数を占めるものの、武蔵・豊後・薩摩の乱石積、相模の葺石、出雲の瓦積、周防の磚積、遠江の木製など、多彩である。

　以上が発掘調査からわかる国分寺金堂の特徴である。国分寺金堂の建築的特徴は、京内の第二級寺院に位置付けられる唐招提寺金堂と共通点が多い。ここから中央と地方という差も勘案すると、中央における第一級寺院にはおよばないものの、中央の第二級寺院と同等の格式とすることで、地方における第一級寺院である国分寺の位置付けを示そうとしたのであろう。その一方で、武蔵・相模国分寺のように逸脱した規模をもつものもあり、柱間寸法や基壇形式はまちまちで、細部まで統一した規格は見出しがたい。こうした傾向は前述のように、国庁正殿の規模

が多様である点と共通する。
国庁正殿と国分寺金堂の比較 もちろん個々の遺構は異なっており、その特徴も同一ではないが、国庁正殿には国庁正殿、国分寺金堂には国分寺金堂の遺構の特徴がみられる。これを比較してみよう。

まずは平面であるが、国分寺金堂は四面廂で7間×4間のものが多く、必ずしも四面廂ではない国庁正殿と比べて、荘厳性の高い構えである。むろん、国分寺金堂は礎石・瓦葺であるから、この点においても、規範性は高く、荘厳性はきわめて高い。一方で、桁行7間の四面廂(梁行は5間のこともある)は国庁正殿でも12棟を数え、四面廂19棟のなかでも多数を占めており、地方における最大規模の形式とみられる。

しかしながら、7間×4間の四面廂どうしであっても、実寸法の桁行総長は大きく異なる。国分寺金堂では、破格の規模である武蔵国の36.3m、相模国の34.5mを除いても24.6～29.7mであるのに対し、国庁では大宰府政庁跡の29.4mのみこれに匹敵するが、それ以外は18.7～23.4mで、国分寺金堂に比べて小さい。これには礎石と掘立柱という構造上の違いもあるとみられ、桁行21m(70尺)を超えるものは、美濃国府跡第Ⅰ期・第Ⅱ期、三河国府跡Ⅰ・Ⅱ期のみで、これらを鑑みると、柱間10尺以上の建物の基礎は礎石である[7]。

次に、軒の出について考えてみると、国庁では基壇や雨落溝が明確ではないことから、四面廂で軒の出を推察できるものは少ない。多賀城跡第Ⅱ・Ⅲ－1期で約1.8m、三河国府跡で約2.7m、大宰府政庁跡

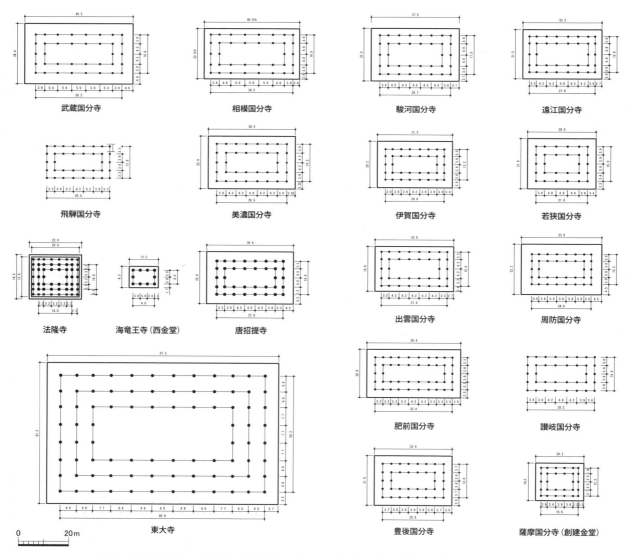

図3　諸国国分寺・法隆寺・唐招提寺・東大寺・海龍王寺の金堂平面模式図　1：1500

Ⅱ・Ⅲ期で約3.8m、肥前国府跡Ⅱ期の基壇の出は明確ではない。大宰府跡は軒の出が大きく、手先の出る組物であろうが、三河国府跡は手先を出すか、出さないか両方の可能性がある(8)。多賀城跡に関しては、手先を出す必要性は低い。

このように組物の形式、特に手先の有無については多様であるが、国分寺金堂が手先をもつ組物とみられるのに対し、国庁正殿の手先の有無はあきらかではない。

次に、国ごとに国庁正殿と国分寺金堂の比較をおこないたいが、両者の遺構を十分に比較できる情報を有するのは、武蔵国・美濃国にかぎられる。

武蔵国については、国庁正殿の規模をみると8世紀中葉、9世紀中葉のM69－SB7a・bでは9間×4間の四面廂で、他国の国庁正殿と比べても突出して大きい。一方、国分寺金堂も7間×4間の四面廂ではあるが、桁行中央3間の柱間寸法が20尺にもおよび、相模国分寺と並び、突出した規模である。このように武蔵国の国庁正殿・国分寺金堂は、全国的にみても規模が大きいという特徴がある。

一方、美濃国については、国分寺金堂は7間×4間、国庁正殿も7間×4間の四面廂で、両者ともに国分寺金堂や国庁正殿にふさわしい格式を備えている。

国庁正殿と国分寺金堂の両者の遺構の詳細がわかる事例は少ないが、武蔵国の事例を見るかぎり、国ごとに共通した特徴がみられる。国分寺建立以前の国庁における法会の存在などを考えると、国庁正殿と国分寺金堂の関係性については、新たな成果を待って継続的に見ていく必要があろう。

Ⅴ　政庁域の総柱建物

総柱建物の平面と位置　一部の地方官衙政庁域内には、総柱建物がみられることが知られる。総柱建物の構造は楼閣や倉庫などの高床の構造と考えられるが、両者のいずれであるかについては、空間の性格を考える上で、非常に重要な指標である。

古尾谷氏の報告(本書125頁)にあるように、政庁域内に公文屋が置かれ、それが高床の建物であった可能性があろう。一方で楼閣については、営繕令で私邸における楼閣の建設が制限されたように、荘厳装置としての役割が大きく(文献2・5・10)、平城宮では内裏・第一次大極殿院の南面に楼閣が造られたことが知られている(図4)。

さて、地方官衙政庁域を対象に、前稿で述べた床束建物の脇殿を除く総柱建物をみてみると、下記のように16棟が確認できる。

その内訳を順にあげると、多賀城跡SB136Z(第Ⅱ期＝8世紀中頃、東楼)、多賀城跡SB136A・186A(第Ⅲ-2期＝8世紀末葉～貞観11年、東西楼)、常陸国府跡SB1606(Ⅱ期＝8世紀中葉、東楼)・SB1605・1402(Ⅲa・b期＝9世紀、東西楼)、長者ヶ平官衙遺跡SB-50(Ⅱ-3期＝9世紀後半、楼閣風建物)、近江国府跡東脇殿南建物(Ⅱ期＝9世紀初～、楼閣風建物)、伊勢国府跡SB07・04(8世紀後半、東西楼)、伯耆国府跡SB06A(Ⅰ期＝8世紀後半、南西楼風建物)・SB10A・SB05A(Ⅱ期＝9世紀初、北東・北西楼風建物)・SB10B・SB05

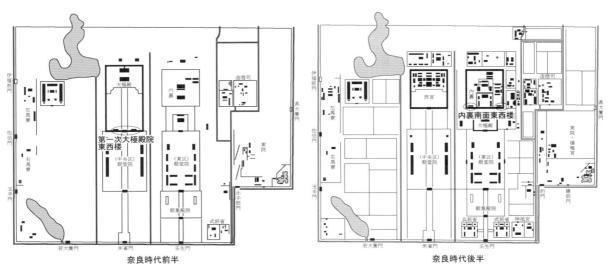

図4　平城宮の構造と楼閣の位置

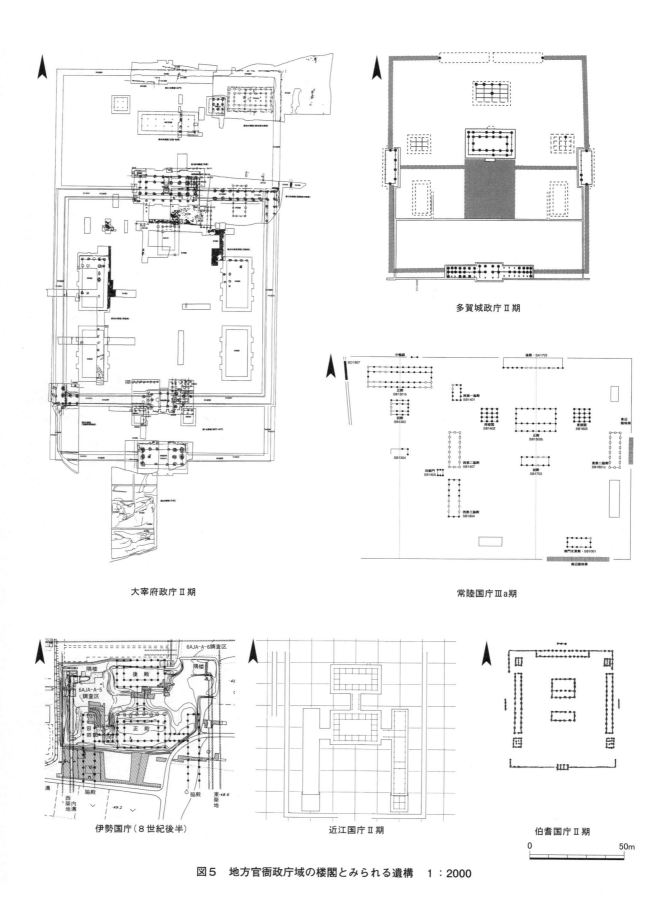

図5 地方官衙政庁域の楼閣とみられる遺構 1：2000

表7　地方官衙政庁域の総柱遺構

遺跡名	遺構期	年代	遺構の性格	遺構番号	基部構造	桁行間数	桁行総長	梁行間数	梁行総長	備考	遺跡文献番号
多賀城	第Ⅱ期	8世紀中頃～780年焼失	東楼	SB 136 Z	礎石	3ヵ	(9.0)	3ヵ	(7.2)	瓦葺。基壇ありか	65
	第Ⅲ-2期	8世紀末葉～貞観11(869)年	東楼	SB 136 A	礎石	3	9	3	7.2	瓦葺。基壇ありか	65
	第Ⅲ-2期	8世紀末葉～貞観11(869)年	西楼	SB 186 A	礎石	3	9	3	7.2	瓦葺。基壇ありか	66
常陸国府	Ⅱ期	8世紀中葉	東楼閣	SB 1606	掘立	3	7.65	3	6.3		67
	Ⅲa・b期	9世紀	東楼閣	SB 1605	礎石	3	8.1	3	6.75		67
	Ⅲa・b期	9世紀	西楼閣	SB 1402	礎石	3	8.1	3	6.75		67
長者ヶ平官衙	Ⅱ-3期	9世紀後半	楼閣風建物	SB-50	掘立	3	5.1	2	3.6		68
近江国庁	Ⅱ期	9世紀初め	楼ヵ	東脇殿南建物	礎石	2	7.2	2	6	瓦葺・瓦積基壇	69
伊勢国府		8世紀後半～	東隅楼	SB 07	礎石					基壇あり	70
		8世紀後半～	西隅楼	SB 04	礎石					基壇あり	71
伯耆国府	Ⅰ期	8世紀後半	南西楼風建物	SB 06 A	掘立	3	5.85	3	4.95		72
	Ⅱ期	9世紀初め	北東楼風建物	SB 10 A	掘立	3	4.8	2	3.6		73
	Ⅱ期	9世紀初め	北西楼風建物	SB 05 A	掘立	3	5.4	3	3.6		72
	Ⅲ期	9世紀中葉	北東楼風建物	SB 10 B	礎石	3	4.8	2	3.6	瓦葺	73
	Ⅲ期	9世紀中葉	北西楼風建物	SB 05 B	礎石	3	5.4	3	3.6	瓦葺	72
	Ⅲ期	9世紀中葉	南西楼風建物	SB 06 B	礎石	3	5.85	3	4.95	瓦葺	72
大宰府	Ⅲ期	10世紀中葉～	東楼ヵ	SB 510	礎石	3	8.5	2以上	4.7	瓦葺。乱石積基壇・雨落溝あり	74

B・SB 06 B（Ⅲ期＝9世紀中頃、北東・北西楼風建物・南西楼風建物）、大宰府跡SB 510（Ⅲ期＝10世紀中頃、東楼）である（図5・表7）。これらの政庁域内における位置と遺構の特徴を見ていきたい。

まず遺跡の特徴を見ると、長者ヶ平官衙遺跡以外は多賀城・大宰府・国府である。長者ヶ平官衙遺跡は下野国芳賀郡に所在した新田駅家や芳賀郡衙の出先機関の可能性が考えられており、前者の場合、駅楼の可能性があろう[9]。

その他の遺跡に関しては、楼閣の可能性以外にも公文書を納めた倉庫の可能性も考えられる[10]。その点を踏まえつつ、建物の性格を発掘遺構から見ていきたい。平城宮では、奈良時代の前半から第一次大極殿院や内裏には荘厳のための楼閣敷設がおこなわれていたが、国庁においても同様の傾向があった可能性があり、ここに焦点を絞って検討したい。

多賀城政庁では、瓦葺の礎石建ちで方3間の総柱建物SB 136 Z・186 Z（東楼・西楼）が整備されたⅡ期には石敷広場SH 148が整備されており、政庁内の荘厳化が進んだ時期である。さらに、これらの遺構は正殿と建物の筋を揃えており、正殿との一体的な計画がうかがえる。荘厳化や正殿との一体性からみて、SB 136 Z・186 Zは公文屋や倉庫ではなく、楼閣と考えられている。また、政庁域の大規模な火災後のⅢ-2期にも同位置・同規模でSB 136 A・186 Aが建てられており、政庁域の主要建物であったと考えられる。正殿・脇殿・広場・南門・築地（遮蔽施設）といった政庁域の「基本的構成要素（文献24）」に対し、東西楼は後殿などと同じように「準基本的構成要素」と位置付けてよかろう。ただし、後述するように柱配置は楼閣建築と考える上で、克服すべき課題がある。

次に大宰府政庁では、後殿の北西に総柱のSB 510が位置する。SB 510はⅢ期の方3間の礎石建物で、各柱間寸法は東西約2.35 m、南北約2.85 m等間で基壇をともなう。楼閣の可能性もあるが、背面側に位置する点から倉庫の可能性も十分に考えられる。

常陸国庁では、第Ⅱ期に東楼閣とみられる方3間のSB 1606が建てられ、国庁と曹司が一体化する第Ⅲa期には、同位置に東楼閣とみられるSB 1605、正殿を挟んだ対称の位置には、西楼閣とみられるSB 1402が建てられた。SB 1606は掘立柱建物であるが、SB 1605・1402は礎石建物である。SB 1606は、前身のSB 1605と同じ方3間でほぼ同規模であるが、SB 1605のほうがやや柱間が大きい。第Ⅲa期で正殿の両脇に位置する点は多賀城と共通し、楼閣の可能性は十分にあろう。ただし多賀城と同じく、柱配置は楼閣建築と考える上で、克服すべき課題がある。

伊勢国庁では基壇のみの検出であるが、東隅楼と西隅楼があったと考えられている。西隅楼は一辺約14 mの地山削り出し基壇で、周囲の溝の瓦の出土状況や柱の痕跡がないことから、礎石・瓦葺の建物が考えられる。柱位置は不明であるが、基壇が正方形

であることから、正方形の柱配置の可能性も考えられる。この場合、屋根は宝形造と考えられる。

近江国庁では、東脇殿の南端の石敷上に方2間の礎石建物が敷設されており、瓦葺、瓦積基壇とする。脇殿よりも基壇の東西幅を約1尺程度広げていることや、方2間建物の礎石据付掘方が脇殿の当初基壇南縁を壊していることから、楼閣の付加の可能性が指摘されている。南北柱間約7.2m（24尺）、東西約6.0m（20尺）で、各柱位置から基壇端までは各面約1.8m（6尺）で等しい[11]。

伯耆国庁では、東西脇殿の南北の位置に総柱建物がある。西脇殿の北方に位置するSB05A・Bは掘立柱建物から礎石建物に同位置同規模で建て替えられている。桁行3間（5.4m）、梁行2間（3.6m）で櫓もしくは楼閣風の建物と考えられている。国庁の南北軸を挟んだ対称の位置で同規模のSB10を検出している。また、西脇殿の南方にあるSB06A・Bも掘立柱建物から礎石建物に同位置同規模で建て替えられている。桁行3間（5.85m）、梁行3間（4.95m）で櫓もしくは楼閣風の建物と考えられている。

このように、長者ヶ平官衙遺跡以外の政庁域の総柱建物はいずれも楼閣の可能性がある。この点を鑑みると、国庁は楼閣を備えることで、地方官衙にふさわしい空間を造り上げたとみられる。一方で、郡庁には明確な楼閣とみられる遺構はなく、国庁と郡庁の空間の差別化はここにも見て取れる。特に、伯耆国では楼閣風建物がⅠ期以来、継続して建てられ、かつ更新されていることから、政庁域における重要な施設であったことがうかがわれる。

総柱建物の荘厳性　楼閣の位置を見ると、①正殿の両脇、②脇殿の南北、③区画の隅、④区画の外周付近がある。①は多賀城政庁・常陸国庁で、②は近江国庁・伯耆国庁、③は伊勢国庁、④は大宰府政庁である。①、②は正殿・脇殿によって囲まれた前庭空間の荘厳をあきらかに示しており、③、④は区画内部の空間の荘厳とともに政庁域の存在を外部に示す効果がうかがえる。地方寺院においても、寺域の隅や金堂院の隅に幢幡を立てるという同様の荘厳方法が確認されている（文献11）。

古代宮殿の楼閣をみると、前掲の平城宮第一次大極殿院や内裏の東西楼は区画の南面にあり、④にあたると考えられる。また平城宮第二次大極殿院の北東・北西の外側には楼閣が建てられており、平城宮東南の東院庭園では東南隅に隅楼が建てられている。これらは③の区画の隅付近に建てられたと考えられる。一方で①、②のような正殿・脇殿付近の楼閣の建設はみられない。

この①、②のような前庭空間周辺の楼閣が宮殿に確認できない点は、宮殿と地方官衙で正殿・脇殿の建築構造に違いがあることに起因すると考えられる。すなわち、宮殿では正殿を二重屋根とすることや高床張りとすることで、正殿そのものの荘厳性を高めており、楼閣の併設は不要となる。むしろ、正殿と同等の高さの楼閣の建設により、自身の荘厳性の低下を招きかねない。それゆえに、宮殿の前庭空間の荘厳装置として楼閣は用いられなかったのであろう。

総柱建物の上部構造　前項までの検討で、政庁域の総柱建物には楼閣の可能性があり、これらが政庁域の空間の荘厳装置であったことがあきらかになってきた。そこで、柱配置から楼閣の構造を検討する上で

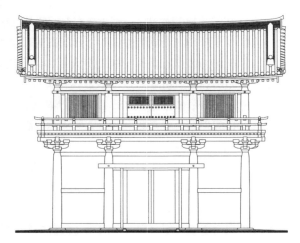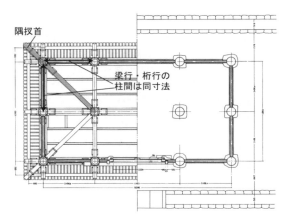

図6　法隆寺経蔵平面図・断面図

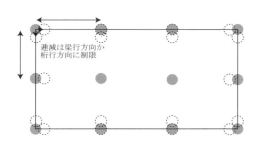
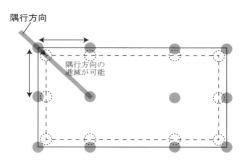

隅の柱間の桁行・梁行の柱間が異なる場合　　　隅の柱間の桁行・梁行の柱間が同じ場合

図7　楼造の下層と上層の柱配置の概念図

の問題点を考えたい。

　まず、現存建築から奈良時代の楼閣建築の特徴を見ていきたいが、事例は法隆寺経蔵に限られる（図6）。法隆寺経蔵は桁行3間、梁行2間、切妻造、本瓦葺の構造で、柱配置と上部構造が密接に関係するのが腰組の隅抉首である。建物の外部の縁を支える隅抉首は、柱の内部まで引き込まれる。引き込んだ先に柱を置く必要があるため、隅の柱間を梁行・桁行ともに等しくする必要がある（図6）。

　屋根形状に関しては、上層の柱配置によるところが大きく、上層の隅の柱間が桁行・梁行ともに等しければ隅木をもつ入母屋造・寄棟造が可能であるが、そうでない場合、切妻造の可能性が高い。上層の柱配置は下層の柱配置の影響を受けるが、後述のように上層の柱位置を決めるにはさまざまな方法があり、必ずしも下層の隅の柱間の桁行・梁行が等しい必要はない。

　これを踏まえて発掘遺構をみると、隅の柱間を桁行・梁行ともに等しくする例はなく、現存建築の構造を参照しつつ、発掘遺構の平面から上部構造を考えると楼造の建築は困難である。具体的には、前述のように隅の柱間の桁行・梁行が異なる場合には、上層の柱配置と屋根形状、縁の張り方の2点が課題となるためである（図7）。

　楼造の場合、上層の柱位置を下層よりも小さくする逓減という方法を用いる。上層の柱を置くためには、柱の下部に柱盤あるいは梁などの材が必要である。そのため、下層の隅の柱間の桁行・梁行の寸法が同じ場合には隅行方向（45度方向）に梁（隅行梁）を架けることができるため、桁行・梁行ともに同寸程度の逓減をさせることができるが、異なる場合には隅行梁は架けられず、梁行方向・桁行方向のいずれか方

図8　大野神社楼門の縁の支持方法の隅部

向のみへの逓減となる（図7）。なお、下層から上層まで通し柱とする場合には逓減はせず、下層の柱配置がそのまま上層の柱配置となる。これを踏まえると、発掘遺構で隅の柱間の桁行・梁行が異なる事例はいずれも桁行の柱間が梁行の柱間よりも大きく、桁行方向にのみ逓減をしていた場合、上層の隅の柱間の桁行・梁行が等しくなる可能性もある。この場合、上層の柱配置から隅木をもつ屋根（入母屋造・寄棟造）を架けることも可能になる。いずれにせよ、発掘遺構でわかる下層の柱配置だけではなく、上層の柱配置を検討した上で楼造の可能性や屋根形状に関しては判断すべきである。

　次に、縁の張り方については、楼造で隅の柱間の桁行・梁行が異なる場合には、法隆寺経蔵のような隅抉首を内部に引き込む形式の楼閣は考えにくい。挿肘木を用いて隅抉首を引き込まずに縁を張る方法や、隅行のみ引き込まない方法があり、前者は薬師寺東塔の裳階や平等院鳳凰堂の隅楼、後者は時代が下る例であるが大野神社楼門（滋賀県、鎌倉時代前期、図8）に確認できる。なお通し柱の場合は、挿肘木で縁を張る方法に限られる。地方官衙の総柱遺構が縁付

の楼閣であるとすると、これらのいずれかの方法で縁を張っていたと考えられる。

以上のように、上層の柱配置、縁の張り方のいずれの点からも、下層の隅の柱間の桁行・梁行が等しければ、現存の古代建築と同じ建築構造が考えられるが、異なる場合には現存建築とは異なる建築構造を考える必要がある。ちなみに、平城宮第一次大極殿院の東西楼は、巨大な掘立柱の外周柱と内部の礎石、隅の柱間が桁行15.5尺、梁行13尺で、隅木蓋瓦の出土から寄棟造もしくは入母屋造の屋根・形状という現存建築にはない特徴を備えているが、大極殿院という特異な立地や付近からの高欄の部材を記した木簡の出土などから、楼閣と判断されている。このように、現存する古代の楼閣建築はわずかであるが、現存建築にはない構造の楼閣が古代には存在した可能性が十分に考えられる。それゆえ、発掘調査においては現存建築の構造を念頭に置きつつ、建築構造に関わる情報を丹念に収集・記録することが求められる。

なお、今回は発掘遺構と建築構造に検討の範囲を限定したが、地方官衙政庁域の楼閣建築に関しては、上層への登楼やその空間利用に関しても検討していく必要があろう。

VI　地方官衙政庁域の祖型

前稿における祖型論　さて、正殿を中心に郡庁・国庁の建築と空間の特徴を見てきたが、その祖型についても述べておきたい。先行研究においても中央の大極殿院・朝堂院・内裏・曹司などさまざまな空間と比較し、地方官衙政庁域の祖型について議論されてきた。

以前に拙稿 (文献3) で内裏、特に前期難波宮の内裏を祖型としてあげたが、それ以降、発掘調査により地方官衙政庁域の類例が増えたことや、地方官衙政庁域における前庭空間の重要性があきらかになってきたことを受けて、再考してみたい。

拙稿では、地方官衙政庁域において前庭空間が必須であることを指摘し、その前庭空間の祖型を求めることで地方官衙の祖型に言及した。その過程で、天皇の私的空間と政務空間の分離という視点を取り入れ、大極殿院・朝堂院の空間と内裏が分離する宮城と大極殿院・朝堂院の整備以前の宮殿を区別する必要性があると考えた。

この検討と同じく、前庭空間、脇殿もしくは辺殿が地方官衙政庁域に必須の設備であることは、これまで述べてきたことで、さらに確度が高まったと考えられよう。そして初期国庁は不明点が多いものの、国庁については正殿の存在が明確であり、空間内の格差を示す構成である。郡庁では正殿を持たない場合もあるが、奥 (北) 側に辺殿を備えることが多い。

以上をもとに、先行研究 (文献24) に倣って地方官衙政庁域の基本的構成要素、準基本的構成要素を整理すると下記のようになる。

基本的構成要素：脇殿 (辺殿)・前庭空間・正殿
準基本的構成要素：前殿・後殿・楼閣

これらの点が、地方官衙政庁域の空間を構成する要素である。なお、ここで示した正殿は政庁域の奥に位置する北辺殿を含む。これをもとにその祖型を検討しよう。

大極殿院・朝堂院との比較　まず、祖型の候補としてあげられる大極殿院についてみてみよう。元日朝賀における大極殿院と国庁の空間を比較すれば、大極殿院において天皇の居る大極殿に拝賀したのと同様に、庁とみられる国庁正殿が「天皇の存在を示す建物」と認知されたと理解される。ここで「天皇の存在を示す建物」としたのは、拝賀の対象が必ずしも大極殿という固有の建物ではないと考えられるからである。すなわち、内裏正殿であっても同様の機能は持ち得る。これは、天平神護元年 (764) 正月に称徳天皇が元日朝賀を西宮でおこなったことからもうかがえる (『続日本紀』)。この点からも、地方官衙政庁域における元日拝賀をもって、その祖型を大極殿院に限定する必要はないと考えられる。現に、藤原宮・平城宮ともに大極殿院には回廊はあるが脇殿はない。一方の地方官衙政庁域では、正殿はないものもあるが、脇殿、もしくは辺殿は基本的構成要素である。この点を鑑みても、正殿である大極殿を空間の核とする大極殿院を積極的に地方官衙政庁域の祖型とみることは難しい。

時代をさかのぼって、大極殿が最初に置かれた宮殿とみられる飛鳥浄御原宮では、エビノコ郭に大極殿があったと推定されている。そのエビノコ郭には大殿とともに小さな殿舎が2棟あるが、長舎ではなく、やはり地方官衙政庁域の祖型には見がたい。

飛鳥浄御原宮よりも古い652年完成の前期難波宮には大極殿はないが、内裏・朝堂院 (14堂)・八角楼閣

を備えており、藤原宮や平城宮東区朝堂院で大極殿院となる部分が内裏となっている。この朝堂院をみると、脇殿はあるものの正殿がなく、内裏の南門が朝堂院の北面にあるのみである(図9)。

なお、前庭空間を核とする同様の空間構成は小墾田宮にもみられ、岸俊男の復元によれば(文献14)、閤門と庁で囲まれた朝庭があり、大殿は閤門の奥にあるとする(図10)。ただし、前期難波宮や藤原宮朝堂院、平城宮中央区・東区朝堂院と同様に朝庭の正殿はなく、北面に閤門があるのみである。やはり大殿を門の内側とすることで、空間の差別化を図っている。

これらの朝堂院のいずれの例において南門や閤門が正殿の役割を果たしたとしても、前庭空間に正殿がないという点は、地方官衙政庁域の祖型を考える上では不適であろう。正殿のない地方官衙政庁域の空間の祖型であったとしても、その場合には辺殿による囲繞が多く、脇殿として遮蔽施設から独立することと矛盾する。これらの点からみて、機能面を一部継承している可能性は否定しないが、大極殿院や朝堂院を直接的な地方官衙政庁域の祖型と考えるのは困難である。

内裏との比較　元来、囲繞施設によって前庭空間を構成するという形式は、必ずしも東アジアに限定されるものではなく、世界共通の普遍的な空間構成であるから、ことさらに律令制との関係を強調することはない。それゆえ、大極殿院や朝堂院の成立以前に祖型を求めることも可能である。その代表のひとつは、内裏の空間である。

奈良時代前半(天平頃)の平城宮内裏Ⅱ期の内郭をみると、正殿SB450Aを中心に東側にはSB440・SB650の長舎が脇殿として並んでおり、西側の対

図10　小墾田宮模式図

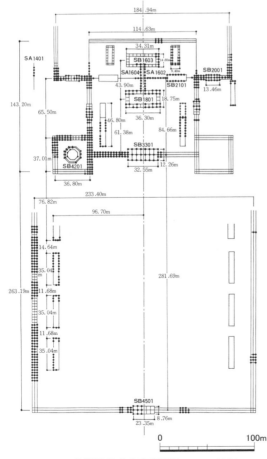

図9　前期難波宮内裏朝堂院　1：4000

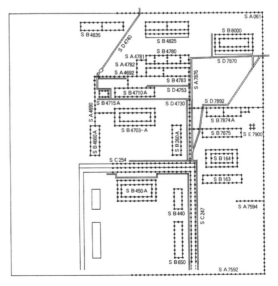

図11　平城宮内裏Ⅱ期遺構平面図

称位置にも脇殿があったと考えられる(図11)。この前庭空間を中心とした空間構成は、正殿・脇殿・前庭空間という主要素が揃う点で地方官衙政庁域の空間構成と共通する。

内裏に着目して、さらにさかのぼって前期難波宮をみると、前殿・脇殿・前庭空間とそれを囲む複廊により、内裏の中枢部が構成されている(図9)。囲繞施設が複廊である点は地方官衙と異なるが、この正殿・脇殿・前庭空間をもつ形状は、正殿をもつ定型化国庁と共通する点が多い。

郡庁で述べたように、正殿がなくとも地方官衙政庁域の構成は可能であり、前庭空間は必須の空間で、それを囲繞する長舎(脇殿・辺殿)は正殿以上に空間構成の上で欠くべからざる要素である。この点からみて、前期難波宮の内裏は正殿(前殿)・脇殿・前庭空間の整った早い例であり、もちろん、前期難波宮の内裏空間の祖型がさらに存在した可能性も考え得るが、地方官衙政庁域の祖型の1つとして位置付けられよう。一方で正殿の存在しない地方官衙政庁域については別の系譜が存在するかもしれない[12]。

その他の施設との比較　平城宮では一部の官司の空間構成があきらかとなっており、例えば奈良時代後半の式部省・兵部省では正殿・脇殿・前庭空間により、政庁域が構成されている(図12)。これらの曹司が地方官衙政庁域の祖型になった可能性もある。ただし馬寮・大膳職・内膳司等の実務的な官司では典型的な正殿・脇殿・前庭空間という空間構成は確認できず、左右対称のコの字形の曹司の出現は奈良時代後半であるとされ(文献16)、また時代的にみても曹司を地方官衙政庁域の祖型とは位置付けがたい[13]。

最後に、長舎のみで正殿を持たない空間構成についても触れておきたい。機能の面では、地方官衙の政庁域においては饗宴がおこなわれた可能性があり、政務や儀礼が未成熟であった初期の地方官衙では政庁域の饗宴空間としての機能が重要であった可能性も考えられる。正殿のない前庭空間は、長舎で囲むことで前庭空間を構成する石神遺跡や鴻臚館など、7世紀の空間との共通点もうかがえる。正殿の有無はともかくとして、これらの長舎を主体とする系譜は有田・小田部遺跡や小郡遺跡など、7世紀後半から8世紀初頭の九州の遺跡に多くみられる点も、地方官衙の祖型と饗宴の関連、地域性という推定を補強する。この点については今後の課題としたいが、複合的な機能をもつ地方官衙政庁域を考える上で、機能の変化・時代性・地域性という点で念頭に置いておく必要がある。

VI　おわりに

以上のように、国庁正殿の建築的な特徴を中心に検討し、これを郡庁正殿や国分寺金堂と比較することで、共通点と相違点を抽出した。国庁正殿・国分寺金堂ではともに7間×4間、四面廂という一定の格式をもった建物がうかがえた一方で、掘立柱と礎石、あるいは葺材など、構造・意匠面で両者には大きな

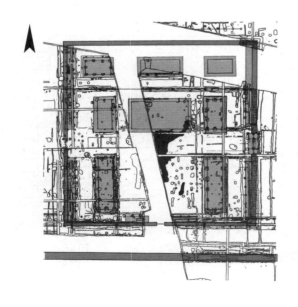
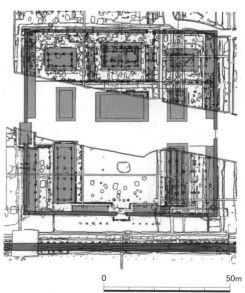

図12　平城宮式部省・兵部省遺構平面図(奈良時代後半)　1：1500

差があった。時代的な差異ももちろんであるが、中央において寺院で用いられた礎石・瓦葺の建築技術が宮殿に導入されるのが遅れたように、国庁においても、こうした技術の波及は遅れたとみられる。

　また、国庁と郡庁の正殿を比較すると、桁行規模で国庁のほうが郡庁よりも大きいことが多いが、逆転するものもあり、単純に規模や廂の取り付けでは判断できないことがあきらかになった。一方で、同じ四面廂であっても郡庁正殿では「身舎・廂分離型」とみられるものも多く、外観意匠的にも技術的にも国庁とは異なっていた可能性があり、国庁と郡庁の正殿で視覚的な違いが存在していたとみられる。

　このように、地域社会における国庁正殿の位置付けを建築的な特徴を通してみると、多様であるために一義的に定めることが困難である。一方で7間×4間、四面廂という国庁正殿の規模は1つの規格性を示しており、律令的側面がうかがえる。そして、国分寺金堂にも寸法の面はともかくとして、7間×4間、四面廂、礎石・瓦葺という共通点は、高い規格性を示していると位置付けられる。郡庁正殿についてはさらに統一的な規範が見出し難く、国庁との共通性や規模・廂の取り付けによる格式への配慮などがうかがえるものの、必然的な要素とはみえない。この点は国庁と郡庁、さらには国と郡の関係性・社会階層の違いを見る上で、今後の課題である。

　また、大宰府・多賀城・一部の国庁で政庁域内の楼閣の可能性のある総柱遺構が確認された。宮殿における楼閣建築の付設と同じく、空間を荘厳するための設備として、楼閣が地方官衙に建てられたとみられる。一方で、郡庁では楼閣は確認できず、国庁以上と郡庁の格式差を示す1つのランドマークとして機能していたと推察された。

　そして、地方官衙政庁域の祖型に関しては、前庭空間や長舎の存在が重要であるという点、定型化以降は正殿が必要であるという点から、前期難波宮内裏にその可能性を求めた。一方で正殿を持たず、長舎で囲う政庁域もあり、機能の面から祖型に対する課題も出てきている。これらの点に関しては継続して検討していきたい。

註

（1）文献8。平城宮第一次大極殿は9×4間の四面廂であるのに対し、興福寺中金堂は7×4間の四面廂の四周に裳階が廻る構造で、裳階を除いた桁行は7間としている。

（2）文献6。身舎のみで入母屋造・寄棟造の屋根を構成するには、隅木の支持方法と母屋桁の支持方法が課題となる。

（3）文献4・9。身舎の柱を抜くことなく、廂のみ付け替えており、さらに身舎柱と廂柱の柱筋がずれることから、「身舎・廂分離型」と考えられる。

（4）文献1。内裏正殿などを中心に身舎梁行3間の事例がみられ、掘立柱で構造的な制約があるなかで、梁行を大きくするための工夫と考えられる。

（5）文献7他。聖武天皇の一周忌（757）に間に合わせるよう催促の指示が出されており、このころには多くの国分寺金堂が完成したと考えられる。

（6）文献8。桁行総長もほぼ27〜30mの範囲に収まっている。

（7）掘立柱と礎石で柱間寸法の構造的な限界に違いがあることを示唆している。

（8）軒の出8尺（約2.4m）が1つの判断基準となり、これより軒の出がかなり大きい場合は組物の手先を出すと考えられる。ただし、手先を出さない組物の軒の出の最大級は東大寺転害門（復原）の9.5尺であり、三河国庁正殿の軒の出は組物を持たない形式でも成立する可能性もある。

（9）例えば、『扶桑集』巻7菅丞相の詩に「駅楼執手泣相分」と記され、さらに『菅家文草』巻4に「題駅楼壁」という詩があり、駅家には楼が存在したことが確認できる。

（10）総柱遺構については、発掘遺構からは床を張るということのみの判断が可能であり、楼閣であるか高床の倉庫であるかについては判断できない。それゆえ、両方の可能性が考えられることを踏まえておく必要がある。なお、今回は取り上げていないが、伊賀国庁では前殿の東西に第一脇殿としてＳＢ1075・1084を検出している。隅柱のみの検出で総柱ではないが、位置や正方形に近い柱配置から楼閣の可能性もある。

（11）報告書では寄棟造とするが、柱位置から基壇端までの距離が東西・南北ともに等しいという点では、隅木を用いる建物という判断にとどまるため、入母屋造の可能性もある。さらに、切妻造の場合でも螻羽の出を6尺程度確保することは可能であり、柱配置を鑑みると切妻造の可能性も十分に考えられる。

（12）小田裕樹氏のご教示による。

（13）中央で曹司に出入りした官人が曹司の空間構成を国庁に移した可能性も考えられるが、国司の四等官をみると、国守の官位相当が従五位から正六位程度で、各寮の頭が同等程度である。式部省・兵部省ク

ラスの政庁域と国庁が同等クラスの官司であれば模倣の可能性もあるが、各省の長と国守の格を比べると、中央の省と国庁は同格には見がたく、国庁の空間構成は国守の位階に比して、整った格式高いものである。また、国司が「クニノミコトモチ」として派遣された経緯を鑑みると、天皇の内裏との関係性がうかがえ、一曹司を祖型としたとは推定しがたく、先に指摘したように、時代的にもコの字形の曹司の出現は地方官衙政庁域よりも遅れることから、地方官衙政庁域の祖型とは考えにくい。

図版出典
図1・3・7：著者作成。
図2： 遺跡文献10、11、40、57。
図4： 文献23より作成。
図5： 文献15、遺跡文献2、8、14、25、70。
図6： 文献18に一部加筆。
図8： 著者撮影。
図9： 文献13。
図10：文献14。
図11：文献19。
図12：文献22。
表1～7：各遺跡文献より作成。

参考文献
1　植木久「梁間3間四面廂構造と内裏正殿に関する一考察」『東アジアにおける難波宮と古代難波の国際的性格に関する総合研究』財団法人大阪市文化財協会、2010。
2　上野邦一「古代宮殿における中心建物周辺の荘厳空間」『古代学』2、奈良女子大学古代学学術研究センター、2010。
3　海野聡「古代地方官衙政庁域の空間構成」『日本建築学会計画系論文集』645号、日本建築学会、2009。
4　海野聡「掘立柱建物の身舎・庇分離型―郡庁正殿の上部構造―」『日本建築学会大会学術講演大会梗概集F－2』日本建築学会、2011。
5　海野聡「「楼」建築に「見られる「登れる」要素」―奈良時代における重層建築に関する考察（その1）―」『日本建築学会計画系論文集』669号、日本建築学会、2011。
6　海野聡「古代における裳階の類型化と二重金堂の変遷に関する試論」『佛教藝術』327号、毎日新聞社、2013。
7　海野聡「国分寺伽藍の造営と維持システム」『奈良時代建築の造営体制と維持管理』吉川弘文館、2015。
8　海野聡・鈴木智大・箱崎和久「日本からみた韓半島の古代寺院金堂」『日韓文化財論集Ⅲ』奈良文化財研

究所、2016。
9　海野聡「遺構からみた郡庁の建築的特徴と空間的特質」『郡庁域の空間構成』奈良文化財研究所、2017。
10　海野聡『建物が語る日本の歴史』吉川弘文館、2018。
11　海野聡「古代寺院の幢幡とその構造」『条里制・古代都市研究』第34号、条里制・古代都市研究研究会、2019。
12　大岡實「奈良時代寺院の伽藍配置と主要金堂」『南都七大寺の研究』中央公論美術出版、1966。
13　大阪市文化財協会『難波宮址の研究』七 報告篇、1981。
14　岸俊男『日本の古代宮都』岩波書店、1993。
15　倉吉市教育委員会「伯耆国庁跡」『シンポジウム 「よみがえる古代の伯耆」―伯耆国庁跡と不入岡遺跡―』1995。
16　志賀崇「宮内の曹司」『古代の官衙遺跡』Ⅱ遺物・遺跡編、奈良文化財研究所、2004。
17　仙台市教育委員会『宮城県仙台市郡山遺跡ⅩⅥ 平成8年度発掘調査概報』仙台市文化財調査報告書第215集、1997。
18　奈良県教育委員会『国宝法隆寺廻廊他五棟修理工事報告書』1983。
19　奈良国立文化財研究所『平城宮発掘調査報告ⅩⅢ 内裏の調査Ⅱ』1991。
20　奈良文化財研究所『古代の官衙遺跡』Ⅰ遺跡編、2003。
21　奈良文化財研究所『古代の官衙遺跡』Ⅱ遺物・遺跡編、2004。
22　奈良文化財研究所『平城宮発掘調査報告ⅩⅥ 兵部省地区の調査』2005。
23　奈良文化財研究所『平城宮跡整備報告書』2016。
24　宮城県教育委員会『多賀城跡 政庁域補遺編』2010。
25　宮本長二郎「飛鳥・奈良時代寺院の主要堂塔」『日本古寺美術全集』第2巻 法隆寺と斑鳩の古寺、集英社、1979。
26　山中敏史『古代地方官衙遺跡の研究』塙書房、1994。

遺跡文献
表1・2【国庁】
1　仙台市教育委員会『宮城県仙台市郡山遺跡ⅩⅥ 平成8年度発掘調査概報』仙台市文化財調査報告書第215集、1997。
2　宮城県多賀城跡調査研究所『多賀城跡』宮城県多賀城跡調査研究所年報2012、2013。
3　秋田市教育委員会・秋田城跡調査事務所『秋田城跡―政庁跡―』2002。
4　秋田県教育委員会・払田柵跡調査事務所『払田柵跡Ⅰ―政庁跡―』秋田県文化財調査報告書第122集、1985。

5　酒田市教育委員会『国指定史跡城輪柵跡－史跡城輪柵跡保存整備事業報告書－』1998。

6　酒田市教育委員会『史跡城輪柵跡　昭和59年度遺構調査概報』1985。

7　八幡町教育委員会『八森遺跡　古代編・古代図録編』八幡町埋蔵文化財調査報告書第11集、2002。

8　石岡市教育委員会『常陸国衙跡－国庁・曹司の調査－』2009。

9　府中市教育委員会・府中市遺跡調査会『武蔵国府関連遺跡調査報告39－国府地域の調査30－武蔵国衙跡1　本篇』府中市埋蔵文化財調査報告第43集、2009。

10　垂井町教育委員会『岐阜県不破郡垂井町府中　美濃国府跡発掘調査報告Ⅱ』1999。

11　豊川市教育委員会「附載　三河国府跡確認調査の再検討について」『東赤土遺跡　豊川西部土地区画整理事業に伴う埋蔵文化財調査報告書』2012。

12　鈴鹿市教育委員会『伊勢国分寺・国府跡2』1995。

13　三重県埋蔵文化財センター『伊賀国府跡』三重県埋蔵文化財調査報告99－4、1992。

14　滋賀県教育委員会『史跡近江国衙跡発掘調査報告』滋賀県文化財調査報告書第6冊、1977。

15　京都府教育委員会「平安京跡（右京一条三坊九町）昭和54年度発掘調査概要」『埋蔵文化財発掘調査概報』1980第3分冊、1980。

16　国府町教育委員会『因幡国府遺跡発掘調査報告書　因幡国庁跡補管暗渠工事に伴う発掘調査報告書』国府町文化財報告書5、1987。

17　倉吉市教育委員会『不入岡遺跡群発掘調査報告書　不入岡遺跡・沢ベリ遺跡2次調査』倉吉市文化財調査報告第85集、1976。

18　倉吉市教育委員会『伯耆国庁跡発掘調査概報（第3次）』1976。

19　倉吉市教育委員会『伯耆国庁跡発掘調査概報（第5・6次）』1979。

20　島根県教育庁埋蔵文化財調査センター『史跡出雲国府跡9　総括編』風土記の丘地内遺跡発掘調査報告書22、2013。

21　久留米市教育委員会『筑後国府跡－第210次調査報告－』久留米市文化財調査報告書第235集、2006。

22　久留米市教育委員会『筑後国府跡（2）』久留米市文化財調査報告書第284集、2009。

23　久留米市教育委員会『筑後国府跡－平成12・13年度発掘調査概要報告－』久留米市文化財調査報告書第182集、2002。

24　行橋市教育委員会『福原長者原遺跡－福岡県行橋市南泉所在古代官衙遺跡の調査－』行橋市文化財調査報告書第58集、2016。

25　九州歴史資料館『大宰府政庁跡』2002。

26　佐賀市教育委員会『国史跡　肥前国庁跡保存整備事業報告書－遺物・整備編－』佐賀市文化財整備報告書第1集、2006。

27　大和町教育委員会『肥前国庁跡－遺構編－』大和町文化財調査報告書第55集、2000。

28　西都市教育委員会『日向国府跡　平成25年度発掘調査概要報告書』西都市埋蔵文化財発掘調査報告書第66集、2014。

29　西都市教育委員会『日向国府跡　平成23年度発掘調査概要報告書』西都市埋蔵文化財発掘調査報告書第62集、2012。

30　津曲大祐「日向国府跡の調査成果」『一般社団法人日本考古学協会2017年度宮崎大会資料集』2017。

表3・4【郡庁】

31　宮城県多賀城跡調査研究所『名生館遺跡Ⅰ　玉造柵跡推定地』多賀城関連遺跡発掘調査報告書第6冊、1981。

32　鈴木勝彦「名生館官衙遺跡第12次調査の概要」『第18回古代城柵官衙遺跡検討会資料』1992。

33　亘理町教育委員会『国史跡　三十三間堂官衙遺跡　平安時代の陸奥国亘理郡官衙跡発掘調査総括報告書』亘理町文化財調査報告書第19集、2016。

34　宮城県多賀城跡調査研究所『東山遺跡Ⅶ－賀美郡衙跡推定地－』多賀城関連遺跡発掘調査報告書第18冊、1993。

35　加藤孝「古代出羽国村山郡衙跡の研究－古代東北城柵跡の考古学的研究－」『東北学院大学東北文化研究所紀要』第8号、1977。

36　いわき市教育委員会『根岸遺跡　磐城郡衙跡の調査』いわき市埋蔵文化財調査報告第72冊、2000。

37　須賀川市教育委員会『栄町遺跡－陸奥国石背郡衙跡の発掘調査報告－』須賀川市文化財調査報告書第60集、2012。

38　南相馬市教育委員会『泉廃寺－陸奥国行方郡家の調査報告－』南相馬市埋蔵文化財調査報告書第6集、2007。

39　（公財）鹿嶋市文化スポーツ振興事業団『鹿嶋市内遺跡埋蔵文化財発掘調査報告書37　鹿島市内№.121遺跡（KT121）大門遺跡　鹿島市内№.122遺跡（KT122）国指定史跡鹿島神宮境内附郡家跡　平成27年度試掘・確認調査概要』鹿嶋市の文化財第156集、2016。

40　上三川町教育委員会・宇都宮市教育委員会『上神主・茂原官衙遺跡』上三川町埋蔵文化財調査報告第27集　宇都宮市埋蔵文化財調査報告第47集、2003。

41　（財）とちぎ生涯学習文化財団埋蔵文化財センター『長

者ヶ平遺跡　重要遺跡範囲確認調査』栃木県埋蔵文
化財調査報告第300集、2007。

42　太田市教育委員会『天良七堂遺跡2　上野国新田郡
庁の範囲確認調査』2010。

43　東京都北区教育委員会『御殿前遺跡』北区埋蔵文
化財調査報告第4集、1988。

44　水野順敏「神奈川県長者原遺跡」『日本古代の郡衙遺
跡』雄山閣、2009。

45　今小路西遺跡発掘調査団『神奈川県鎌倉市　今小路
西遺跡（御成小学校内）発掘調査報告書』1990。

46　（財）かながわ考古学財団『下寺尾西方A遺跡　茅ヶ
崎方面単位制普通科高校（県立茅ヶ崎北陵高校）校
舎等新築工事に伴う発掘調査』かながわ考古学財団
調査報告157、2003。

47　関市教育委員会『国指定史跡　弥勒寺官衙遺跡群
弥勒寺東遺跡I－郡庁区域－』関市文化財調査報告
第30号、2012。

48　四日市市教育委員会『久留倍遺跡5　一般国道1号
北勢バイパス建設事業に伴う埋蔵文化財発掘調査
報告書II』四日市市埋蔵文化財発掘調査報告書46、
2013。

49　藤原秀樹・吉田真由美「河曲郡衙と伊勢国分寺」『平
成27年度あいちの考古学2015　資料集』2015。

50　栗東町教育委員会・（財）栗東町文化体育振興事業
団『岡遺跡発掘調査報告書1次・2次・3次調査』
1990。

51　城陽市教育委員会『正道官衙遺跡』城陽市埋蔵文
化財調査報告書第24集、1993。

52　奈良文化財研究所『上原遺跡群発掘調査報告書－古
代因幡国気多郡衙推定地－』気高町文化財報告書第
30集、2003。

53　気高町教育委員会『上光遺跡群発掘調査報告書－因
幡国気多郡推定坂本郷所在の官衙遺跡－≪県営瑞穂
地区ほ場整備事業に伴う発掘調査≫』気高町文化財
報告書第16集、1988。

54　郡家町教育委員会『鳥取県八頭郡郡家町　万代寺遺
跡発掘調査報告書』1983。

55　下本谷遺跡発掘調査団『下本谷遺跡－推定備後国三
次郡衙跡の発掘調査報告－』1975。

56　長井博志「稲木北遺跡」『稲木北遺跡　長井北遺跡
小塚遺跡』一般国道11号坂出丸亀バイパス建設に伴
う埋蔵文化財発掘調査報告第1冊、2008。

57　福岡市教育委員会『有田・小田部33－有田遺跡群第

189次の調査－』福岡市埋蔵文化財調査報告書第649
集、2000。

58　小郡市教育委員会『小郡遺跡　発掘調査と環境整備
報告』小郡市文化財調査報告書第6集、1980。

59　小郡市教育委員会『上岩田遺跡III』小郡市文化財調
査報告書第252集、2011。

60　朝倉市教育委員会『八並遺跡・井出野遺跡』朝倉市
文化財調査報告書第5集、2009。

61　新吉富村教育委員会『大ノ瀬下大坪遺跡　福岡県築
上郡新吉富村大字大ノ瀬所在遺跡の発掘調査概要報
告』新吉富村文化財調査報告書第10集、1997。

62　矢野和昭「旧豊前国における平成12年度の主要な調
査について」『第4回西海道古代官衙研究会発表資料
集』西海道古代官衙研究会、2001。

63　大分市教育委員会『城原・里遺跡　第5・7・8・
9・12次調査報告書　市内遺跡確認調査に伴う埋蔵
文化財発掘調査報告書』大分市埋蔵文化財発掘調査
報告書第101集、2010。

64　大分市教育委員会『海部の遺跡1　都市計画道路横
塚久土線建設に伴う埋蔵文化財発掘調査報告書』大
分市埋蔵文化財調査報告書第56集、2005。

表7【楼閣】

65　宮城県多賀城跡調査研究所『多賀城跡　政庁跡補遺
編』2010。

66　宮城県教育委員会・宮城県多賀城跡調査研究所『多
賀城跡　政庁跡　本文編』1982。

67　石岡市教育委員会『常陸国衙跡－国庁・曹司の調査
－』2009。

68　（財）とちぎ生涯学習文化財団埋蔵文化財センター『長
者ヶ平遺跡　重要遺跡範囲確認調査』栃木県埋蔵文
化財調査報告第300集、2007。

69　滋賀県教育委員会『史跡近江国衙跡発掘調査報告』
滋賀県文化財調査報告書第6冊、1977。

70　鈴鹿市教育委員会『伊勢国分寺・国府跡3』1996。

71　鈴鹿市教育委員会「長者屋敷遺跡の調査」『伊勢国分
寺・国府跡－長者屋敷遺跡ほか発掘調査事業概要報
告－』1994。

72　倉吉市教育委員会『伯耆国庁跡発掘調査概報（第3
次）　昭和50年度』1976。

73　倉吉市教育委員会『伯耆国庁跡発掘調査概報（第4
次）　昭和51年度』1977。

74　九州歴史資料館『大宰府政庁跡』2002。

多賀城政庁と周辺城柵・郡衙の政庁域の変遷と特質

廣谷和也（宮城県多賀城跡調査研究所）

I　はじめに

　多賀城跡は、宮城県多賀城市市川・浮島両地区に所在する。仙台平野の北端に位置し、仙台平野を一望できる丘陵上に立地している。奈良・平安時代に陸奥国府が置かれ、また、8世紀代には鎮守府も併置されていた。築地塀や材木塀で構成される外郭施設によって、一辺約900m四方のいびつな四角形で周囲と区画されており、南、東、西側に門が開かれている。外郭施設で囲まれた範囲の中央やや南よりに政庁が、周辺には実務官衙域が広がっている（図1）。

　政庁は、昭和38年（1963）の第1次発掘調査以来、昭和53年（1978）までの発掘調査で、建物配置や区画施設の様相とその変遷があきらかとなっていたが、平成16・17・24年（2004・2005・2012）に実施された再発掘調査での新たな発見と共に過去の成果が見直され、改めてその建物配置と変遷があきらかになっている（文献15・16・17・18）。

　以下では、再発掘調査成果の紹介も兼ね、過去の見解にも触れながら、現在示されている政庁の建物配置や空間構成について、前庭空間を構成する正殿・東西脇殿・区画施設と南門に注目しながら遺構期順に概観したい。同時に、方眼による建物配置や空間の設計についても整理・検討したい。その後、周辺であきらかになっている政庁、特に多賀城創建以降における城柵設置域の政庁との関連について検討し、その特徴を抽出したい。なお、多賀城政庁の遺構期は第I〜IV期の4時期があり、以下で用いる各遺構期の年代は以下の通りである。

　　第I期：養老・神亀年間（717〜728）〜8世紀中頃
　　第II期：8世紀中頃〜宝亀11年（780）
　　第III期：宝亀11年〜貞観11年（869）
　　第IV期：貞観11年〜11世紀中頃
　　　　　（第IV−3d期…灰白色火山灰降下後）

　なお、多賀城碑によれば創建は神亀元年（724）、修造が天平宝字6年（762）である。

II　多賀城政庁の建物変遷

（1）多賀城政庁の発掘調査成果

　以下では、第I期から順に政庁主要遺構について概観する。なお、構成する各施設の細部については、『多賀城跡政庁跡　本文編』（文献16）で示した各期を通じて普遍的に存在する「基本的構成要素」、ある時期以降継続的に存在する「準基本的構成要素」の順に記述し、それ以外の要素を付加的構成要素として述べる[1]。また、『多賀城跡政庁跡　図録編・本文編』（文献15・16）において「広場」の語を使用している正殿・脇殿・南門に囲まれた空間については、他の遺跡との比較検討をおこなうことを見通し、「前庭空間」あるいは「前庭」の語（文献5）を用いた。

①第I期（図2・3・5・6）

　多賀城政庁の創建時の姿である。正殿（SB150A）を中心として、東脇殿（SB127）、西脇殿（SB175）が配置される。周囲とは築地塀によって区画され、正殿の正面には南門（SB101A）が設けられる。また、区画施設南方東西には、南門前殿が設けられる。これらの遺構はいずれも掘立柱建物で、少なくとも主要建物は瓦が葺かれていたものとみられる。

　また、建物の敷地を確保するため東北と西南に盛土による大規模な造成をおこなっている（第1次整地層）。特に西南側では厚さ最大1.0mの整地をおこない、その南端と西端には石垣を用いて土留めとしていることが再調査であきらかになった。石は平らな面を外面となる南・西側に向けており外観を意識したものとみられる。この整地土留め用の石垣は、正殿南入側柱列から南に90m、中央の柱間から西に60.5mに位置している。

a）基本的構成要素

　正　殿（SB150A、図3）　2012年度の再調査により、

2間と考えられていた身舎の梁行が3間であること、全面地山削り出しとみていた基壇は南側に整地を施すことが新たに判明した。

　基壇の規模は東西22.4m前後、南北13.0m以上で、高さは最大0.45m残存している。南側は整地をともない、上下2段で基壇化粧をともなう構造で、その中央部は3段以上の階段がある可能性が高いとみられる[2]。基壇の東西北辺は地山削り出しで化粧がない可能性が高い。また、北側柱列1.9m北側の基壇下で幅0.7mの雨落溝を検出している。

　建物は桁行5間、梁行4間の南廂が付く東西棟掘立柱建物である。柱穴は一辺1.2〜1.6mの隅丸方形、柱材は約40cmの丸材とみられ、すべて抜き取られている。桁行は総長19.7m、柱間は中央の3間分が3.7〜3.8m、東西両端の1間分が4.2mで中央と東西両端に差がある。梁行は身舎8.3m、廂の出が3.4mの総長11.7mで、柱間は身舎が2.7〜2.8mである。身舎南側柱列東西両端の柱から南に1.9mの場所に、一辺0.6〜0.7mで方形の間柱がある[3]。

東・西脇殿（SB127・SB175、図5）　東西ともに、桁行7間、梁行2間の南北棟で床束をともない、北妻から2間目に間仕切を有している。床束の柱は棟通りのものと側柱の内側のものからなる。柱穴は不整な方形もしくは隅丸方形で、一辺の長さは0.9〜1.7mのものまであり、柱材は0.3m前後とみられる。桁行は総長17.8〜17.9m、柱間2.4〜2.7m、梁行は総長5.4〜5.6m、柱間2.7〜2.8mで、桁行の柱間に若干のばらつきがある[4]。

　雨落溝（SD085）は、西脇殿の西側柱列から約1.6m、北側柱列から約1.3m外側で確認しており、幅は0.2〜0.4mである。基壇は確認していない。

区画施設と南門（SB101A）　区画施設は基底幅1.8〜2.1mの築地塀で、東西103m、南北116mである[5]。南門は桁行3間、梁行2間の東西棟掘立柱の八脚門で、東西両妻から約6.0mの位置には間口約2.7mの脇門が付設されている（潜門）。桁行は、中央間4.2m、両脇間約2.8mで総長は9.8m、梁行は柱間が3.0m等間で総長は6.0mである。

b）付加的構成要素

　南門前殿（東：SB023、西：SB187A）はいずれも、桁行7間、梁行2間の掘立柱建物で、南門に対して左右対称に位置する。桁行は、SB023が20.42m、SB187Aが20.7m、梁行はいずれも約6.0mである[6]。

c）第I期の配置計画など

・正殿身舎南側柱列から南門棟通りまでの距離と、東脇殿西側柱列から西脇殿東側柱列までの距離はいずれも約66mである。この広場を中心としてコの字形に配された正殿、東西脇殿および南門からなるこの66m四方の空間は、政庁内においてもっとも重要で基本的な機能を有する一郭としてとらえることができる。

・正殿身舎南側柱列のラインから両脇殿南妻までの距離と南北中軸線から両脇殿棟通りまでの距離はいずれも両脇殿の桁行長に近い約18mで、建物の方向も検討基準線を基準とした方眼上にのる。さらに東西の南門前殿の棟通りも、ややずれるものの18m方眼上を意図して配置されたものとみられ、これらの建物配置は18m方眼に沿って計画されている。

・西南側の整地の外観を意識した石垣は、正殿から南に約90m、西に約60mの場所に位置しており、計画性の高さがうかがわれる。南辺については区画内の建物と同様18m方眼上にのる。

・左右対称に配置されるが、その高低差については、東側が高い状況が築地塀や東西脇殿の発掘成果からみてとれる。

②第II期（図2・4〜6）

　第I期の建物が全面的に礎石建物に造り替えられ、宝亀11年（780）に伊治公呰麻呂の乱による火災に遭った時期である。再調査により、第I期とほぼ同位置で建て替えられた東西脇殿と第III期以降に加わると考えられていた東西の楼を確認し、建物構成のあり方に大きな修正があった。

　基本的構成要素には正殿（SB150Z）、東脇殿（SB1150Z）、西脇殿（SB1151Z）、南門（SB101B）がある。新たに、正殿の東西脇に東楼（SB136Z）、西楼（SB186Z）、北側に後殿（SB170Z）が加わる。さらに築地線上では、南門両脇に翼廊（東：SC105、西：SC109）が設けられ、東辺と西辺のほぼ中央には再調査前に脇殿とみていた東殿（SB135）と西殿（SB180）、北辺には中央の馬道を挟んで東北殿（SB370）・西北殿（SB550）が造られる。これら新たに加わった施設のうち、東西の楼と後殿は準基本的構成要素として第IV期まで存続する。

　政庁内の建物が増加および礎石化し、正殿が片廂から四面廂となる。築地塀の屋根が確実に瓦葺と

なるのもこの時期である。また中央の石敷広場（SH148）、石組排水溝が新たに設けられるなど装飾的要素が多く加わる。

a）基本的構成要素

正　殿（SB150Z、図4）　第Ⅰ期正殿とは身舎の南側柱列と桁行の中心をほぼ一致させて建て替えられている。基壇・建物ともに第Ⅲ期の遺構が重複するため不明瞭な部分が多いが、桁行7間、梁行4間の四面廂が付く東西棟礎石建物で、基壇・建物共に第Ⅲ期と同規模とみられる。

基壇は玉石積の基壇化粧とみられ、再調査により改修時に縁辺に盛土をおこなって規模を拡大していることが判明した。規模は、第Ⅲ期と同規模とみて、東西26.4m前後、南北15.6m、高さは約0.75mである。南側に位置する石敷広場北端の形状から、階段が設けられたものとみられる。

建物の礎石据付穴は、短辺1.1m、長辺1.6mのふくらみをもつ長方形のもの、長軸1.6m、短軸1.4mの楕円形のものが確認できる。

東・西脇殿（東：SB1150Z、西：SB1151Z、図5）　東脇殿は、再調査で検出した掘込地業（SX2814）と隣接する整地（SX2815）および焼面（SX2816）の存在により確かめられた。第Ⅲ期と同規模の桁行5間、梁行2間の南北棟で、西脇殿も同様の規模とみられる。第Ⅰ期よりも梁行が減少しているものの面積は微増している。SX2816焼面の西側が直線的に延びることから、基壇が存在していたと推定される。

区画施設と南門（SB101B）　南門は桁行3間、梁行2間の東西棟礎石建ちの八脚門で（SB101B）、東西には南門と棟通りをあわせた翼楼（SC105・SC109）が付加される。第Ⅰ期からほぼ同位置・同規模で建て替えられている。桁行は、中央間3.9m、両脇間約3.0mで総長は9.9m、梁行は柱間が3.0m等間で総長は6.0mである。東西の翼楼はいずれも桁行6間、梁行2間の東西棟で柱間は南門側から2間ごとに2.7m、2.4m、1.8mとなり門から離れるほどにその寸法が減っていく特徴をもつ[7]。

区画施設である築地塀は、基底幅2.2mで第Ⅰ期とほぼ同位置で造り替えられ、この時期から確実に瓦葺となる。

前庭空間　前庭空間には新たに石敷広場（SH148）が造成される。石敷広場は、正殿の南全面に拳大から人頭大のやや偏平な玉石を敷き詰めたものである。

検出は部分的だが、東西の幅は正殿基壇にほぼ一致する26.4m前後で、南北の奥行きは正殿基壇南端からその約30m南を東西に延びるSD082・126石組溝までの範囲が想定されている。南北の高低差は最大で0.5mある。また広場の東西両脇には、間隔1.6mの2列の玉石列とその間に敷かれた小砕石からなる通路が設けられている。

b）準基本的構成要素

東西楼（東：SB136Z、西SB186Z）は第Ⅲ期と同様、共に東西3間、南北3間の総柱建物であり、東西の桁行総長9.0m、南北の梁行総長は7.2mとみられる[8]。

後殿（SB170Z）は、桁行4間、梁行4間と想定される東西棟で、総柱礎石建物である。南北の柱列は3間の可能性も残す。規模は東西の桁行総長が16.8m、南北の梁行総長が9.6mである。

c）付加的構成要素[9]

石組溝は政庁南半の築地塀および建物に沿って敷設されたものである。建物や築地塀付近にあり一部雨落溝を兼ねるものの他に、南辺築地塀の北方約28.0mの箇所を東西方向に延び、東西辺築地塀内側の石組溝に接続する溝がある（SD126、SD082）[10]。これらの各石組溝はいずれも内法幅約0.6mで同一の構築方法で敷設されている。

東殿と西殿はいずれも桁行7間、梁行2間の南北棟で、桁行が18.1〜18.3m、梁行約5.4mである。東西の北殿についての平面の詳細は不明であるが、桁行が10間（26.0m）、梁行が2間（5.4m）の東西棟で、両者の間には約2.0mの馬道があったものと推定される。

d）第Ⅱ期の配置計画など

・前庭空間を構成し基本的構成要素である各建物・施設は建て替え後も第Ⅰ期と同位置に配置される。

・新たに準基本的構成要素として東西楼と後殿が加わる。東西楼は南側柱列を正殿身舎南側柱列に揃え、正殿側の側柱列を脇殿身舎の正殿側の側柱列に揃えている。後殿は東西の側柱列を正殿身舎東西側柱列にほぼ揃えている。

・新たに加わった後殿、東西北殿、石敷広場から東西への通路等には18m方眼の2分の1である9m方眼上の配置もみられる。

③第Ⅲ期（図2・4〜6）

伊治公呰麻呂の乱による火災後に建て替えられた建物群で、火災直後に暫定的に造営された第1小期

（以下第Ⅲ－1期）と本格的に建て替えが実施された第2小期（以下第Ⅲ－2期）に分かれる。

　再調査により、正殿が火災で焼失し建て替えられたこと、東西脇殿が縁をもつ床張りの建物であることが判明した。また再検討の結果、確実な存在は第Ⅱ期のみに限定していた中央の石敷広場は第Ⅲ－1期以降も存続したとみている。

④第Ⅲ－1期

　火災直後に建て替えられた建物群で、基本的構成要素の正殿（SB 150B）、東脇殿（SB 123）、西脇殿（SB 172）、準基本的構成要素の東西楼・後殿があり、正殿のみ礎石建物として本格的復旧による建て替えをおこなっており、正殿以外の建物は比較的小規模な掘立柱の建物である。

a）基本的構成要素

正　殿（SB 150B、図4）　第Ⅱ期と同位置・同規模で建て替えられており、基壇は切石積へ改修されている。

　基壇は凝灰岩切石の基壇化粧を用いており、規模は、東西26.4m前後、南北15.6mで、高さは約0.75～0.85mである。階段は北縁が2ヵ所、南縁が3ヵ所と考えており、いずれも左右対称に配置される。再調査による側石据付穴の検出も含めると、北縁の2ヵ所と南縁の中央と東側の階段痕跡を確認している。

　建物は、第Ⅱ期と同規模の桁行7間、梁行4間の東西棟四面廂の礎石建物で、原位置を保つ礎石を11個、礎石据付穴を9基検出している。桁行は身舎が18.0m、廂の出が南北共に2.4mで総長22.8m、梁行は身舎が7.2m、廂の出が南北共に2.4mで総長12.0mである。桁行・梁行共に身舎部分が3.6m等間、廂部分が2.4mである。

　礎石は径0.8×1.3mの自然石である。柱座などの加工はみられないが、平らな面を上面にした簡易な整形が施されている。根石は自然石と共に割石も多少使用されており、上部の礎石と接合する例もみられる。

　据付穴は、短辺1.1m、長辺1.6mのふくらみをもつ長方形のもの、短軸1.4m長軸1.6mの楕円形のものが確認できる。深さは検出面から0.2～0.3mで、礎石の天端からは最大0.75mである。再調査で据付穴埋土中に焼土が含まれることを新たに確認したことで、正殿の建物本体が火災により焼失し、その後建て替えられたことが確定した。

東・西脇殿（東：SB 123、西：SB 172、図5）　いずれも桁行5間、梁行2間の南北棟側柱掘立柱建物で、柱穴は0.6～1.0mの長方形である。柱痕跡を多く検出した西脇殿でみると、桁行や梁行の総長や柱間にばらつきがあり、東西の柱列が平行しないなど、これまでの脇殿に比べて統一性に欠ける構造である。

区画施設と南門　築地塀と南門は本格的な復旧期である第Ⅲ－2期に建て替えられるため、この期には造り替えられていない。ただし、第Ⅱ期に築地線上にあった建物が焼失してしまった箇所については、部分的な柵などにより仮に遮蔽していたと推定される。

前庭空間　建て替えられた正殿（SB 150B）にともなう基壇（SX 2163）の南縁地覆石と石敷広場のレベルがほぼ同じであることから、第Ⅲ期も石敷広場は露出して機能していたと考えられる。なお、第Ⅱ期に石敷広場に接続していた東西方向の石組溝は、この時期以降には存続しない。

b）準基本的構成要素

東西楼（東：推定、西SB 560）　桁行3間、梁行2間と推定される東西棟掘立柱建物で、桁行総長は7.3mで柱間は約2.4m等間とみられる。東西脇殿と同様柱穴埋土中には多量の焼土が混入している。

後　殿（SB 171）　桁行3間、梁行2間の東西棟掘立柱建物である。

c）付加的構成要素

　第Ⅲ－1期に属するとみていた西南門前殿（SB 187C）は再検討により、第Ⅳ期の第2小期～第3小期のa～d小々期に属すものとみている。

d）第Ⅲ－1期の配置計画など

・火災直後に建てられた建物で、正殿のみ同位置で本格的な建て替えをおこない、それ以外の建物は第Ⅱ期の建物位置を踏襲する計画があった第Ⅲ－2期の建物造営位置を確保するため築地側に寄せて暫定的な配置としている。

・基本的構成要素である東西脇殿は、暫定的な建物であることに起因するとみられる誤差はあるものの、18m方眼もしくはその半分である9m方眼を基準に配置されている。

⑤第Ⅲ－2期

　暫定的な第Ⅲ－1期を経て、正殿以外の建物も本格的に礎石建ちで造営された時期である。いずれも第Ⅱ期の建物群とほぼ同位置で礎石建物に建て替えられている。再調査により東西脇殿の正殿側に南北

3間分の廂が付くことが判明した。

a) 基本的構成要素

第Ⅲ－1期に建て替えられた正殿とこの期に建て替えられた東西脇殿がある。

東・西脇殿（東：SB1150、西：SB1151、図5）　桁行5間、梁行2間の身舎に縁が付いた南北棟の礎石建物である。縁は正殿側の南北3間分に付く。残存が悪く、身舎については西脇殿で礎石据付穴・根石を5ヵ所で確認したのみである。規模は桁行総長16.0m、梁行総長6.4mで柱間はいずれも3.2m等間とみられる。礎石据付穴および根石は厚さ0.3～0.5mの整地層上で確認しており、基壇の築成土である可能性もある。縁は西脇殿でみると南北総長9.6mで柱間は3.2m等間、縁の出は約1.6mである。

区画施設と南門（SB101C）　南門は桁行3間、梁行2間の東西棟礎石建ちの八脚門である。第Ⅱ期南門とは棟通りが一致しているが、東側に0.3m移動し、梁行総長をやや縮小して造営している。礎石は失われていたが、ほとんどの箇所で根石あるいは据付穴を検出している。

桁行は中央間約3.9m、両脇間約3.0mで総長9.9m、梁行は柱間約2.45m等間で総長約4.9mとみられる。

区画の東西面の門は検出していないが、築地塀本体や寄柱の検出状況から、第Ⅱ期に東西殿のあった場所に門が存在した可能性もある。

築地塀は基底幅2.3mでほぼ同位置で造り替えられるが、南辺と北辺は多少内側に寄って造り替えられている。

b) 準基本的構成要素

東西楼（東：SB136、西SB186）　共に桁行3間、梁行き3間の総柱礎石建物であり、桁行総長9.0m、梁行総長は7.2mである。第Ⅱ期とほぼ同位置で建て替えられている。

東楼は11ヵ所の根石もしくは据付穴を確認しており、建物の東側では第Ⅱ期東楼にともなうSX3020整地層上で検出している。据付穴は径1.5～2.0mの不整な円形を呈する。

西楼は、礎石2個と根石7ヵ所を検出している。礎石は径0.8m前後の安山岩自然石で、上面に加工はみられない。

後殿（SB170Z）　桁行4間、梁行4間と想定される東西棟で、総柱礎石建物である。南北は3間の可能性

も残す。東西の側柱列を正殿身舎妻側柱列にほぼ揃えている。規模は東西の桁行総長が16.8m、南北の梁行総長が想定9.6mである。

c) 第Ⅲ－2期の配置計画など

基本的要素・準基本的要素については第Ⅱ期の建物を踏襲したもので、その建物配置計画も18m方眼および9m方眼が大きな基準となっている。第Ⅱ期と大きな変化はない。

⑥第Ⅳ期（図2・4・5）

正殿の北側を中心とした区域で建て替えや建物の造営が増加する時期で、第1小期から第3小期に分かれ、第3小期はさらにa～eの小々期に細分される。第1小期は貞観11年（869）の大地震後の造営とみている。

基本的構成要素と準基本的構成要素において、建て替えが認められるのは、第1小期の後殿と第3小期の東西脇殿のみで、それ以外は第Ⅲ期から存続するものとみられる。それ以外の施設では、政庁北辺の北側の建物群を含む正殿より北側の区域で建て替えが多くみられる。

a) 基本的構成要素

正殿　第Ⅲ期の据付穴より新しい礎石の痕跡は確認されておらず、少なくとも礎石の据え直しをともなう建て替えはなかった可能性が高い。

東・西脇殿（東：SB1150A～C、西：SB1151A～C、図5）　第2小々期までは、第Ⅲ期の東西脇殿に建て替えの痕跡はみられない。再調査で、第3小期d小々期（以下3d期などと表記）には、東脇殿と同様西脇殿も身舎が礎石建ち、廂が掘立柱の礎石・掘立柱併用建物で建て替えられることを確認した。身舎は検出していないが、第Ⅲ期と同規模の身舎とみられる。検出した廂は、古い方からA→B→Cの順に3時期ある。西脇殿（SB1151A）東側柱列でみると、身舎は桁行総長16.0m、梁行総長6.4mで柱間は3.2mと想定され、廂の出はAが約4.9m、Bが約4.5m、Cが約3.6mで新しいものほど短くなりまた、柱穴の底面の標高は高くなる。

b) 準基本的構成要素

楼の建て替えは認められず、第Ⅲ期のものが第Ⅳ－3c期まで存続したとみられる。

後殿は再調査によって第Ⅳ－3e期とみていた掘立柱式の後殿（SB170B）が第Ⅳ－1期のもので、同じく第Ⅳ－1期で礎石建ちの後殿（SB170C）より古い

ことが判明した。掘立柱の後殿は地震後の暫定的な造営とみている。

地震後の暫定的な後殿とみられるＳＢ170Ｂは、桁行5間、梁行2間の東西棟掘立柱建物である。桁行総長12.1m、梁行総長5.3mである。東西方向の中心は、正殿中軸線から西へ約1.0mずれている。本格的に造成された後殿は東西5間で、南北4間で南北両廂の構造を推定しているが、南廂の柱穴は検出されていない。

c）付加的構成要素

第Ⅳ−2・3期に正殿より北側の区域に建物群が造営され、建て替えが増加する。

第Ⅲ−1期とみていた西側の南門前殿（ＳＢ187Ｃ）は、再検討により第Ⅳ−2期〜第Ⅳ−3ｄ期のいずれかに属するとみられる。

d）第Ⅳ期の配置計画など

・第3小期に初めて基本構成要素の左右対称性が失われているとしていたが、再調査で東西脇殿についての左右対称性が確かめられた。
・後殿はＳＢ170Ｂのみ正殿の中軸に沿わないが、地震後の暫定的な建物であることに由来するものとみられる。
・第2小期以降にみられる正殿より北側での後殿以外の建物の造営と建て替えは、第3小期以降にその左右対称性が失われる。
・北側で増加する建物造営にも第Ⅲ期までの18mや9m方眼は踏襲されるとみられる。

（2）多賀城政庁建物変遷の特徴

第Ⅱ期における建物の増加と装飾性の付加、第Ⅲ期の災害後の暫定的措置と本格的造営、第Ⅳ期第3小期の北部建物の左右対称性の崩壊、といった政庁内の空間構成上の変化がみられる。特に第Ⅱ期には後方空間に後殿が設けられ、第Ⅳ期には後殿の東西に建物が増加する傾向にあり、その後方空間の利用にも変化があったとみられる。そういった変化の中で、第Ⅰ期から一貫して踏襲されたとみられるのが、区画施設と正殿・脇殿・区画施設・南門の相互の位置関係とそれらに囲まれた一辺約66m四方の前庭空間である。それらの建物配置の基準となった18m方眼およびそれを前提とした9m方眼も各遺構期を通じて用いられている。第Ⅱ期に、前庭空間の東北・西北隅に隣接して新たに東西楼が造営されたこと、

乱による火災後の第Ⅲ−1期に暫定的な脇殿が築地塀寄りに造られたことは、中央にある66m四方の空間を最低限確保した上での配置とみることも可能である[11]。

再調査・再検討により、第Ⅱ期のみ異なる位置（東西辺築地塀上）に存在するとみていた両脇殿が、全遺構期を通じてほぼ同位置に存在すること、対称性が崩れるとみていた第Ⅳ期の両脇殿が同構造で左右対称に維持されることなどが確かめられたことによって、前庭空間内の左右対称性は、全遺構期を通じて維持されることがあきらかになった。また、第Ⅰ期の正殿が南辺のみ基壇盛土を用い、階段や基壇化粧を備えていた可能性や、第Ⅱ期に造設された中央の石敷広場が第Ⅲ期以降も存続した可能性が高まったことなどは、「政庁の最も重要な部分である」（文献16）というその評価を、装飾的な要素上の重要性の面で、より強く裏付けたといえる。

第Ⅰ期南門の東西方向の中心は、正殿中軸線から西に0.3m以上ずれ、一方南門前殿の桁行方向は、正殿中心と南門中心を結んだ軸線と直交することから、正殿→政庁南門→南門前殿の順で造営された可能性が高い（文献16）。また、東辺北側は第Ⅰ期から内側（西側）へ入り込んでいるが、区画東辺を直線にしないことに意味があったとは考えづらく、南辺の位置や長さを優先した結果、地形的な制約により直線状にならなかったとみられる。こういった要素からは、前庭空間や南辺の位置を優先したことがうかがえる。

また、前庭空間内の細部の変遷をみてみると、第Ⅱ期には石敷広場が造られ、広場と東西築地塀とを接続する石組溝によって、南北で異なる様相が生じる。これは前庭空間の中でも、北側と南側の重要度に差が生じたことを示すものとして注目される。第Ⅲ期以降に石組溝や通路は踏襲されないものの、石敷はその後も踏襲されることから、こうした南北の空間の格差も消滅したわけではないものとみられる。

第Ⅰ期には石敷広場のような前庭空間内を細分し得るような遺構は検出されていないものの、前述したように第Ⅰ期の建物配置の基準となった距離が脇殿桁行長に求められることが注目される。政庁全体の基準となった方眼の長さと脇殿桁行長がほぼ同じ値であることを最大限評価すれば、第Ⅰ期の前庭空間においても、正殿と脇殿に囲まれた前庭北半の区域が重要視されたとみることが可能であろう。

Ⅲ　周辺政庁との比較

（1）検討の視点 (図7)

今回の検討では、前項目でみた多賀城政庁不変の要素である区画施設と前庭空間に改めて注目してみたい。前庭空間の検討にあたっては、装飾化される時期があり、重要度が高かった可能性のある正殿と脇殿に囲まれた空間（前庭北半と呼称）とそれを形成した正殿と脇殿の規模・構造についても比較したい。検討にあたっては、主に多賀城創建以降で陸奥・出羽の城柵設置域（宮城・岩手・山形・秋田県域）で政庁の様相が検討可能な例を対象とした[12]。平面形の比較にあたっては、「東西距離に占める南北距離の割合×100」の値を「平面指数」として用いた。

（2）区画施設

前庭空間の検討の前に、政庁そのものの全体規模について概観する（表1）。

まず、その平面形をみてみると、正方形のものと南北か東西のいずれかに長い長方形のものが存在する。出羽国庁である城輪柵をはじめ正方形もしくはそれに近い（平面指数95～105）例と、陸奥国庁である多賀城（平面指数113）をはじめ、桃生城（同107）、伊治城（同113）、払田柵Ⅲ・Ⅳ期（同120）など南北に長い長方形を呈す例の両者共に一定程度存在することが、正方形に近いという指摘（文献1）と縦長が普遍的であるという（文献34・35）指摘の両者が存在する由縁であろう。秋田城で検討されているように、城柵設置域の政庁は丘陵上に立地することから地形的な制約により正方形を呈さない場合がある（文献34・35）。制約の少ない低地に造営された政庁は正方形で造られていることからみれば（胆沢城・志波城・徳丹城・城輪柵）、地形的な理由により長方形となった例もあるものの、基本的には正方形を呈する政庁が多い傾向にあるとみてよいであろう。

規模については、最小の東山官衙遺跡（約2,900㎡）と比べると最大の志波城（約22,500㎡）は7倍以上の面積をもち、その差が大きい。村田晃一氏はその規模から各城柵を①一辺150m（志波城）、②一辺109m前後（多賀城・城輪柵）、③一辺90m前後（胆沢城・秋田城）、④一辺70m前後（桃生城・徳丹城・払田柵）、⑤一辺55m前後（伊治城・東山官衙遺跡）の5類型に分類しており（文献10・11）、規模の把握として有効なものである。なお、今回の検討対象に含めた八森遺

跡と名生館官衙遺跡についてこの類型に対応させれば、八森遺跡政庁（面積約8,400㎡）は③の胆沢城（面積約7,500㎡）・秋田城（面積約7,200㎡）に近く、名生館官衙遺跡Ⅴ期（面積3,190㎡）は⑤の東山官衙遺跡（約2,900㎡）・伊治城（3,500㎡）に近い。

区画施設の構造についてみてみると、多賀城、桃生城、伊治城、志波城、城輪柵、秋田城で築地塀が用いられる。多賀城では一貫して築地塀なのに対し、城輪柵では掘立柱塀から築地塀、秋田城では築地塀と材木塀の併用から掘立柱塀へとその構造を変えている。払田柵では板塀を用いる構造は終始変わらないものの、位置の変更も含め造り替えが多い。胆沢城、徳丹城、東山官衙では掘立柱塀が巡る。

（3）前庭空間

①前庭全体

表2に一覧を示した。多賀城政庁は前述したようにコの字形に配された正殿、東西脇殿および南門からなる空間が66m四方の空間として全時期で踏襲される（平面指数100～101）。唯一、伊治公呰麻呂の乱後の暫定的な配置である第Ⅲ－1期のみ、脇殿が東西築地塀側に寄って建てられるため東西に長い空間となる（平面指数79）。

その他の政庁について、その平面形をみるとA：正方形（平面指数95～105）、B：東西に長い長方形（平面指数95未満）、C：南北に長い長方形（平面指数105より大きい）の3タイプがいずれも存在する。その中で、前庭空間が多賀城政庁と同じ正方形（平面指数95～105）を呈するのは、城輪柵Ⅰ期（平面指数102）と払田柵Ⅱ～Ⅳ期（平面指数99）である。正方形を呈さない例のうち、志波城については、目隠し塀とみられる南門北側のSA511柱列を前庭空間の南側の基準とすると、1辺66m四方に近い正方形（平面指数98）となり（文献6）、多賀城と同形・同規模となる[13]。前庭空間が正方形となる例は、上記の3例であり（伊治城を含めると4例）、その数は多くはない。

次にその規模についてみてみると、約4,400㎡の広さをもつ最大級の多賀城や志波城（目隠し塀基準）は、最小級の東山官衙遺跡（約1,400～1,500㎡）や払田柵（1,500～1,600㎡）の約3倍となる。区画施設にみられたような差はみられない。前庭の規模は、Ⅰ類：3,600㎡以上（多賀城・志波城・城輪柵Ⅰ期）、Ⅱ類：2,500～3,000㎡（胆沢城・八森遺跡・秋田城）、Ⅲ類：

2,000㎡以下の3つにまとめることができる。

　平面形と規模の相関関係は、以下の通りである。

　　規模Ⅰ類…A（正方形）タイプのみ

　　規模Ⅱ類…B（東西）・C（南北）タイプ

　　規模Ⅲ類…A・B・C全タイプ

　規模Ⅰ類についてはAタイプのみであることが特徴の1つである。規模Ⅰ類に属する多賀城、志波城、城輪柵についてはその前庭の大きさが変わらないとの指摘もあり（文献4）、城輪柵が若干小さいものの、3つの政庁は一辺60mを超す正方形の前庭空間をもつ政庁としてまとめられるであろう。

②前庭北半

　多賀城政庁の前庭北半はⅡ章でみたように、両脇殿前庭側の側柱列間の距離が66m、両脇殿南妻から正殿身舎南側柱列までの距離は第Ⅰ期脇殿の桁行長の倍にほぼ等しい36mである。平面形は南北が東西の半分強（平面指数52〜55）の距離をもつ東西に長い長方形を呈しており[14]、第Ⅱ期以降やや脇殿北妻が北に移動するもののその後もほぼ同形・同規模で踏襲される。

　平面形について他の政庁をみてみると、多賀城の形に近い例（多賀城との平面指数差10以内）が多く、中でも桃生城（平面指数53）、東山官衙遺跡Ⅲ・Ⅳ期（平面指数50〜54）、城輪柵Ⅰ期（平面指数56）、秋田城Ⅰ〜ⅣA期（平面指数52〜54）については、ほぼ等しい形を呈し、胆沢城・志波城・徳丹城も大きくは近い形とみて良いであろう。平面形について共通性をもつ各政庁は、前項目でみた類型Ⅰ類からⅢ類までいずれにもみられ、前庭全体の規模の差に関わらず用いられた平面形とみられる。伊治城・八森・払田柵はやや南北長の比率が増すものの、南北に長い例は名生館のみである（平面指数132）。

　また、多賀城政庁建物配置のもう1つの特徴として脇殿桁行長と造営基準に用いられた長さがほぼ等しいという点がある。前庭北半では脇殿の長さと脇殿北妻から正殿身舎南廂柱列（東西基準線）までの距離が等しく配置されており、18m方眼上にのる。この特徴についてみてみると、異なる例もあるものの（志波城・秋田城等）いずれも近い値の例が多い。明確に等しい例は払田柵Ⅰ〜Ⅳ期などに限られるが、脇殿の北妻から東西基準線までの距離は脇殿桁行長に等しいかもしくはそれに近い長さの間隔がとられたという共通性がみられる。

（4）正殿と脇殿の規模と構造

　前庭北半を形成する建物である正殿と脇殿の規模と構造について表3に示した。

　まず正殿についてみると、建物形式はすべて側柱建物で、基部構造は掘立柱のものが圧倒的に多く、礎石建物のものは多賀城第Ⅱ〜Ⅳ期など数例である。廂は無廂、片廂、四面廂のものがあるが、身舎に限ってみれば、桁行5間、梁行2間の例が大半を占める。梁行が3間の例は多賀城第Ⅰ期と秋田城第Ⅰ期、八森遺跡があり、八森遺跡は礎石建ちで桁行7間となり特徴的である。身舎の桁行長についてその規模をみてみると、多賀城第Ⅰ期が19.5mでもっとも長く、次いで18m前後のものが多賀城第Ⅱ〜Ⅳ期、八森遺跡、秋田城などにみられる。他は、桃生城、東山官衙、名生館官衙で11〜12mとやや小さいものの、15〜17m前後のものが多くみられ、なかでも胆沢城・志波城・徳丹城についてはいずれも約15mとほぼ等しい長さの正殿をもつ。

　脇殿は正殿の基部構造や建物形式がある程度限定される状況に比べて個体差がある。建物形式は側柱、総柱、床束の3種類がみられ、基部構造は礎石建ち、掘立柱に加え礎石・掘立柱併用建物という特殊な例も3例みられる。正殿に比べて廂が付く例は多賀城第Ⅳ期の二面廂（身舎が礎石、廂が掘立）などに限られるものの、前庭空間側に縁をもつ例が一定程度みられることが城柵遺跡の特徴として指摘されている（文献19）。縁の幅は2間から5間のものがあり、3間の例がもっとも多い。身舎の梁行は伊治城西脇殿が3間であることを除くとほぼすべてが2間である。桁行は3間から7間までの各間数がみられるが、5間以上が大半を占める。

　脇殿桁行長については、最短は東山官衙Ⅳ期の8.8m、最長は城輪柵Ⅱ期と秋田城Ⅲ期の21mである。規模についても正殿より個体差が大きいといえよう。多賀城の17.9mを超える長さの例が複数あることも正殿とは異なる。また、胆沢城・志波城・徳丹城については正殿同様約15mでほぼ等しい。

（5）小　結

　以上、区画施設と前庭空間に着目して検討をおこなった。政庁区画施設の平面形は、南北に若干長い例がみられるものの、正方形に近い平面指数をもつ例が多いとみてよいであろう。その規模についてはこ

れまで指摘されてきたとおり、政府間によってその差が大きい。また、前庭空間は区画施設ほどの規模の差はみられず、各遺跡のもつ機能に対応するとの指摘がある区画施設の差 (文献11) に比べ、その差は小さいことが指摘できる。さらに、前庭北半では、多賀城との間、あるいは遺跡間できわめて近い平面形をもつ例があることが指摘できる。このことは各政府間にあった密接な関連性を示すものであり、区画施設とは異なる状況といえる。これは国庁である多賀城政庁で重要視された正殿と脇殿に囲まれた空間構成が、他の政府の建物配置にも影響を与えた可能性を示すものであり、この空間のもつ機能や役割についても一定の共通部分があったことを示すものとみられる。同じ平面形の前庭空間の確保が8世紀代に国をまたいでみられることや、9世紀代に水害により移転した徳丹城に志波城との関連性がみられること、両国府および最大規模の城柵の前庭空間が同形・同規模で確保されたことなどに、政府造営において前庭空間を確保することの重要性が示されているものとみられる。

多賀城を上回る規模をもつ例のある区画施設とは異なり、前庭空間については多賀城の規模を明確に上回る例はない。また、脇殿の規模は一時多賀城をしのぐ例があるが、正殿の規模は多賀城の正殿が最大級であり、格式が高いとされる四面廂も第Ⅱ期以降の多賀城に限られる要素である。「特別なしつらえ」(文献9) とされる石敷が施されることもあわせ、前庭空間については、多賀城と他の政府との間に差があることを指摘できるであろう。

Ⅳ　多賀城周辺の政庁の変遷

前章までの検討では、多賀城政庁との比較を中心としながら、時系列に限らずその共通性や特徴について分析したが、ここでは前庭空間を中心に時期ごとのまとまりを検討し、その変遷や特徴についてみていきたい。なお、時期ごとの検討では多賀城第Ⅰ・Ⅱ期に対応する8世紀代と、8世紀末以降の多賀城第Ⅲ期に対応するものとして9世紀前半代、第Ⅳ期に対応するものとして9世紀後半以降に分けて記述する。

（1）8世紀代

まず、8世紀前半代をみていく。多賀城第Ⅰ期と

の検討が可能なのは、開始年代が天平5年 (733) と考えられる秋田城Ⅰ期のみである。前庭空間をみてみると、面積は多賀城政庁の約7割で、平面形はやや東西に長く多賀城政庁とは異なる。しかしその北半に着目すると、その平面形が共通し (平面指数55)、それを形成する東西南北辺の距離はいずれも多賀城政庁の5／6に近い値を示す。加えて南廂付の桁行5間、梁行3間の正殿の構造と、詳細は不明瞭だが桁行18m前後になる可能性が高い脇殿の規模が共通する[15]。他の城柵政庁に対して特徴的な東西に横長となる (文献35) 政庁全体形や規模、前庭空間の形には多賀城とやや差があるが、前庭北半の平面形は一致し、構成する建物の構造や規模に共通点が多い。なお、区画施設の構造も築地塀で共通するなど多賀城との関連性は小さくない。

続く8世紀後半に造営された政庁には、桃生城、伊治城Ⅰ・Ⅱ期がある。また、秋田城Ⅱ期の政庁もⅠ期から大きな変化はなく存続する。桃生城・伊治城は前庭空間の規模がいずれもⅢ類で、区画施設と共に小規模である。その前庭空間平面形は東西・南北いずれかが長い長方形となるが、その北半に着目すると桃生城・秋田城Ⅱ期の平面形は多賀城と共通する。特に桃生城は前庭北半の長さが多賀城の2／3に近い値を示し、区画施設が築地塀であること、建物が瓦葺であること、正殿や脇殿に基壇をともなう可能性が高いことなどの要素に多賀城との関連がみえる。また、正殿の身舎梁行が2間となること、後殿が造られることについては、多賀城第Ⅱ期から新たに加わった要素が共通する意味で注目されるものである[16]。また、正殿身舎が桁行5間梁行2間となる特徴は、伊治城と共通する[17]。

8世紀代は、特に秋田城と桃生城の前庭北半に多賀城との共通性がみられ、特に桃生城についてはより強い関連性がみられ、その配置は多賀城第Ⅱ期と類似する (文献19)。主要施設の威厳を表示する荘厳施設としての機能をもつ (文献13) 築地塀が各政庁に採用されていることとあわせ、政庁の中枢である正殿・脇殿の建物配置に国庁からの影響があった可能性がある。ただし、こうした共通性があるなか、正殿・脇殿ともに礎石建ちであることや、四面廂で基壇をもつことなどの要素は多賀城の格式の高さを示すものと (文献16・36) もみてとれる。また、その影響は陸奥国と出羽国をまたいだものであることも指摘できる。

（2）9世紀前半代

　まず陸奥国についてみてみると、9世紀初頭、現在の岩手県域に、胆沢城、志波城が造営され、続けて徳丹城が造営される。前庭空間は目隠し塀を南辺とみた場合の志波城でほぼ正方形を呈し[18]、他の胆沢城Ⅰ期、徳丹城ではやや東西に長い長方形を呈する。多賀城と同形の前庭空間をもつ志波城は、その規模も多賀城に非常に近い面積であり（共に約4,356 m²）、強い共通性がみてとれる。胆沢城と徳丹城については、前庭空間は東西に長い長方形を呈し、規模は胆沢城が規模Ⅱ類で徳丹城は規模Ⅲ類と小規模である。前庭北半に注目してみると、3例共に多賀城政庁の前庭北半に近い数値（平面指数47〜60）である。

　水害により志波城を移遷した城である徳丹城については、その面積は志波城の40％強で差があるが、前庭北半を形成する東西南北辺の距離はいずれも志波城前庭北半の2/3に近い値を示す。加えて正殿と脇殿の各桁行長が一致しており、移遷元である志波城の強い影響がみてとれる。平面形と正殿・脇殿の規模や、前庭北半の構成の点で、国庁である多賀城政庁以上に移遷元との強い関連性がうかがえる例である。また、正殿・脇殿の桁行総長（約15 m）は、胆沢城、志波城、徳丹城3例に共通する要素であり9世紀初頭以降に造営された3城柵の特徴といえるであろう。

　宮城県域では、9世紀前半に東山官衙遺跡Ⅲ期政庁が両脇殿をもつ左右対称の建物配置となる（文献31）[19]。また、名生館官衙遺跡では、8世紀末・9世紀初頭から9世紀後葉にかけて小館地区に政庁が移動する（Ⅴ期）。前庭空間の規模はいずれも規模Ⅲ類（東山官衙Ⅲ期1,419 m²、名生館官衙Ⅴ期1,280 m²）と小規模で、平面形は、東山官衙は正方形にやや近く（平面指数93）、名生館官衙は南北方向に長い（平面指数150：目隠し塀基準）。前庭北半の平面形についてみると東山官衙は、多賀城に近く（平面指数50）、名生館官衙は南北方向に長い（平面指数132）。東山官衙の両脇殿は、南北基準線からの距離に4 mほど隔たりがあること、無廂で側柱建物である西脇殿に対して東脇殿は西側片廂で総柱建物であることなどに、左右対称性が弱い要素がみられる[20]。伊治城は宝亀11年（780）の伊治公呰麻呂の乱後に同位置で建て替えられ9世紀代まで存続した可能性が検討されている（文献22）。宮城県域の政庁は陸奥国北端の3城柵にみられたような統一要素

はみられない。

　次に出羽国をみてみると、この時期の国庁とみられる城輪柵Ⅰ期では、前庭空間はほぼ正方形で（平面指数103）、その規模は多賀城政庁よりやや小さいものの（3,812 m²）、一辺60 m以上で規模Ⅰ類に属する。前庭内の建物配置をみると、南北基準線からの距離や身舎の構造などには左右対称性があるが、縁の有無や東脇殿が西脇殿より約7 m南にあることなど、左右対称にならない要素もある。ここでは、同時期の多賀城第Ⅲ期の脇殿と同じく縁をもつ構造である西脇殿の位置を検討に用いた。前庭北半の平面形は多賀城と同じ東西に長い長方形を呈する（平面指数54）。この時期の陸奥・出羽両国の国庁の前庭空間と正殿・脇殿の建物配置には、規模・平面形共に共通性があるといえよう。ただし、城輪柵より正殿の規模が大きいこと、正殿・脇殿共に礎石建物であることなどには多賀城と城輪柵間にある差がみてとれる。次に9世紀第1四半期に造営された払田柵政庁Ⅰ期をみてみると、前庭空間はやや南北に長い長方形を呈し（平面指数114）、その規模はⅢ類で小規模である。前庭北半は若干東西に長いものの多賀城政庁の平面形とはやや差がある[21]。全体への整地をともない改修された秋田城Ⅲ期は、正殿は他の政庁と同様梁行2間となるが脇殿は桁行7間（21 m）梁行2間で長大となり、廂をもつ構造となる[22]。この時期の出羽国内の政庁は、国庁どうしの共通性以外、多賀城との共通性は前代に比べるとやや弱まる。

（3）9世紀後半以降

　多賀城政庁は9世紀後半以降も第Ⅲ期の建物配置はそのまま継続する。10世紀以降の第Ⅳ－3 e期には、脇殿が掘立・礎石併用両廂建物となる変化がある[23]。陸奥国内において、この時期に建て替えをともない存続する確実な政庁としては胆沢城があげられる。基本的な建物配置は変わらないものの、正殿が礎石建物として建て替えられる。前段階まで、礎石建物は多賀城政庁のみに用いられていたが、胆沢城の他にも9世紀末〜10世紀初頭の八森遺跡、10世紀代の秋田城Ⅵ期、城輪柵Ⅲ期などにみられ増加する傾向にある。

　城輪柵政庁は9世紀後半のⅡ期以降にその建物配置を大きく変える。正殿が南側に移動すると共にその後方空間が広く確保され、北側に開いた左右対称

でコの字形の建物配置が前庭空間と併存する。前庭空間の建物配置は、正殿身舎南側柱列と脇殿北妻のラインが一致するもので、正殿の前方に脇殿が配置されるという、城柵設置域の政庁に共通してみられた建物配置の規則にあてはまらないもので特殊である。10世紀代以降に北側に開いた建物配置はなくなるが、正殿の位置は踏襲される。なお、秋田城はV期（9世紀後半）の脇殿の桁行間数と桁行長、正殿桁行の縮小化などの要素に、国庁である城輪柵政庁とは共通の要素がみられるが、基本的には前代までの配置をある程度維持して建て替えられる。一方、払田柵ではII期以降前庭空間がほぼ正方形（平面指数99）となる建物配置で建て替えられ、前庭北半もI期よりは東西に長い長方形となる（平面指数76）。

V　まとめと課題

　多賀城創建以降の城柵政庁の建物配置に共通点があることは、過去に多く指摘されている（文献2・3・12・13・16・36）。正殿の前方に桁行の短い（最大7間）脇殿が配置される点については、各論を通して共通する要素で、こういった様相は山中敏史氏の「正殿と桁行の短い両脇殿が品字型に配置される」（文献14、132頁）という定義に端的に表現されているといえる。本論で示した前庭北半にみられる共通性とも深く関連する要素であり、城柵政庁の大きな特徴として再確認できた。

　こうした様相をふまえ、城柵設置域の政庁については多賀城政庁がモデルとなり造営されたことが、過去にも指摘されてきた（文献2・7）。そうした指摘は、多賀城と城柵全体との関わりを示すものとして大きな意義をもつものであるが、前庭空間の検討で示したとおり、時期や地域によっては、多賀城政庁と周辺政庁との関連性に強弱があるのも事実である。その関連性は8世紀代がより強く、その後徐々に弱まる傾向にあり、地域的な広がりも一様ではないことが指摘できる。

　このように、細部では差異が指摘できながらも共通性が多くみられる城柵設置域の政庁の中において、9世紀後半代の城輪柵II・III期東西基準線（正殿身舎南側柱列）と脇殿北妻柱列が揃う配置は、根岸官衙遺跡（福島県いわき市）や三十三間堂官衙遺跡（宮城県亘理町）など郡庁院にみられる特徴である（文献8）。直ちにこれらとの影響を想定できるものではなく、城輪柵

II・III期の建物配置が周辺政庁に影響を与えた状況もみてとれないが、他の城柵設置域政庁との相違点として特徴的である。9世紀後半以降は、それまで多賀城に限られていた礎石建ちの正殿も増える傾向にあり、多賀城の格式の高さ（文献16・36）も相対的に小さくなっていくとみられる。

　これまでみてきた城柵設置域の政庁のうち、名生館官衙、東山官衙、払田柵については郡衙としての機能も想定されているが、その建物配置は正殿の前方に桁行の短い脇殿が置かれるもので、周辺城柵政庁と共通する。非城柵設置地域においてこの配置をとる例は少なく（栄町遺跡VI期など）、郡衙としての機能が想定されている政庁であっても、両地域の造営基準には差があった可能性が高いといえよう。

　今回は多賀城創建以降の城柵設置域のみの検討にとどまった。その背景についても検討不足であり、郡山II期官衙との関連性や他の郡庁院・国庁との比較も含めて今後の課題としたい。

註

(1) 本論の「II―（1）多賀城政庁の発掘調査成果」の内容については、特に断りが無い場合は（文献15・16・17・18）の内容を引用したものである。

(2) 上下2段の構造は柱の検出面、中央部の階段は整地の中央部がスロープ状に内側（北側）に入り込むことなどからその存在を推定している。

(3) 柱は、柱穴底面に直接立てるものと、0.3～0.5m程埋めてから立てるものの2通りある。柱底面の標高は、身舎西南隅柱が31.7m、その一間北側の柱が32.1m、身舎東南隅柱から一間北側の柱が31.7mで最大0.4mの差がある。

(4) 柱は、西脇殿で柱の構造をみてみると正殿と同じく柱穴底面に直接立てるものと、下部を埋めてから立てるものの2通りがあり、南妻では高さ調整や地盤沈下防止のためとみられる多数の礫が詰められている。柱穴底面の標高は北側ほど高いが、柱の底面は30.3m前後で一定している。また、側柱の内側に位置する床束の柱は、側柱柱穴を埋めた後に柱穴が掘られている。

(5) 今回の検討では各時期の建物配置計画を探るための基準として、政庁の中心施設である正殿身舎南側柱列を基準とし、それと平行するラインを「東西基準線」とした。またそれと直交し、南柱列の中央間を通る線を「南北基準線」として分析を進めた。区画施設の規模については、東西基準線・南北基準線上で計測した。

（6）南門前殿は、この時期のみ政庁主要部に準じる機能上の位置付けがなされていたと想定される（文献16）。

（7）南門の礎石は残存していないが、礎石下部の構造は、第Ⅰ期の柱抜取穴を埋めるだけの箇所と、径1.6～1.8mの不整円形で深さ1.0～1.2mで擂鉢状の壺地業をともなう箇所の2通りがあり、壺地業中には部分的に玉石を層状に突き込む箇所もみられる。

（8）再調査で新たに確認した東楼の礎石据付穴の根石は東楼周辺に造成された整地層（SX3020）を積みながら据え付ける方法である。

（9）南門前殿については、石組溝側石天端とのレベルの関係から、建物があったとすると残っているはずの根石等が残存していなかったことから、第Ⅱ期に南門前殿はなかったとみている。

（10）これらは北側からの降水などを東西溝に排水するためのものとみられるが、正殿、脇殿の主要建物とともに政庁中央の区域を形成していた可能性がある。

（11）その意味において、第Ⅳ－3e期に66m四方の前庭空間内に初めて脇殿の廂の柱が入り込む様相（第Ⅲ－2期の縁を除く）は、同じく第Ⅳ－3期の北部建物の左右対称性の崩壊や、掘立・礎石併用建物といった特殊な構造とあわせて注目される。「方形の広場には直接面しない」との指摘がある（文献16）。

（12）なお、遺跡によっては縮尺の大きくない図を元に、**図7**の測定基準で計測したため各報告書の数値と異なることがあると共に、筆者の能力の限界により数値や遺構の認識に誤りがあった場合はご容赦いただきたい。

（13）目隠し塀を前庭空間南側の基準とした場合に前庭空間が正方形となる例は、伊治城のSA312柱列にもあてはまり、南門北側の目隠し塀の配置については基準となった可能性もある。

（14）多賀城第Ⅱ期には前庭北側が石敷広場によって装飾される。その範囲はⅡ章で示したとおりであり、正殿と脇殿に囲まれた空間と同じ範囲ではない。石敷南側の石組溝は基本的には脇殿南妻との関係から設けられたと考えられることから、多賀城第Ⅱ期以降の前庭北半の数値は東西に延びる石組溝や通路ではなく、建物の南妻を基準として他の政庁と比較した。なお、この脇殿南側に位置する石組溝から政庁南辺までと、東西殿間を結ぶ石敷通路までの距離はほぼ等しい。

（15）文献35、第87図政庁変遷図による。

（16）桃生城は、脇殿に3間分の縁をもつ。これは多賀城では8世紀末以降である第Ⅲ期以降に加わる要素で、9世紀以降に造営される城柵政庁にも受け継がれる（文献7）。後殿の存在や縁をもつ脇殿など、多賀城に先行して加わる要素みられる点は注目される。

（17）伊治城の前庭空間北半部の平面形について厳密な一致はしないが、正殿身舎南柱列から脇殿北妻までに空間を有する東西に長い長方形であるという点では多賀城政庁建物配置と同形態の範疇に入るものとみられる。伊治城跡は今年度、栗原市教育委員会による政庁地区の再発掘で正殿を再検出しており、遺構内容についてはこれをふまえた今後の再検討が待たれるが、今回の伊治城政庁の建物配置については文献22の内容に依った。伊治城の内容については栗原市教育委員会安達訓仁氏よりご教示いただいた。

（18）文献6でも指摘されている。

（19）東山官衙遺跡の政庁変遷については、両脇殿が左右対称となる時期の政庁が8世紀後半代の案も示されている（文献11）。左右対称の脇殿による建物配置が8世紀代にさかのぼるとすれば、その前庭空間北半の平面形については多賀城と同形の例として加わることとなる。

（20）9世紀後半代のⅣ期の遺構でも脇殿の桁行長が異なる点にも継続する要素である。

（21）ただし、正殿身舎南柱列と脇殿北妻の距離は脇殿桁行長に近い距離となる。

（22）脇殿が前庭空間側に廂をもつのは多賀城を含めて初めてのケースとなる。続くⅣA期には無廂に戻る。

（23）建物の構造や礎石が使用される位置に違いがあるものの礎石・掘立柱併用建物は同じく10世紀以降の秋田城Ⅵ期（10世紀前半）、払田柵Ⅳ期（10世紀前葉～中葉）でみられる。

引用・参考文献

1　青木敬「宮都と国府の成立」『古代文化』第63巻第4号、古代学協会、2011。

2　阿部義平「古代城柵政庁の基礎的考察」『考古学論叢Ⅰ』芹沢長介先生還暦記念論文集刊行会編、1983。

3　阿部義平「国庁の類型について」『国立歴史民俗博物館研究報告』第10集、国立歴史民俗博物館、1988。

4　荒木志伸「城柵政庁の再検討」『古代学研究所紀要』第15号、明治大学古代学研究所、2011。

5　海野聡「古代地方官衙政庁域の空間区構成」『日本建築学会計画系論文集』第74巻第645号、日本建築学会、2009。

6　今野公顕「志波城跡35年の歩み」『国史跡志波城跡発掘調査35周年記念　古代城柵最前線～調査35年の歩み～』盛岡市教育委員会、2012。

7　進藤秋輝「Ⅸ－1　城柵」『古代の官衙遺跡』Ⅱ遺物・遺跡編、奈良文化財研究所、2004。

8　藤木海「東北の郡庁の空間構成」『郡庁域の空間構成』奈良文化財研究所、2017。

9　松本修自「Ⅳ－1　整地・舗装・暗渠」『古代の官衙

遺跡』Ⅰ遺構編、奈良文化財研究所、2003。

10　村田晃一「三重構造城柵論－伊治城の基本的な整理を中心として　移民の時代2」『宮城考古学』第6号、宮城県考古学会、2004。

11　村田晃一「日本古代城柵の検討（1）－東辺と北辺に置かれた城柵政庁の再検討－」『宮城考古学』第13号、宮城県考古学会、2011。

12　山中敏史『古代地方官衙遺跡の研究』塙書房、1993。

13　山中敏史「Ⅴ－2　築地塀」『古代の官衙遺跡』Ⅰ遺構編、奈良文化財研究所、2003。

14　山中敏史「Ⅵ－3　国庁の構造と機能」『古代の官衙遺跡』Ⅱ遺物・遺跡編、奈良文化財研究所、2004。

挿図出典
図1：　文献17。
図2：　文献17・18より作成。
図3・4：文献18。
図5：　文献17を一部改変。
図6・7：文献18より作成。
図8：　著者作成。

表1～3および各遺構のデータ出典は以下の通りである。
【多賀城跡】（文・表・図中では一部多賀城と略記以下同）

15　宮城県多賀城跡調査研究所『多賀城跡　政庁跡　図録編』1980。

16　宮城県多賀城跡調査研究所『多賀城跡　政庁跡　本文編』1982。

17　宮城県多賀城跡調査研究所『多賀城跡　政庁跡　補遺編』2010。

18　宮城県多賀城跡調査研究所『宮城県多賀城跡調査研究所年報2012　多賀城跡－第84・85次調査－』2013。

【桃生城跡】（桃生城）

19　宮城県多賀城跡調査研究所『多賀城関連遺跡発掘調査報告書第20冊　桃生城跡Ⅲ』1995。

20　宮城県多賀城跡調査研究所『多賀城関連遺跡発掘調査報告書第27冊　桃生城跡Ⅹ』2002。

【伊治城跡】（伊治城）

21　栗原市教育委員会『栗原市文化財調査報告書第19集伊治城跡－平成26年度：第42次発掘調査報告書－』2015。

22　安達訓仁「発掘調査成果からみた伊治城と古代栗原郡」『栗原市伊治城跡から読み解く東北古代史』東北

学院大学アジア流域文化研究所、2016。

【胆沢城跡】（胆沢城）

23　水沢市教育委員会『胆沢城跡－昭和61年度発掘調査概報－』1987。

24　佐久間賢「鎮守府胆沢城の構造と変質」『第42回古代城柵官衙遺跡検討会－資料集－』古代城柵官衙遺跡検討会、2016。

【志波城跡】（志波城）

25　盛岡市教育委員会『志波城跡－平成8・9・10年度発掘調査概報－』1999。

26　盛岡市教育委員会『志波城跡－第Ⅰ期保存整備事業報告書－』2000。

27　盛岡市教育委員会『志波城跡－平成11～14年度発掘調査概報』2003。

【徳丹城跡】（徳丹城）

28　矢巾町教育委員会『徳丹城跡－第68次発掘調査－』2009。

【東山官衙遺跡】（東山遺跡）

29　宮城県多賀城跡調査研究所『多賀城関連遺跡発掘調査報告書第16冊　東山遺跡Ⅴ』1991。

30　宮城県多賀城跡調査研究所『多賀城関連遺跡発掘調査報告書第18冊　東山遺跡Ⅶ』1993。

31　斉藤篤「東山官衙遺跡　陸奥国加美郡衙」『日本古代の郡衙遺跡』雄山閣、2009。

【名生館官衙遺跡】（名生館遺跡）

32　高橋誠明「名生館官衙遺跡の概要」『第29回古代城柵官衙遺跡検討会』古代城柵官衙遺跡検討会、2003。

【城輪柵跡】（城輪柵）

33　酒田市教育委員会『国指定史跡城輪柵跡－史跡城輪柵跡保存整備事業報告書－』1998。

【秋田城跡】（秋田城）

34　秋田市教育委員会・秋田城跡調査事務所『秋田城跡－政庁跡－』2002。

35　秋田市教育委員会・秋田城跡調査事務所『秋田城跡調査事務所年報2003　秋田城跡』2004。

【払田柵跡】（払田柵）

36　秋田県教育委員会『秋田県文化財調査報告書第122集　払田柵Ⅰ－政庁跡－』1985。

【八森遺跡】（八森）

37　八幡町教育委員会『八幡町埋蔵文化財調査報告書第11集　八森遺跡　古代編・古代図録編』2002。

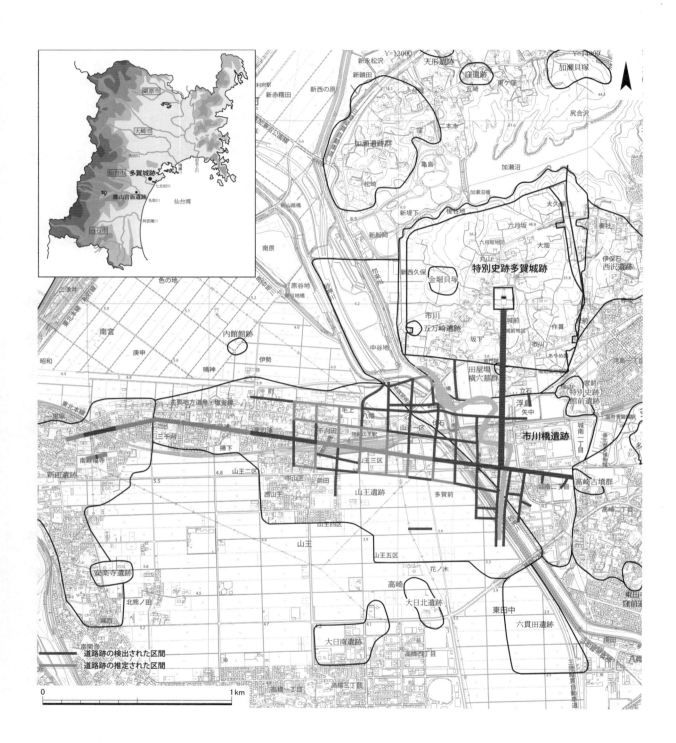

図1　多賀城の位置と周辺遺跡　1：20000

図2　多賀城政庁変遷図　1：2500

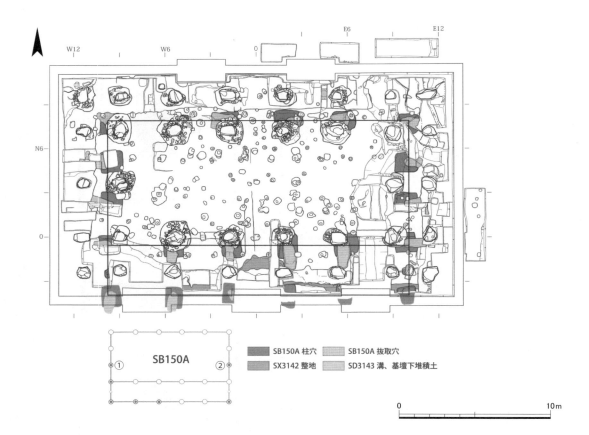

SB150A 平面図

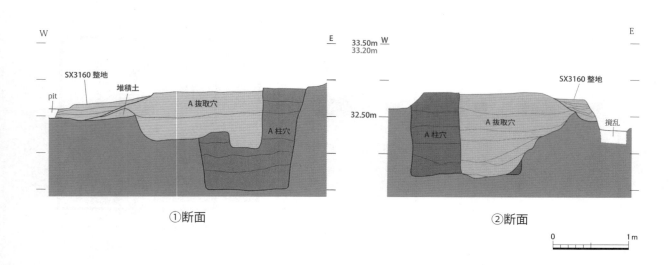

①断面　　　　　　　　　　　　　　　②断面

図3　多賀城跡正殿跡　SB150A　平面図　1：250　断面図　1：50

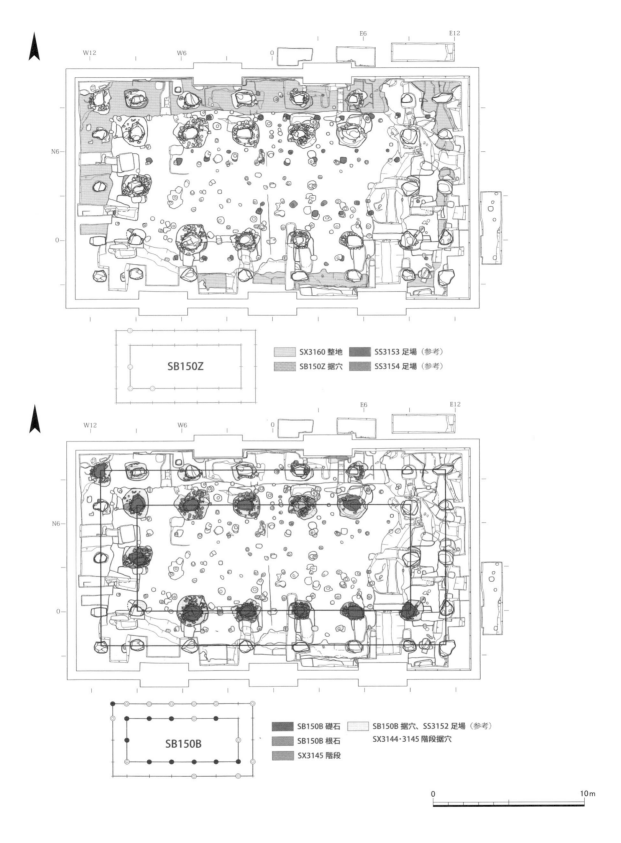

図4 多賀城跡正殿跡 SB150Z・B 1:250

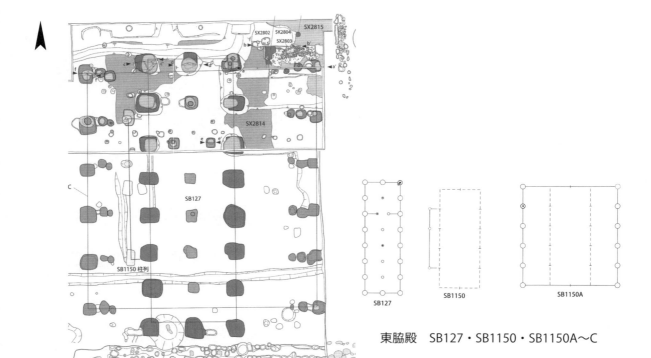

東脇殿　SB127・SB1150・SB1150A〜C

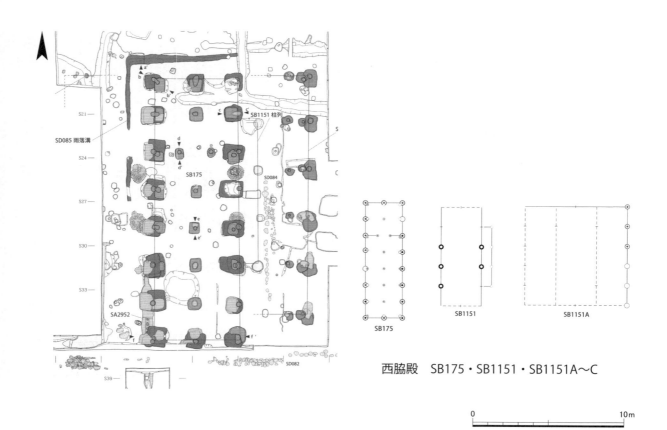

西脇殿　SB175・SB1151・SB1151A〜C

図5　多賀城跡東西脇殿

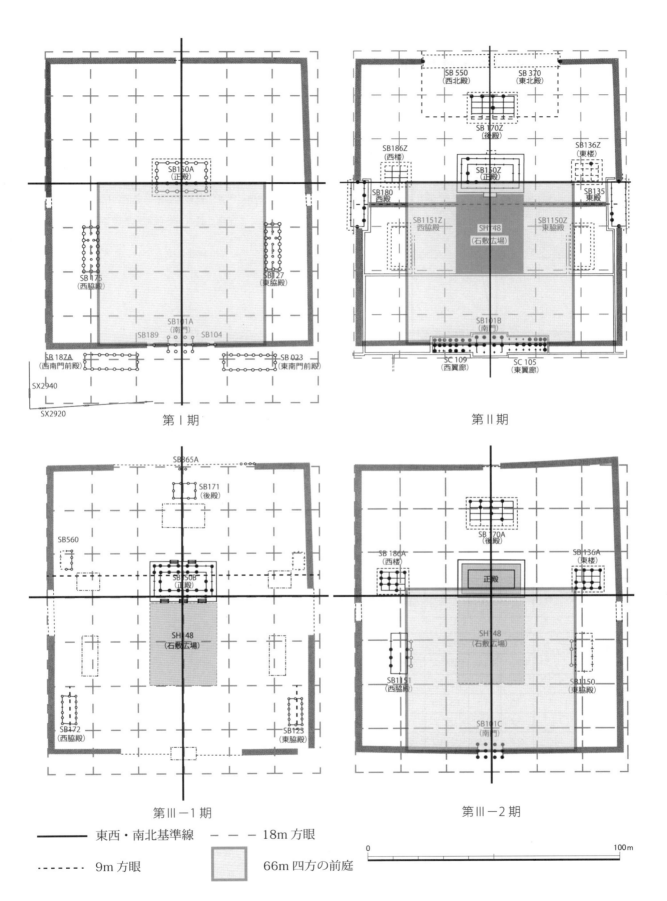

図6　多賀城政庁第Ⅰ～Ⅲ期配置計画　1：1500

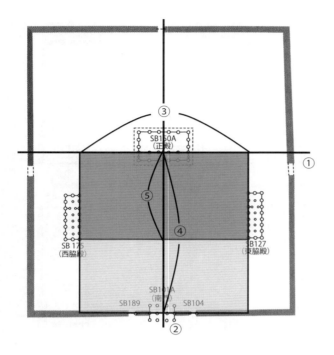

東西基準線＝①正殿身舎南柱列とその延長線
南北基準線＝②正殿桁行中心を通り①と直交する線
前庭全体面積＝③東西長（両脇殿前庭側の桁行柱列間の距離）
　　　　　　　×
　　　　　　　④南北長（①～南門棟通り・もしくは南辺）
前庭北半面積＝③東西長（両脇殿前庭側の桁行柱列間の距離）
　　　　　　　×
　　　　　　　⑤南北長（①～脇殿南妻までの距離）

図7　検討基準図

表1　区画施設一覧表

陸奥	遺構期	東西(m)	南北(m)	面積(㎡)	平面指数	構造	資料編頁
多賀城	第Ⅰ～Ⅳ期	103	117	12021	113	築地塀	13～15
桃生城		68	73	4914	107	築地塀	12
伊治城	Ⅰ～Ⅲ	*54*	*61*	*3305*	*113*	築地塀	16
胆沢城	Ⅰ	*88*	*86*	*7602*	*97*	掘立柱塀	4・5
	Ⅱ・Ⅲ	*86*	*85*	*7293*	*99*	掘立柱塀	
志波城		150	150	22500	100	築地塀	2・3
徳丹城		76	76	5822	100	掘立柱塀	6・7
東山	Ⅱ～Ⅳ	58	51	2926	88	掘立柱塀	22・23
名生館	Ⅴ	*58*	*55*	*3190*	*95*	回廊	17

出羽	遺構期	東西(m)	南北(m)	面積(㎡)	平面指数	構造	資料編頁
城輪柵	Ⅰ	115	115	13225	100	掘立柱塀	28・29
	Ⅱ・Ⅲ	115	115	13225	100	築地塀	
秋田城	Ⅰ	*93*	*78*	*7215*	*84*	築地塀	24・25
	Ⅱ	*93*	*79*	*7261*	*85*	築地塀・材木塀	
	Ⅲ	*92*	*81*	*7452*	*88*	掘立柱塀	
	ⅣA	*92*	*81*	*7434*	*88*	掘立柱塀	
	ⅣB	*92*	*80*	*7332*	*87*	掘立柱塀	
払田柵	Ⅰ	65	63	4064	98	板塀	26・27
	Ⅱ	65	60	3838	92	板塀	
	Ⅲ・Ⅳ	65	78	5038	119	板塀	
	Ⅴ	62	55	3389	90	板塀	
八森		*89*	*95*	*8455*	*107*	板塀	30

・各数値は小数点以下を四捨五入したもの。

・斜め表記は東西のいずれかが推定のもの。

・平面指数は東西距離に占める南北距離の割合
　　　　　（南北距離÷東西距離×100）。

※以下の表いずれも同表記。

表2　前庭空間一覧表

陸奥	遺構期	全体				北半				備考
		東西(m)	南北(m)	面積(㎡)	平面指数	東西(m)	南北(m)	面積	平面指数	
多賀城	第Ⅰ	66	66	4356	100%	66	36	2376	55%	
	第Ⅱ期	66	66	4382	101%	66	34	2270	52%	石敷広場・通路、石組溝、南辺翼廊、東西楼
	第Ⅲ-1期	85	66	5611	79%	85	55	4605	64%	石敷広場
	第Ⅲ-2期	66	66	4382	101%	66	34	2270	52%	石敷広場
	第Ⅳ期	66	66	4382	101%	66	34	2270	52%	石敷広場
桃生城		47	40	1860	86%	47	25	1153	53%	正殿前似2間の東西柱列
伊治城	Ⅰ～Ⅲ	33	38	1233	115%	33	24	794	74%	前殿
	目隠塀	33	32	1063	99%					
胆沢城	Ⅰ	59	48	2832	81%	59	28	1646	47%	
	目隠塀	59	43	2555	73%					
	Ⅱ	59	47	2761	79%	59	28	1646	47%	
	Ⅲ	59	47	2761	79%	59	28	1646	47%	
志波城		67	79	5254	119%	67	40	2660	60%	
	目隠塀	67	66	4356	98%					
徳丹城		47	40	1845	85%	47	28	1286	59%	
東山	Ⅲ	39	36	1419	93%	39	21	821	54%	
	Ⅳ	42	36	1510	87%	42	21	874	50%	
名生館	Ⅴ	22	40	880	182%	22	29	638	132%	
	目隠塀	22	33	726	150%					

出羽	遺構期	全体				北半				
		東西(m)	南北(m)	面積(㎡)	平面指数	東西(m)	南北(m)	面積(㎡)	平面指数	
城輪柵	Ⅰ（西脇）	61	63	3813	102%	60	34	2010	56%	
	Ⅰ（東脇）					60	39	2340	65%	
	ⅡA	61	44	2632	72%	61	20	1210	33%	
	目隠塀	61	31	1876	51%					
	ⅡB	62	44	2697	70%	62	26	1581	41%	
	目隠塀	62	31	1922	50%					
	ⅢA	62	44	2697	70%	62	26	1581	41%	
	ⅢB	62	44	2697	70%	62	26	1581	41%	
秋田城	Ⅰ	55	48	2640	87%	55	30	1650	55%	前殿？
	Ⅱ	58	49	2813	84%	58	31	1769	53%	前殿？
	Ⅲ	58	49	2842	84%	58	30	1740	52%	前殿？
	ⅣA	61	48	2916	78%	61	33	2031	55%	
	ⅣB	65	45	2906	69%	65	32	2061	49%	
	Ⅴ					59	35	2065	59%	
	Ⅵ					60	34	2040	57%	
払田柵	Ⅰ	39	45	1736	114%	39	37	1424	94%	
	目隠塀	39	42	1638	108%					
	Ⅱ	40	40	1580	99%	40	31	1240	78%	
	Ⅲ	40	40	1580	99%	40	31	1240	78%	
	Ⅳ	40	40	1580	99%	40	31	1240	78%	
	Ⅴ	42	39	1621	92%	42	29	1201	68%	
八森		49	55	2697	112%	49	35	1581	71%	

多賀城政庁と周辺城柵・郡衙の政庁域の変遷と特質

表3　正殿・脇殿一覧

陸奥	遺構期	正殿						脇殿				
		基部構造・建物形式	廂	縁	身舎間数	身舎桁行長	廂桁行長縁桁行長	基部構造・建物形式	廂	縁	身舎間数	桁行
多賀城	第Ⅰ期	掘立・側柱	片（南）	無	5×3	19.5	19.5	掘立・床束	無	無	7×2	17.9
	第Ⅱ期	礎石・側柱	四	無	5×2	18	22.8	礎石・側柱	無	無	5×2	16
	第Ⅲ-1期	礎石・側柱	四	無	5×2	18	22.8	掘立・側柱	無	無	5×2	11.5
	第Ⅲ-2	礎石・側柱	四	無	5×2	18	22.8	礎石・側柱	無	3間	5×2	16
	第Ⅳ-3e期	礎石・側柱	四	無	5×2	18	22.8	掘礎併用・側柱	両	無	5×2	16
桃生城		掘立・側柱	無	無	5×2	12.5	—	掘立・床束	無	3間	5×2	11.8
伊治城	Ⅰ～Ⅲ	掘立・側柱	片？	無	5×2	15.4	—	掘立・側柱	縁	2間	5×3	13.2
胆沢城	1-1	掘立・側柱	四面土廂	無	5×2	15	19.3	掘立・側柱	無	有？	5×2	14.9
	1-2	掘立・側柱	片土廂		5×2	15		掘立・側柱	無	？	5×2	14.9
	2-1	礎石・側柱	片（南）	廻	5×2	15	19.3	掘立・側柱	無	？	5×2	14.9
	2-2	礎石・側柱	片（南）	無	5×2	15	15	掘立・側柱	無	？	5×2	14.9
	3-1	礎石・側柱	四・孫	無	5×2	15	19.3	掘立・側柱	無	？	5×2	14.9
	3-2	礎石・側柱	四・孫	無	5×2	15	19.3	掘立・側柱	無	？	5×2	14.9
志波城		掘立・側柱	無	廻	5×2	15	18	掘立・床束	縁	3間	5×2	15
徳丹城		掘立・側柱	四面	無	5×2	14.95	18.5	掘立・床束	無	3間	5×2	14.8
東山	Ⅲ	掘立・側柱	無	無	5×2	12	—	東：掘立・総柱	片	無	5×2	12.2
								西：掘立・側柱	無	無	5×2	11.1
	Ⅳ	掘立・側柱	無	無	5×2	12	—	東：掘立・側柱	無	無	3×2	8.8
								西：掘立・側柱	無	無	5×2	11.2
名生館	Ⅴ	掘立・側柱	無	無	4×2	11.5	—	掘立・床束	無	無	5×2	9.5

出羽	遺構期	正殿						脇殿				
		基部構造・建物形式	廂	縁	身舎間数	身舎桁行長	廂桁行長縁桁行長	基部構造・建物形式	廂	縁	身舎間数	桁行
城輪柵	Ⅰ（東脇）	掘立・側柱	土廂（四）	？	5×2	15	18	掘立・床束	無	無	5×2	15
	Ⅰ（西脇）							掘立・床束	無	3間	5×2	15
	ⅡA（東脇）	掘立・側柱	片(南)	？		13.5	—	掘立・床束	無	無	7×2	21
	ⅡA（西脇）							掘立・床束	無	3間	7×2	21
	ⅡB							掘立・床束	無	無	3×2	9
	Ⅲ	礎石・側柱	片（北）	無	5×2	13.5	—	礎石・床束	無	5間	7×2	21
秋田城	Ⅰ	掘立・側柱	片(南)	無	5×3	18	—	掘立・側柱	無	無	6×2	18
	Ⅱ	掘立・側柱	片(南)	無	5×3	18	—	掘立・側柱	無	無	5×2	18
	Ⅲ	掘立・側柱	片(南)	無	5×2	16.5	—	掘立・側柱	片	無	7×2	21
	ⅣA	掘立・側柱	片(南)	無	5×2	16.5	—	掘立・側柱	無	無	7×2	20.3
	ⅣB	掘立・側柱	片(南)	無	5×2	16.5	—	掘立・側柱	無	無	7×2	17.7
	Ⅴ	掘立・側柱	片(南)	無	5×2	15	—	掘立・床束	片	無	7×2	21
	Ⅵ	礎石・側柱	片(南)	無	5×2	14.5	—	掘礎併用・床束	無	無	7×2	21
払田柵	Ⅰ	掘立・側柱	片(南)	無	5×2	17.7	—	掘立・床束	無	無	6×2	18
	Ⅱ	掘立・側柱	片(南)	無	5×2	16.6	—	掘立・東:床束 西:側柱	無	無	5×2	14.5
	Ⅲ	掘立・側柱	片(南)	無	5×2	16.6	—	掘立・側柱	無	無	5×2	14.5
	Ⅳ	掘立・側柱	片(南)	無	5×2	16.5	—	東:掘・礎併用・側柱 西:掘立・側柱	無	無	5×2	14.5
	Ⅴ	掘立・側柱	無	無	5×2	14.5	—	掘立・床束	無	無	5×2	12.6
八森		礎石・側柱	無	無	7×3	18.9	—	掘立・側柱	無	無	5×2	15

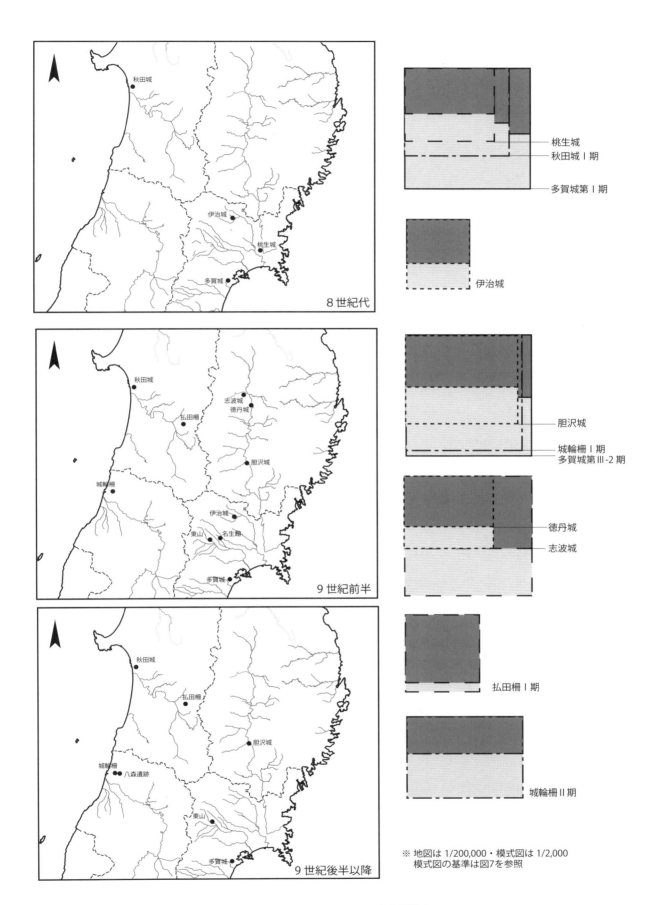

図8　各時期の政庁の分布と前庭空間模式図

常陸国庁と周辺郡衙の政庁域の変遷と特質

箕輪健一（石岡市教育委員会）

I　はじめに

　常陸国庁は、近年の継続的な調査によって、その構造や変遷過程がほぼあきらかとなった。そして、国庁の下層で確認された前身官衙は、のちの定型化国庁へと繋がる「初期国庁」である可能性が高いことから、まず、こうした一連の姿を整理し検討の前提とする。ここでは、前身官衙と定型化国庁について、それぞれ建物配置からみた空間構成とその特徴を確認し、なぜ前身官衙が「初期国庁」と考えられるのかを検証する。

　そして、常陸国内において郡庁院の様相があきらかとなっている鹿島郡庁を取り上げ、同様に建物配置からみた空間構成とその特徴について整理する。さらにこれらの点を踏まえて、特に初期国庁からみた鹿島郡庁について検討をおこなう。その際に両者の共通点と相違点を抽出し、鹿島郡庁造営にあたっての影響の有無とその意味を探ってみたい。

　さらに、視点を変えて、郡庁からみた国庁について検討を加える。山中敏史氏による郡庁・国庁の形態分類の方法に、どのような政庁域の特徴があるのかを再検証し、郡庁との形態が未分化である初期国庁が定型化国庁に移行する段階で、各国共通にみられる国庁要素の変化について触れておきたい。

II　常陸国庁の変遷とその特徴
(1) 常陸国庁の空間的位置

　常陸国庁跡は、茨城県石岡市総社一丁目に所在する。石岡市は、茨城県のほぼ中央部に位置し、周辺には筑波山系の山々や霞ヶ浦が広がる。国庁は、霞ヶ浦へ南東流する山王川と恋瀬川の2河川によって浸食され形成された標高約25mの台地上に位置する（図1）。

　これまで、昭和45年と平成10～19年の発掘調査によって国庁跡が確認されたことによって、『和名類聚抄』が伝える国府の所在をあきらかにした（文献4・5・6）。国府の範囲や国府域の様相は、未だあきらかではないが、国庁跡周辺では、常陸国分寺跡・同尼寺跡・国衙工房跡（鹿の子C遺跡）・茨城郡寺跡（茨城廃寺跡）などがすでに確認されており、国庁を取り巻く古代公的施設の歴史的環境を十分に備えている。

(2) 建物配置による空間構成とその変遷

　まず初めに、これまでの発掘調査によってあきらかとなった常陸国庁の建物配置からみた空間構成とその変遷過程を整理しておく。

　常陸国庁は、建物の配置・構造からみた同時性・異時性によって区分される、8世紀代の「定型化国庁」と、その前身官衙となる「初期国庁」で構成される（表1・2）。定型化国庁は、第I期～第V期の5時期に大別され変遷するが、第I期と第III期は西辺遮蔽施設の増改築により、それぞれa・bの2小期に区分できる。したがって、常陸国庁はその成立以来、8時期にわたって機能し続けていた（文献6）。まずここで、本論における検討の前提として、拙稿をもとにこうした国庁の空間構成と変遷を示しておく（文献27）。

①初期国庁の空間構成

平面構造　8世紀代の定型化国庁に先行して造営された国庁である（図2）。造営は、次期の定型化国庁と同位置でおこなわれている。初期国庁は、南面する定型化国庁とは方位を異にして東面する。建替がないことから、一時期でその機能が終焉したものとみられる。国庁の北・東・南の三辺では、いずれも掘立柱の長舎をコの字形に配置し院を形成する。北辺と南辺では、長舎の妻柱部分を互いに掘立柱塀で連結させており、この中央部分には北門・南門が存在したと推定される。一方、東辺の長舎間では、門構造を示す遺構は確認されていないものの、院の正面開口部にあたることから、出入り口の機能を有していた

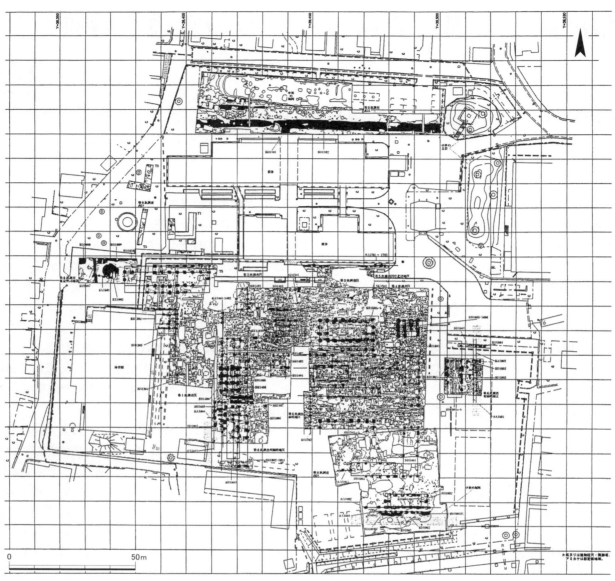

図1 常陸国府跡遺構配置図 1:1500

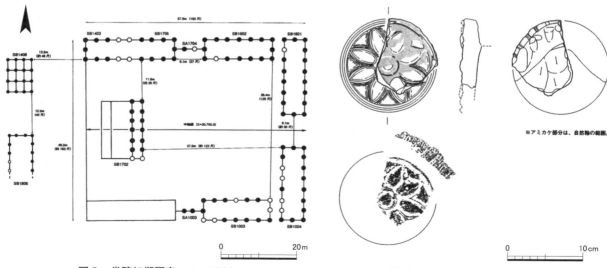

図2 常陸初期国庁 1:1000

図3 7102a型式軒丸瓦 1:5

であろう。

　一方、国庁西辺の状況はあきらかではないが、他の三辺に配置されたような長舎が確認されていないこと、また、仮に正殿が東面片廂建物であったとしても、正殿の後背に南北棟建物が配される空閑地はないことから、西辺は掘立柱塀によって遮蔽されていた可能性が高い。

　このような院内部の西側には、正殿が配置される。正殿は、少なくとも東側に廂を設けた片廂建物となる。梁行の規模は不明だが、桁行は6間で造営された可能性が高い。正殿の前面には、前殿に相当する建物は確認されておらず、前庭が広がる。

　こうした長舎によって形成される国庁院の規模は、東西57.9m×南北49.0mで、東西方向に長い長方形プランを呈している。

　また、院外西側には、いずれも南北棟の総柱建物と側柱建物が配置される。これらは、両者互いに側柱列を揃え、また総柱建物においては、正殿北側の長舎と柱筋を揃えていることから、同時期に並存したものと考えられる。

　こうした初期国庁の年代を考慮する直接的資料は存在しないが、遺跡内における一連の調査によって出土したごく僅かな量の瓦によって、その年代を推定することが可能である。この瓦は、次期の定型化国庁に採用された常陸国分寺系の瓦に先行するもので、茨城郡寺である茨城廃寺に使用された7102a型式軒丸瓦とそれにともなう桶巻き作り平瓦である（図3）。この7102a型式軒丸瓦の年代に関しては、黒澤彰哉氏の検討により7世紀末～8世紀初頭にかけての年代が与えられている（文献18）。したがって、定型化国庁成立以前にこうした瓦を使用した建物が存在したことを示しており、初期国庁がこれに相当するものと考えられる。よって、初期国庁の年代を7世紀末～8世紀初頭に位置づけ、常陸国庁の成立をこの時期に充てることができる。

構造・規模の特徴　初期国庁を形成する建物は、すべて掘立柱建物で、いずれの建物においても床束や間仕切などはみられない。院の西端に位置する正殿は、偶数間6間で少なくとも東側に廂を有する有廂建物である。また、正殿の前方（東側）には前殿に相当する建物が存在しないことから、比較的広い前庭を確保することが可能であったとみられる[(1)]。

　一方、正殿を取り囲む長舎（辺殿）は、院の遮蔽機

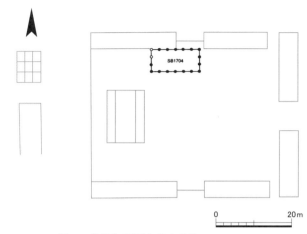

図4　常陸初期国庁前身建物　1：1000

能をも兼ねていたと考えられ、とりわけ正殿に一番近い北辺の長舎（辺殿）が桁行8間で、もっとも規模が大きい。続いて、正殿からもっとも離れた位置に存在する東辺の長舎（辺殿）は、いずれも桁行7間。そして、これらの中間に位置する北辺と南辺の建物（辺殿）は桁行6間で、それぞれ柱間が異なる。

　以上、初期国庁の構造・規模からみた特徴には、次のような点が挙げられる。

　a．国庁院は東面プランによって造営される。
　b．建替はみられず、機能したのは一時期である。
　c．辺殿によって遮蔽された長方形の院を形成する。
　d．正殿は、桁行6間（偶数間）である。
　e．北辺と南辺の建物（脇殿とみられる建物）は、すべて桁行偶数間である。

　なお、この初期国庁と重複し、これに先行する状態で正方位の東西棟が1棟確認されている（図4）。この建物は、桁行6間×梁行3間の掘立柱建物で、布掘り掘方をともなう。周辺にこの建物と並存する遺構がないことから、単独で機能していた可能性が高い。建物の造営年代を示す資料はないものの、初期国庁に先行する施設であることから、7世紀後半を下るものではなかろう。

　また、注目すべきは、この建物が桁行6間の偶数柱間によって造営されている点である。これは、前述の初期国庁正殿の桁行規模に等しく、さらには、後述する定型化国庁第Ⅰa期正殿の桁行規模と一致する。この建物の性格については不明であるが、以後、国庁正殿に柱間6間という設計理念が踏襲されていく点に、この問題を解く鍵があるといえる。

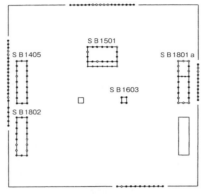
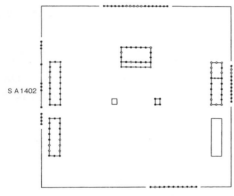
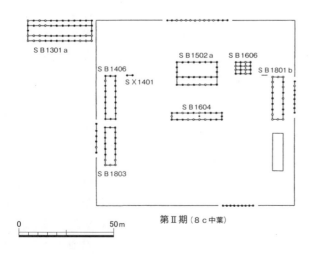

図5　常陸国庁変遷図（1）　1：2000

②定型化国庁の空間構成

第Ⅰa期　初期国庁の直後に造営された定型化国庁である（図5）。この時期以降の国庁の構造は、プラン全体が正方位を指向し南面するという点で、初期国庁とは大きく異なる。

国庁は、掘立柱塀によって囲繞された一辺約100mの院を形成する。院の中央北寄りに桁行6間の正殿を置き、東西には、それぞれ2棟の脇殿が対称に配置される。正殿の南側には、幢竿支柱が置かれるものの、前殿はまだ出現していない。造営年代は、8世紀前葉である。

このように、成立期の定型化国庁は、遮蔽施設の内部に正殿・脇殿という基本的構成要素を配置することでその役割を果たしており、きわめてシンプルな構造によって国庁が成立したものといえる。

第Ⅰb期　当該期の国庁は、建物の配置や構成要素に変化はみられないが、国庁西辺遮蔽施設の掘立柱塀が部分的に改修され、新たに門（棟門）が付設されるという点で第Ⅰa期国庁と異なる（図5）。造営年代は、8世紀前半である。

第Ⅱ期　第Ⅱ期国庁は、わずかに4辺の規模を拡大させた国庁院の中央北寄りに桁行7間の正殿を配し、院のほぼ中心に前殿、その東西にそれぞれ2棟の脇殿を配置する。また、正殿の東側にのみ楼閣が置かれ、西側には幢竿支柱があったと推定される（図5）。

さらに当該期の大きな特徴は、国庁院西側の北方に、国庁正殿の桁行規模を凌駕する二面廂建物（東西棟）が新たに出現することである。この二面廂建物は、次期の建物配置から考慮すると、主殿と解釈し得るもので、国庁院に隣接する曹司の正殿と呼ぶべきものである。

なお、国庁内のすべての施設は、当該期まで掘立柱建物であるが、この時期から一部瓦葺化が始まったと考えられる。第Ⅱ期の造営は、8世紀中葉である。

第Ⅲa期　この時期は、国庁内外の構造にもっとも大きな変化をともなう（図6）。まず、国庁東辺と南辺は、掘立柱塀から築地塀へと変化するが、北辺は掘立柱塀を踏襲している。また、北辺では、掘立柱塀と一体化した建物の存在が正殿後方に考えられ、後殿と推定される。さらに、この北辺の掘立柱塀は、国庁西側の曹司ブロックの北辺に繋がり、国庁と曹司を一体的に遮蔽していたと考えられる。このこと

は、国庁の西辺部分に遮蔽施設が存在しないことからも裏付けられる。なお、西辺は溝によって区画されていたものと思われる。

次に、国庁内には、第Ⅱ期と同位置で建て替えられた正殿、桁行規模を縮小した前殿を配し、3棟の脇殿が東西対称に配置される。また、正殿のすぐ両側には楼閣が置かれ、これら楼閣と中央の脇殿は礎石建ちに変化する。さらに、南辺築地塀の内側には、新たに東西棟が設けられるなど国庁内の施設がもっとも増幅され充実する。

一方、曹司ブロックでは、正殿が同位置で建て替えられる。そして、その南方に新たに前殿が造営され、さらにその南方に東西棟が配置されるなど、曹司ブロックにおいても施設の充実化が図られる。これら曹司ブロックの建物は、国庁とは別に独自の中軸線を基準とした配置計画がみられることから、国庁とは異なる儀式・儀礼空間であったと考えられる。

このように、第Ⅲa期の大きな特徴は、国庁と曹司がそれぞれ別院によって区画されず、両者が一体化することである。これは、曹司の配置が国庁の整備と一連の配置計画のもと設計されたことを示している。第Ⅲa期の造営は、9世紀前葉である。

第Ⅲb期 この時期の国庁内には、建物配置に大きな変化はみられないものの、第Ⅲa期に存在した曹司正殿や前殿などが消滅し、国庁西辺が築地塀によって再び遮蔽される点が大きな特徴である。

一方、曹司ブロックでは、正殿・前殿が失われたことにより、中軸線を基準とした計画的な建物配置は失われ、四面廂掘立柱建物が単独で配置される。こうしたことから、当該期は、儀式・儀礼空間が国庁内のみに縮小したことを意味しており、四面廂掘立柱建物は、別の機能に変化したものと考えられる（図6）。第Ⅲb期の造営は、9世紀後半である。

第Ⅳ期 当該期は、第Ⅰa期以来継承されてきた定型化国庁の造営計画が失われる時期である。4辺の遮蔽施設を喪失し、国庁院そのものが廃絶する（図6）。よって、東西対称に配置される建物もみられず、曹司ブロックにおいても後継的な施設の造営も認められない。ただし、第Ⅲa・b期の国庁正殿と同じ桁行規模の東西棟が第Ⅰa期以来の国庁中軸線を遵守して単独で造営される。このことは、それまでの国庁造営計画が、この時期においても踏襲されていることを示しており、長期にわたる設計理念のみ維持・継承され

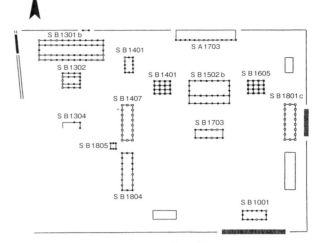

第Ⅲa期（9c前葉）

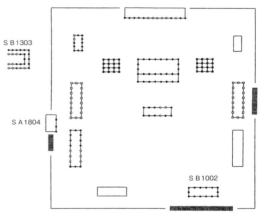

第Ⅲb期（9c後半）

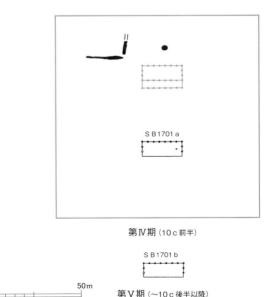

第Ⅳ期（10c前半）

第Ⅴ期（～10c後半以降）

図6　常陸国庁変遷図（2）　1：2000

たことがうかがえる。こうした設計理念をともない、新たに出現したこの施設は、「終末期国庁」とも呼ぶべきもので、この東西棟を終末期国庁の正殿として理解したい。第Ⅳ期の造営は、10世紀前半である。

第Ⅴ期　当該期は、常陸国庁の最終期である（図6）。正殿は、第Ⅳ期の正殿と同位置に建て替えられる。つまり、国庁の中軸線が最終期まで一貫して踏襲されていたことになる。正殿周辺には関連する建物は造営されず、儀式・儀礼の空間もみられない。ただ、政務のみを執行したであろう施設に変化したことが、この終末期国庁の大きな特徴であるといえよう。第Ⅴ期の造営年代は不明であるが、遅くとも11世紀代には廃絶し、その終焉を迎えたと推定される。

（3）空間構成の特徴

これまで、初期国庁・定型化国庁の造営とその変遷について概観した。国庁が順次整備される過程において、各種の機能をともなう多様な施設がその時期の必要度に応じて造営または廃止されていくことがあきらかとなった。その一方で、終始国庁内に継続して造営される建物として正殿と脇殿がある。次にここでは、国庁の基本的構成要素である正殿と脇殿の配置・構造における一貫した造営理念を、まず常陸国庁の空間構成の特徴のひとつとして捉え得ることを確認しておく。

①建物の配置・構造に内在する造営理念

正　殿　定型化国庁の正殿は、成立期である第Ⅰa期（8世紀前葉）に桁行6間の片廂構造の建物として始まる。第Ⅱ・Ⅲ期正殿は、北側柱列を第Ⅰ期正殿のものと重複・一致させた上で、桁行と梁行の両方向の規模を拡大し、桁行7間に変化させている。つまり、正殿は第Ⅰ期から第Ⅲ期にいたるまで同じ位置に造営されていたことになる。第Ⅳ期には、正殿は南方に移動するものの国庁中軸線は依然遵守され、第Ⅴ期においては、前身建物と同位置に建て替えられる。これら正殿の一連の変化には、国庁中軸線を基準とした忠実な造営理念が投影されている。

また、初期国庁正殿とその前身施設は、桁行6間の掘立柱建物であり、定型化国庁第Ⅰ期正殿もこの規模・構造を踏襲していることは特筆すべきことである。これらは官衙形成における造営理念の継承とみるべきであろう。

脇　殿　定型化国庁の脇殿は、第Ⅰ期から第Ⅲ期ま

で、ほぼ同位置で造営されている。第Ⅲ期になると、中央の脇殿だけが楼閣の構造と連動して礎石建物に変化する。

また、第Ⅰ期脇殿の桁行規模は、正殿に近い北棟が8間、南棟が7間である。一方、初期国庁においても、やはり正殿に近い北辺殿が桁行8間、東辺殿が7間である。こうした柱間の一致も偶然であるとみるべきではなく、初期国庁から定型化国庁に移行する段階で官衙の造営理念が継承されたためであると考えられる。つまり、正殿の6間、脇殿の7・8間という柱間「6・7・8」が、次期の定型化国庁へ忠実に踏襲・反映されていったとみることができる。

②国庁中軸線からみた造営理念の踏襲

定型化国庁の大きな特徴は、国庁中軸線を基軸とした官衙の造営理念が、第Ⅰ期から第Ⅴ期にいたるまで、一貫して踏襲されたことである。しかし、こうした造営理念の継承は、定型化国庁の変遷過程のみに関わることではなく、前身の初期国庁から定型化国庁への大きな変化に際しても受け継がれていた。次に、中軸線からみた常陸国庁の設計理念についてみておきたい。

初期国庁から定型化国庁へ　初期国庁と後継の定型化国庁は、ほぼ同位置に造営されたことは既に述べた通りである。また、定型化国庁では、中軸線を基軸とした造営計画が一貫して踏襲された。この中軸線は、正殿・脇殿をはじめとした各国庁内施設を左右（東西）対称かつ同位置に配置するための要となるものであった。発掘調査の結果、この中軸線のY座標の値は39,463.5である[2]。

一方、初期国庁は東面することから、その中軸線はX座標で表わされるため、両者の関係を直接対比することはできない。初期国庁の規模は、東西57.9m×南北49.0mであるが、その東西規模を二分した位置、つまり東西対称の位置で折り返してみると、その折り返しラインのY座標値は39,463.05となる。つまり、定型化国庁の中軸線と初期国庁の東西折り返しラインは、ほぼ一致しているといえる。また、もうひとつ興味深い点として、初期国庁の中軸線は、次の第Ⅰa期国庁西脇殿南棟の北妻柱列上を通る。

こうしたことから、初期国庁の東西折り返しラインは、次期定型化国庁造営の基準になったものと考えられる（図7）。つまり、初期国庁から定型化国庁への

転換にあたっては、きわめて計画的で高度な設計理念のもと、その造営がなされたのであり、両者の関係は機能の連続性と計画性を反映するものである。このような特徴が、定型化国庁前身官衙を郡庁ではなく、初期国庁であると結論付けた所以である（文献6・26）。

定型化国庁から終末期国庁へ　初期国庁から継承した定型化国庁の中軸線は、その後、国庁院を失った終末期の第Ⅳ・Ⅴ期国庁にいたっても受け継がれた。第Ⅳ期の正殿は、第Ⅲ期の正殿の位置から中軸線を逸脱せずに南方に移動する。また、遺跡内で最終末となる第Ⅴ期の正殿は、第Ⅳ期と同位置に造営されていることから、中軸線による造営理念は終始一貫して維持されたと考えてよい。

③正殿と脇殿の建物配置

定型化国庁内の建物構成は多種多様で、準構成要素としての前殿・後殿・楼閣などをともなう時期もあった。しかし、基本的構成要素となる正殿と脇殿の存在は不可欠であったことがうかがえ、これらは、山中敏史氏が国庁の建物配置を3類型に大別したように、分類上の指標となるものである（文献33）。常陸国庁は、正殿を中心に長舎型脇殿を東西に2棟ずつ配置する「大宰府政庁型」に当てはめることができる。こうしたタイプの国庁は、肥前国庁（Ⅲ期）、筑後阿弥陀国庁（Ⅱ期）、筑後朝妻国庁（Ⅲ期）、日向国庁（Ⅱc期）など西海道に多くみられるものであり、内国では常陸が初出となる。このような大宰府あるいは西海道諸国の国庁との関連性や系譜的な繋がりの有無については、今後の検討課題としたい。

Ⅲ　常陸国鹿島郡衙における郡庁の検討

（1）郡衙の歴史的・空間的位置

鹿島郡衙（神野向遺跡）は、茨城県鹿嶋市大字宮中に所在し鹿島神宮から南へ約1.5kmの標高32〜34mの鹿島台地神野向支丘に位置する。古代の常陸国鹿島郡は、18の郷からなる神郡として成立した。郡衙の所在地については、古くは『常陸国風土記』に「其社南郡家」という記事があり、「鹿島神宮」の南に郡家が存在すると伝えられてきた。さらに、風土記には、「北沼尾池（中略）前郡所置」という記載があり、鹿島神宮の北方には「沼尾池」があり、この辺りは以前郡家が置かれていたところであるとも伝えている。

この前身鹿島郡衙の存在は、残念ながらまだあき

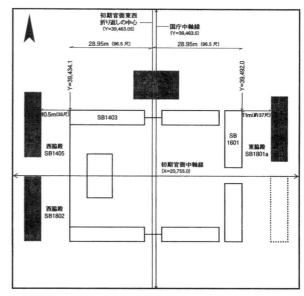

図7　初期国庁と定型化国庁の造営計画

らかではないが、後身郡衙の存在が考古学的な成果によって判明したきわめて貴重な遺跡である。

常陸国内において、郡庁院の様相があきらかとなっている事例は少なく、現在のところ鹿島郡庁が唯一である。ここでは、これまでの調査、さらには近年の再調査によって確認された成果をもとに、鹿島郡庁の建物配置とその変遷について整理しておく（文献15・16）。

（2）郡庁の建物配置とその変遷

鹿島郡衙は、これまでの調査によって正倉院・郡庁・郡庁外郭施設（厨家・館・鍛冶工房など）・正倉院大溝区域外建物（四面廂建物・礎石建物・井戸状遺構）などの4つの遺構群が確認されている（図8）。正倉院の北東に位置する郡庁は、昭和59年度の発掘調査において、その中枢建物とそれを取り囲む回廊状遺構が検出された。また、墨書土器「鹿嶋郡厨」が発見されたことにより、鹿島郡衙と決定づけられた。郡庁は、その建物構造および配置から、3時期に区分され変遷することが判明している（文献7・25）。以下、その変遷をみていく（図9・表3）。

①第Ⅰ期（8世紀前半）

区画施設と規模　郡庁院は、ほぼ正方位（N−1°−W）で造営される。北辺（SA1005）と南辺は[3]、掘立柱塀によって遮蔽される。柱間寸法は、後述するように一部を除いて9.5尺等間である。

一方、東辺と西辺は、それぞれ南北棟の東脇殿

（SB1010）、西脇殿（SB1015）が配置される。南北の掘立柱塀はともに、東西脇殿の両妻側の柱列と連結させることで、4辺を一体的に囲繞し一院を形成していたと推定される。こうした区画による院の規模は、南北約51.9m×東西約53.1mで、正方形プランを呈する。

正　殿　正殿（SB1020）は、院の北寄りに造営される。平面構造は、近年の再調査によって梁行4間×桁行5間の東西棟で、南北に廂を有する二面廂掘立柱建物であることが確認された（文献14）。柱間寸法は、身舎梁行8尺、廂の出7尺、桁行10尺等間である。

脇　殿　北辺と南辺の遮蔽施設に取り付くと推定される脇殿は、西脇殿（SB1015）で未だ十分な情報が得られていないものの、東脇殿（SB1010）では、梁行1間×桁行19間の長大な南北棟であることが確認されている。柱間寸法は、梁行13.5尺、桁行は南端3間分が7尺で、他が9.5尺等間である[4]。

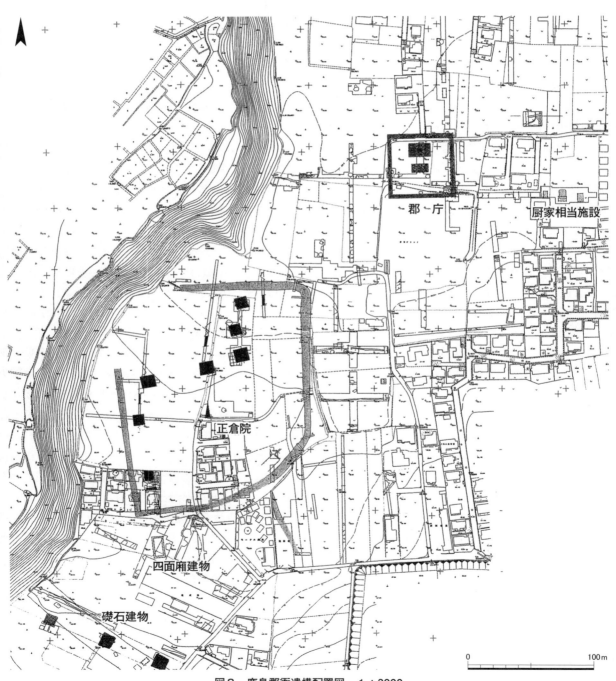

図8　鹿島郡衙遺構配置図　1：3000

門　郡庁院の南辺には、掘立柱塀と連結する南門（八脚門）の存在が推定されているが不明である[5]。なお、北辺遮蔽施設では東から3間目の部分に門の存在が推定されている。

造営時期　第Ⅰ期の造営時期は、正倉院第Ⅰ期に相当し、出土遺物から8世紀前半であると考えられる。さらに、『常陸国風土記』には、「其社南郡家北沼尾池（中略）前郡所置」の記載があり、風土記が編纂された時点では、すでにこの地に郡衙が造営されていたことになるので、風土記撰進の詔が出された和銅6年（713）に近い年代が考えられており、和銅3年（710）には造営が開始したとされている（文献25）。

②第Ⅱ期（8世紀後半）

区画施設と規模　郡庁院は、前身の院を踏襲してN－1°－Wで造営されるが、東西の区画が若干西側に振れることで、プラン全体がやや歪な正方形を描く。この時期における区画施設の大きな特徴は、前身の掘立柱塀と東西両脇殿が、回廊に変化することである。

　回廊（SC1025～SC1028）は、第Ⅰ期の区画と同じ位置に建造され、郡庁院の四辺を廻っていたと推定される。梁行1間の単廊で、柱間寸法は10尺である。桁行は18間で、南北両端間が10尺、北4間分が9尺で、他の12間分はすべて前身の東脇殿と同じ9.5尺となる。北面・南面回廊については、一部8尺で短くなる部分もあるが、その他は9.5尺で収まるものと考えられる。このような回廊で区画された院の規模は、南北約51m×東西約52.5mである。

正　殿　正殿（SB1030）は、第Ⅰ期とほぼ同位置に造営される。平面構造は、梁行4間×桁行7間の東西棟であることがほぼ確定した（文献14）。前身の正殿が南北二面廂建物であったのに対し、当期は南面のみの片廂掘立柱建物に変化する。柱間寸法は、身舎梁行および廂の出が8尺、桁行7尺等間である。

前　殿　当期において前殿（SB1035）が、正殿の南側に現れる。平面構造は、梁行3間×桁行7間の東西棟で、北面のみに廂を有する片廂掘立柱建物であることが分かった（文献14）。柱間寸法は、身舎梁行および廂の出が6尺、桁行7尺等間である。また、本建物には床束をともなうことから、床張りであった可能性を指摘し得る[6]。正殿との配置関係は、両者は6mの棟間距離をおき、互いに妻柱列を南北方向に揃えている。

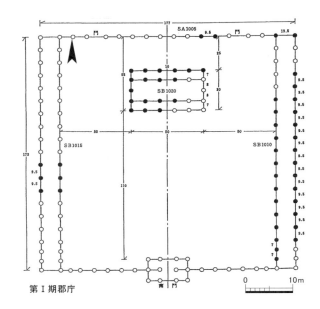

第Ⅰ期郡庁

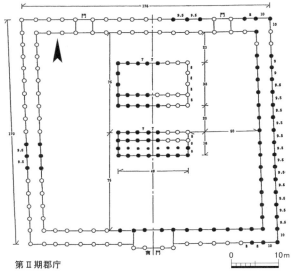

第Ⅱ期郡庁

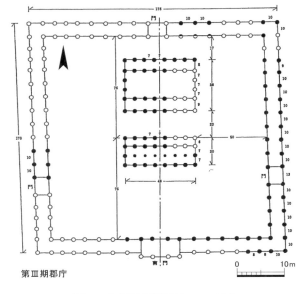

第Ⅲ期郡庁

図9　鹿島郡庁変遷図　1：800

門　南面回廊中央部にあり、現状で梁行1間×桁行3間の八脚門と推定される。回廊との接続関係は、両者の北側柱列が東西方向に連結する。門の規模は、南北約4.6m×東西約6.8mであることから、梁行は7.5尺で収まるものと推定される。一方、桁行は、親柱がいずれも確認されていないので不明ながら、中央間8尺で東西両端間7.5尺の場合と、中央間9尺で東西両端間7尺の場合が考えられようか。

　また、北面回廊において、東側では端間から4間目、西側では端間から5間目の位置にそれぞれ桁行12尺の門の存在が推定されている。

造営時期　郡庁第Ⅱ期は、正倉院第Ⅱ期に相当する。正倉院では、第Ⅰ期の掘立柱建物から、第Ⅱ期において礎石建物への変化がみられ、その造営は8世紀後半頃とされている。こうした変化は、郡庁における空間構成の変化と連動したものであると考えられ、郡庁と正倉院の大規模な構造変化の時期を8世紀後半としておく。

③第Ⅲ期（9世紀前半？）

区画施設と規模　回廊（SC1040～SC1043）は、第Ⅱ期と同位置で規模・構造を踏襲したまま建て替えられる。したがって、郡庁院はN−1°−Wで造営されるが、東西の区画が若干西側に振れることで、プラン全体がやや歪な正方形を呈することに変化はない。院の規模は、第Ⅱ期と同様に南北約51m×東西約52.5mである。

正　殿　正殿（SB1045）は、第Ⅰ・Ⅱ期正殿とほぼ同位置に建て替えられる。第Ⅰ期正殿の北側柱列と本建物のそれらが同じ位置にあり、北面回廊が存在する分、正殿と回廊の棟間距離が短くなり空間が狭くなっている。平面構造は、梁行5間×桁行7間の東西棟であることがほぼ確定した（文献14）。前身の正殿が南面片廂掘立柱建物であったのに対し、当期においては、第Ⅰ期正殿と同じく南北二面廂掘立柱建物に回帰する[7]。柱間寸法は、身舎梁行7尺、廂の出9尺、桁行は東西両端間が7尺で中央間5間が7.5尺と推定される[8]。

前　殿　前殿（SB1050）は、第Ⅱ期前殿と同位置で建て替えられる。平面構造は、梁行3間×桁行7間の東西棟であることがほぼ確定した（文献14）。また、第Ⅱ期前殿の構造を踏襲しており、北面片廂掘立柱建物である。柱間寸法は、身舎梁行7尺、廂の出が6尺、桁行7尺等間である。また、本建物においても

床束をともなう。正殿との配置関係は、第Ⅱ期と同様に両者は6mの棟間距離をおき、互いに妻柱列を南北方向に揃えていることから、造営計画に変化はない。

門　南面回廊中央部に、第Ⅱ期と同位置で建て替えられた南門がある。規模・構造・配置関係は、第Ⅱ期南門を踏襲するものである。

　また、北・東・西の各回廊に門が推定される。北面回廊では北面回廊東端間から9間目の正殿の背後となる位置。東面回廊では、南端間から6間目に周辺よりも広い柱間（13尺）をもつ部分があり、この部分に門（SB1285）が推定されている。西面回廊では、同じく南端間から6間目の部分に門の存在が推定されている。こうした門の存在があきらかになれば、4面の全回廊に門が付設されたことになり、郡庁における門の機能や重要性に変化が生じたと考えられるであろう。

造営時期　郡庁第Ⅲ期は、正倉院第Ⅲ期に相当する。東面回廊柱抜取穴から出土した9世紀後半代の土器や、回廊と重複しこれより後出する竪穴住居跡の年代が10世紀代であることから、郡庁の廃絶は9世紀後半～10世紀初頭頃であると考えられる。一方で、造営時期については不明ながら、遅くとも9世紀前半には第Ⅲ期の造営を迎えていたであろう。

（3）空間構成の特徴

　鹿島郡庁は8世紀前半に整備された後、2度の建替によって新たな施設が造営され、9世紀後半～10紀初頭頃にはその終焉を迎える。こうした3時期にわたる変遷過程の中で、特徴的な要素を抽出すると、以下のような点が挙げられる。

①長大な脇殿の造営

　まず、第Ⅰ期に桁行19間の長大な脇殿（南北棟）が、東西対称に造営されることである。両棟は、南北ともに妻側が掘立柱塀によって連結されるもので、これら脇殿が郡庁院の東西遮蔽（区画）施設を兼ねているとともに、この桁行規模が郡庁院の南北規模に相当する。こうした事例は現在、横江荘遺跡3・4期（加賀国）にみられるのみで、きわめて特異な例である。

　この長大な脇殿によって区画された院内には、北寄りに正殿が配置されるのみで、その他の付加的な施設は造営されておらず、成立期の郡庁においても正殿と脇殿が必要不可欠な構成要素であったことを

反映している。また、正殿と脇殿がコの字形に配置されていることも併せると、きわめてシンプルな建物配置によって成立した常陸国庁第Ⅰa期のあり方と共通する。

②脇殿から回廊への変化

次に、第Ⅱ期において長大な脇殿が回廊に変化することである。こうした回廊をともなう事例は、名生館官衙遺跡Ⅴ期（陸奥国玉造郡衙）、御殿前遺跡Ⅲ・Ⅳ期（武蔵国豊島郡衙）、久米官衙遺跡Ⅱ期（伊豫国久米郡衙）、ヘボノ木遺跡Ⅱ期（筑後国御井郡衙）、福原長者原遺跡Ⅱ期（豊前国府？）、大宰府Ⅱ・Ⅲ期などにみられる。御殿前遺跡の構造は、Ⅰ・Ⅱ期において脇殿を左右に配するもので、第Ⅲ期に脇殿から回廊に変化するという点で鹿島郡庁と同じである。郡庁にとって脇殿が正殿同様、不可欠な構成要素であるならば、このような回廊は脇殿の代替施設と見做すことが可能である（文献12・30）。ただし、名生館官衙遺跡Ⅴ期（小館地区）のように、回廊に脇殿がともなう事例もあるので、別な視点からの検討も必要である。

こうした長舎を多用する郡庁のあり方について小田裕樹氏は、饗宴空間としての要素が重視されていた可能性を指摘している（文献13）。小田氏は、石神遺跡A3期遺構群東区画の配置構造から饗宴施設の建物配置モデルを作成し、①中心建物、②外周建物、③中心建物の前面に広がる儀式空間、という3つの要素が饗宴施設の空間構造を形成するとした。そして、外周建物は、参列者が着座する施設であるとともに、内部の饗宴空間を外部と遮断する機能も有したとする。このような考えにもとづけば、郡庁の中心建物である正殿と、外周建物である辺殿・脇殿・回廊などは、取り付き方、長舎・短舎の相違、棟数、配置位置などさまざまな点でバリエーションがみられるが、その機能上必要不可欠あるいは必要最小限の施設であったといえる。このことは、郡庁の変遷過程が国庁の加飾性・荘厳性を付加していく変遷過程とは異なることからも説明できそうである。

なお、鹿島郡庁第Ⅱ・Ⅲ期では、脇殿から回廊への変化にともない、新たに北廂付の前殿が造営される。こうした一連の変化の背景には、常陸における特有の国内事情があったものと推測している。

③北廂をもつ前殿

郡庁さらには、国庁・宮都の施設においても北廂建物の類例は数少ない。平城宮東院6期遺構群（楊梅宮）・城輪柵跡正殿（Ⅱ・Ⅲ期）・日向国府跡SB090などが知られるものの、基本的には南面する官衙内において、建物の北側に廂を付加して拡張するという造営理念そのものが不要であったからであろう。では、なぜ鹿島郡庁第Ⅱ・Ⅲ期では、北廂付の前殿が新たに造営されたのであろうか。

そもそも鹿島郡庁が位置する古代鹿島（香島）郡は[9]、『常陸国風土記』香島郡条に「割下総国海上国造部内、軽野以南一里、那賀国造部内、寒田以北五里、別置神郡」とあり、孝徳朝の大化5年（649）に、下総の国海上の国造が所領の地のうち軽野から南の一里、また那賀の国造が所領の地のうち寒田より北にある五里を割いて、六里の神郡が設置されたことで成立した。神郡が担う社とは、現在の鹿島神宮であり、祭神は、『常陸国風土記』に謂う「香島天之大神」、つまり武甕槌大神である。

『常陸国風土記』信太郡条には、「榎浦之津、便置駅家。東海大道、常陸路頭。所以、伝駅使等、初将臨国、先洗口手、東面拝香島之大神、然後得入也」とあり、東海道を往来する公使が榎浦津駅に到着し常陸入りする前には、禊を行い香島天之大神への遥拝をすることによって初めて入国できるとしている。こうした鹿島神宮に対する儀礼は、国司神拝あるいは後の一の宮制度に繋がるものであり、当時国司や郡司らが重要視していたものと思われる。それは、『常陸国風土記』の記述の中にも表れている。『常陸国風土記』は、新治郡条の記載に始まり、全部で9つの郡の記事が盛り込まれるものであるが、郡（郡衙）を起点として各地の伝承地などの位置を記す形式をとっている。しかし、香島郡条においてはその逆で、「其社南郡家」というように鹿島神宮を起点として郡衙の位置を示している。こうした記載は、香島郡条だけにみられることで、鹿島神宮の重要性を伝える傍証となりうる。

さて、こうした状況を踏まえると、鹿島郡庁第Ⅱ・Ⅲ期における北廂付前殿の機能は、国司の部内巡行などで郡庁に赴いた際、あるいは郡司らが恒例的に鹿島神宮（香島之大神）への礼拝や祈願・儀式に利用された施設である可能性が考えられる。『常陸国風土記』に「其社南郡家」とあることから、鹿島神宮は郡庁の北方に位置することになり、床張りのこの前殿は、鹿島神宮への遥拝所としての機能を持ち合わせていたのかもしれない。また、遺跡内から出土した墨

書土器「神宮」「祝家」などは、鹿島神宮との強い結びつきを示していると考えられる(図10)。鹿島郡庁第Ⅱ期の造営年代は、8世紀後半と考えられるが、この時期は、蝦夷政策において征夷が継続的におこなわれる頃と重なる(文献22)。それは、いわゆる「三十八年戦争」が開始する時期でもあり、常陸国は東国の中でもその最前線基地としての役割を果たした。こうした当時の国内情勢が、特異な北廂付前殿の造営に深く関わったのではないだろうか。

Ⅳ 常陸国庁からみた鹿島郡庁

(1) 初期国庁と郡庁第Ⅰ期

これまで、常陸国庁と鹿島郡庁について、その建物配置構造や変遷について整理してきた。初期国庁の造営年代は7世紀末〜8世紀初頭、鹿島郡庁第Ⅰ期は8世紀前半であり、初期国庁がやや先行する[10]。

したがって、鹿島郡庁造営に際して、初期国庁が何らかの影響を与えた可能性が考えられる。次にここでは、両者を構成する各属性を抽出し対比することで、政庁造営上の共通性や独自性を探るための検討材料を提示する。

①平面プランと建物配置

初期国庁 長舎を塀でロの字形に連結する初期国庁は、東西57.9m×南北49.0mの長方形プランを呈する。西辺を除く三辺では、それぞれ長舎が前庭を取り囲む配置をとる。正殿は、院内西奥に配置され、正殿前面には前庭が広がり付属施設はない。したがって、基本的な国庁の構成要素としては正殿と長舎であり、これらを遮蔽(区画)施設で連結・補完する。

郡庁第Ⅰ期 一方、長舎と正殿をコの字状に配置する郡庁第Ⅰ期は、東西53.1m×南北51.9mの正方形プランに近い形状をとる。建物の配置は、東西にそれぞれ桁行の長い脇殿を置き、南北の遮蔽施設で連結させる。正殿は、院内北奥に配置され、正殿前面には前庭が広がる。また、同様に付属施設はない。よって、郡庁第Ⅰ期においても正殿と長舎によって構成され、それらを遮蔽施設が連結・補完する。

②規模と造営方位

初期国庁 初期国庁院の規模は、外法で東西57.9m(193尺)×南北49.0m(約163尺)、内法で東西52.5m(175尺)×南北38.4m(128尺)を測る。造営方位は、東向きである。東面する国庁は、美作国庁第Ⅱ期で推定されているが、きわめて異例である。この東面についての要因はあきらかでないが、古代東海道駅路を意識した造営であると考えられる。

郡庁第Ⅰ期 郡庁院の規模は、外法で東西53.1m(177尺)×南北51.9m(173尺)、内法で東西45m(150尺)×南北51.9m(173尺)を測る。造営方位は、正方位(N-1°-W)をとる。

③正殿

初期国庁 正殿の詳細な規模・構造は不明であるが、南北対称に復元すると桁行6間の掘立柱建物である。この桁行は、前身の布掘り掘方をともなう桁行6間×梁行3間の東西棟を踏襲する。また、正殿の東側柱穴列は、西側柱穴列の深さよりも浅いことから、東廂を有する構造であったと考えられる。梁行方向は不明ながら、最小でも身舎梁行2間とする東廂の南北棟を、最大に見積もった場合、身舎梁行3間とする東廂の南北棟、あるいは身舎梁行2間で西側にも廂をもつ東西二面廂付の南北棟を想定することができる。

郡庁第Ⅰ期 正殿は、梁行4間×桁行5間の東西棟で、南北に廂を有する二面廂掘立柱建物である。

④辺殿と脇殿

初期国庁 西辺を除く三辺で長舎が採用されている。いずれも無廂の掘立柱建物が南北対象に配置される。長舎は、直列する東西棟・南北棟ともに、それぞれ互いに側柱列を同じ方向に揃え、直交する東西棟と南北棟は、それぞれ側柱列と妻柱列を揃えている。

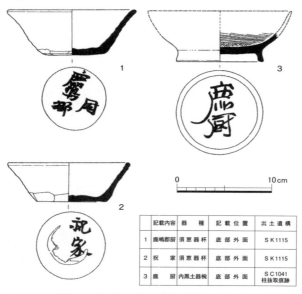

図10 鹿島郡庁出土墨書土器 1:4

梁行はいずれも2間で、桁行は8間・7間・6間の3種がみられる。

郡庁第I期　東西対称に梁行1間×桁行19間の長大な無廂の掘立柱建物が配置される。これら両脇殿の桁行の長さは、同時に郡庁院の南北規模を反映している。

⑤遮蔽施設

初期国庁　西辺で長舎の妻どうしを繋ぐ掘立柱塀が推定される。これは、仮に正殿に西廂が取り付かない東側のみの片廂建物であったとしても、正殿の後背に長舎が配置される空間はなく、調査でも長舎の遺構は確認されていない。

郡庁第I期　鹿島郡庁でも、北辺と南辺が掘立柱塀によって遮蔽されており、これらは、東西両脇殿の妻側に接続する構造をとっている。

⑥前　庭

初期国庁　正殿の東廂列を西限とし、南北および東の限りをそれぞれ前庭側の側柱列とすると、その規模は、東西37m（約123尺）×南北38.4m（128尺）となり、面積は1,420.8m²となる。前庭の規模は、南北方向が若干大きい。

郡庁第I期　郡庁第I期も同様に規模を計測してみる。南辺には南門の存在が推定されているが、現在は不明であるため、ここでは掘立柱塀までをその範囲として計測すると、東西45m（150尺）×南北35.4m（118尺）となり、面積は1,593m²である。前庭の規模は、東西方向の方が大きくなっている。

⑦柱間寸法

初期国庁　正殿では、梁行9尺、桁行で北端間のみ9尺とその他8.5尺が採用されている。長舎では、東西棟となるものがすべて梁行8.5尺、桁行は東西両端間のみ9.5尺、中央間は10尺をそれぞれ採用している。一方、南北棟となるものは、いずれも梁行9尺、桁行9.5尺等間で造営されている。したがって、初期国庁に使用されている柱間寸法は、最小で8.5尺、最大で10尺が採用されていることになる。

郡庁第I期　正殿は、身舎梁行8尺、廂の出7尺、桁行10尺等間である。脇殿は、東西ともに梁行13.5尺、桁行が9.5尺を基本とし南端間3間分のみ7尺を採用している。よって、郡庁第I期の柱間寸法の最小は7尺、最大で13.5尺が採用されていることになる。

⑧瓦

初期国庁　遺跡内でごく僅かながら確認されている7102a型式軒丸瓦とこれにともなう桶巻き作り平瓦・丸瓦が初期国庁に使用されてとしても、きわめて限定的な建物あるいは部位への使用であったと考えられる。したがって、国庁の建物に瓦葺が導入される時期は、定型化国庁第II期（8世紀中葉）以降となるであろう。

郡庁第I期　郡庁およびその周辺からごく少量の瓦が出土しているものの、その量から第I～III期を通じて瓦葺ではなかったと考えられている。

（2）鹿島郡庁第I期の造営理念

8つの視点により、初期国庁と郡庁第I期から検討材料を抽出した。こうした諸点から両者の共通性と独自性を導いてみよう。

まず、①の平面プランと建物配置は、院の規模とも関連するので併せて考える必要がある。初期国庁は東面することから、中軸方向を揃えてみてみると、初期国庁は中軸方向（東西方向）に長い長方形で、郡庁第I期は、中軸と直交する方向（東西方向）の方がやや大きい方形である。両者ともに一辺が50～60mの範囲に収まる規模で、一般的な郡庁の規模である[11]。建物配置では、ともに正殿が院の後方に位置するが、長舎を連結する初期国庁と長大な脇殿を配置する郡庁第I期とでは構造的に大きな違いがみられる。しかし、これは一見異なるようにもみえるが、前者の北辺を側面からみた時、後者の造営の指導者あるいは技術者には、19間の柱間が記憶に残ったのではないだろうか。つまり、後者の造営にあたっては、「側面からの視覚」により、脇殿の桁行を19間と計画した可能性がある[12]。また、前者を模倣するも、1棟の脇殿という異なる構造を採用することで、建造の簡便さを追求したのかもしれない（文献9）。

次に、②の造営方位であるが、通常、国庁・郡庁ともに政庁域は南面するのが基本であることから、初期国庁が東面することにむしろ、独自性が表れているといってよいであろう。

③の正殿に関しては、郡庁第I期が身舎梁行2間で南北に廂をもつ二面廂建物を採用している。桁行は5間奇数間である。一方、初期国庁の梁行は不明ながら、桁行は6間偶数間をとる。これは、前身の布掘り掘方をともなう東西棟を踏襲したものと考えられるが、偶数間採用の意図については不明である。中軸や対称性を意識する古代の官衙施設においては、

奇数間が一般的である。郡庁第Ⅰ期も、この普遍性に則り奇数間を採用しているのに対して、初期国庁が偶数間であることは、むしろ後者に、なんらかの独自性がうかがえる。山岸常人氏は、偶数柱間数について、「偶数柱間は技術の問題ではなく、どのような形態が記念性や中心性を示すかという意識の問題である」としており（文献29）、こうした偶数間の正殿を初期国庁内におけるシンボリックなモニュメントとして表出し、実際には使用されていなかったということも考えるべきか。なお、郡庁第Ⅰ期の桁行は、初期国庁よりも小さいことから、国庁正殿の規模を超えないように配慮されたものとも考えられる（文献9）。

④の辺殿と脇殿の関係については、先の考えに付け加えて、初期国庁の南・北辺2棟の辺殿と、それらに直交する東辺の辺殿を直列的に配した状態を1棟の長大な脇殿として表現したということも併せて考えておく必要がある。なお、この場合においても、郡庁としての標準的な規模は、遵守あるいは踏襲されたとみられる。

⑤の遮蔽施設においては、両者ともに正殿の後背には長舎が要求されなかったものとみられ、ともに辺殿・脇殿の妻側どうしを掘立柱塀で連結させることで、遮蔽する構造をとっている。

⑥の前庭については、初期国庁の前庭は、東西と南北の規模はほぼ同じであることから、正方形プランを呈するが、郡庁第Ⅰ期では、東西方向の規模を大きくしており、奥行き感よりもワイド感を強調した前庭を形成するという点で異なる。しかし、両者ともに正殿の前面には、他の施設あるいは構造物を配置しておらず、儀礼の場である前庭の本来的な機能性を確保するという点では共通している。

⑦の柱間寸法であるが、地方官衙の場合、桁行・梁行ともに7尺・8尺・9尺などの完数尺の例が主体を占めているが（文献32）、初期国庁・郡庁第Ⅰ期ともに8.5尺・9.5尺・13.5尺などの非完数尺が使用されている。また、郡庁第Ⅰ期脇殿梁行の13.5尺は、特別なものと思われるので例外としておくが、その他使用されている両者の柱間寸法には、さほど格差が認められるものではない。結果としてこの点は、各々の建物や院の規模にも反映されている。

最後に⑧の瓦については、初期国庁では限定的に瓦が葺かれていた可能性はあるものの、両者ともに当時の屋根景観は、基本的には非瓦葺であったと推

定される。

以上、8つの観点から両者の共通性・独自性について検証した。初期国庁と鹿島郡庁第Ⅰ期との間には、細部にいたるまでの共通点は見出せないものの、初期国庁の影響とみられる要素をいくつか確認することができる。その一方で、逆に初期国庁側の独自性が顕在化した部分もある。造営方位や正殿の偶数柱間がそれにあたり、こうした非標準的な造営理念に関しては、また別な視点での検討が必要になってくる。

初期国庁が郡庁第Ⅰ期に与えた影響要素の中で特に、「院の同規模化」「長舎の準用」「前庭の確保」の3点が、郡庁造営計画の中での要になったと思われる。これは言い換えれば、影響を受ける郡庁側によって、それぞれの要素の「模倣と選択」がなされたことを意味している。例えば、大橋泰夫氏が検証したように、同国内における創設期の政庁において、国庁と郡庁とでは、その院の規模に大きな隔たりはない（文献11）。つまり、郡庁は基本的には国庁の規模を凌駕することなく、同程度の規模を採用したとみられる。また、長舎の造営においても、模倣の対象となる国庁の長舎をそのまま郡庁に投影するのではなく、影響を受けながらも構造や棟数、配置などについては、郡庁側が選択をした結果であると考えることができる。この点については後述するが、「模倣と選択」という造営理念あるいは造営計画にもとづいた結果、受け入れる側の郡庁においては、多彩な平面プランのバリエーションが存在するものと思われる。

（3）次期政庁への変化と継承
①初期国庁から定型化国庁へ

山中敏史氏は、国衙の成立には二つの画期が認められるとし、第一の画期は7世紀第Ⅳ四半期から8世紀初めにかけての頃で、それを端緒的な成立とした。この端緒的な国衙の特徴は、建物配置や形態、そして国衙そのものの構造が次の8世紀前半以降の国衙に継承されていないこと、所在地において移転等による断絶を示す例があるとした（文献30）。実際に常陸初期国庁は、8世紀の定型化国庁に移行した段階では南面（正方位）し、脇殿が遮蔽（区画）施設から分離・独立した上でコの字型配置を採用するなど、構造上大幅な変化をみせる。また、大橋泰夫氏は、「定型化前の国庁と郡庁については、建物配置から明確に

分けることが難しい」とする（文献11）。確かに常陸初期国庁は、長舎を連ねた口の字形の配置をとるなど、建物の構造や配置が郡庁の類型に一致する点が多く、平面形態を一見しただけでは郡庁との見分けがつかない。

しかし、既に示したとおり常陸国庁の場合、次の定型化への発展段階において第Ⅰa期国庁は初期国庁と同位置に造営され、正殿は再度、桁行6間を採用し、脇殿は辺殿で使われた桁行8・7間を再び採用している。これは、柱間における「6・7・8」の理念が継承されたことを意味するものと考えられる。さらに、初期国庁の東西折り返しラインと定型化国庁の中軸線がほぼ一致するなど、初期国庁の要素を踏襲・継承した状況が随所に表れている（文献6・27）。したがって、初期国庁と次の定型化国庁との間には、構造そのものは異なるものの、断絶性はむしろ見出し難く、造営理念が踏襲されたとみるべきであろう。

このように、常陸国庁の事例からは、初期国庁から定型化国庁への発展・整備にあたっては、初期国庁の要素を多分に引継いだ上で、新しいスタイル（コの字型配置）をともなって定型化国庁が創出したと評価することが可能である。ただし、これはあくまでも初期国庁からの要素の継承であり、定型化国庁の祖型となり得るものではない。定型化国庁の祖型を探るためには、長舎を連結し郡庁と酷似した構造をともなう初期国庁が、なぜ掘立柱塀などの遮蔽（区画）施設から脇殿（長舎・辺殿）を分離・独立させたのか、という点を説明する必要がある。これは、定型化国庁の大きな特徴であり、従来いわれてきた定型化国庁の定義ともいうべき特徴の中に明示しなければならないものである。つまり、定型化国庁の平面形態を漠然と比較し、単に遮蔽（区画）施設によって囲繞されていることが特徴のひとつであるとする場合と初期国庁からの変化を含めて検討する場合とでは、定型化国庁創出の意味合いが異なってしまうからである。

青木敬氏は、定型化国庁の定義を「①後殿の出現、②正殿・前殿・後殿・脇殿などの建物は方位に則り計画的に配置され、③それらは建物から独立した塀などの遮蔽施設によって方形に区画される」としている（文献1）。青木氏も「建物から独立した塀などの遮蔽施設」として、建物と遮蔽施設が分離する点に着目している。だが、むしろここで重要なのは、定型化国庁に移行する段階で、それまで遮蔽（区画）施設と

しての機能を兼備していた長舎や辺殿が、塀などから完全に分離・独立し、脇殿として成立したということである。同時に、正殿と左右脇殿の棟間距離を広げることで、従来よりも規模の大きな前庭を確保した。郡庁の構造からもわかるように、長舎や辺殿は、遮蔽（区画）施設とは未分化のまま推移・変遷する事例が多いことから考えると、定型化国庁への変化は、「国庁がそれぞれの国情に即した行政実務にふさわしい施設として造営されたというよりも、宮城中枢施設に似た儀礼・饗宴空間としての画一的な利用に対応する施設として設けられたことを示すもの」であるといえるであろう（文献33）。

②鹿島郡庁第Ⅰ期から第Ⅱ・Ⅲ期へ

初期国庁の影響を受け、「院の同規模化」「長舎の準用」「前庭の確保」の三つの要素を取り入れながら、その「模倣と選択」によって成立した鹿島郡庁第Ⅰ期は、最大限に前庭を確保した。

第Ⅱ期では、第Ⅰ期の平面規模をほぼ踏襲した上で、長大な南北棟脇殿から回廊状の施設へと変化させた。これは、第Ⅰ期の脇殿を、いわば四方に廻らせた形態であるといえる。この回廊の造営にともなって、正殿の前方には北廂付の前殿が新たに加わることになる。しかし、ここで問題となるのは、前殿の設置にともなって前庭が前段階よりも狭小化することである。第Ⅰ期の前庭の広さは、東西45m（150尺）×南北35.4m（118尺）、面積1,593㎡であったのに対して、第Ⅱ期以降その規模は、東西44.7m（149尺）×南北17.1m（57尺）、面積764㎡と半減している。院の規模は前段階を踏襲しながらも、前庭を半減させてまで前殿を設けたのは、いかなる理由であったのか。回廊を脇殿の代替施設として考えることが可能であるならば、第Ⅰ期での脇殿の機能が四方に分散したことになる。そうした院のほぼ中心部に前殿が設けられるということは、儀式形態に何らかの変化が生じたためではなかろうか。先述のとおり、鹿島郡は神郡として成立していることから、当時他郡よりも神祇政策を特に重要視したと考えられる。こうした神祇政策にともなう新たな儀式が鹿島郡庁の第Ⅱ期以降、それまでの儀式よりも優先された結果、前庭を縮小させてまでも前殿を造営した要因になったと推察される（13）。回廊をともなう郡庁の事例は、名生館官衙遺跡Ⅴ期（陸奥国玉造郡衙）、御殿前遺跡Ⅲ・Ⅳ期（武蔵国豊島郡衙）、久米官衙遺跡Ⅱ期（伊豫国久米郡衙）、ヘボノ木遺跡Ⅱ

期（筑後国御井郡衙）、福原長者原遺跡Ⅱ期（豊前国府？）、大宰府Ⅱ・Ⅲ期などにみられるが、北廂付前殿をともなう例はみられないことから、常陸国特有の事情のもと成立したといえよう。

　第Ⅲ期では、第Ⅱ期の回廊・前殿が踏襲され、正殿が南北二面廂付建物に変化するものの、同規模・同規格で建て替えられる。したがって、鹿島郡庁においては、成立期から一貫して大型の長舎（脇殿）および長舎を周回させるような構造の回廊を採用している。したがって、隣国下野国でみられる国庁と郡庁の成立段階から最終段階までにおける終始一貫したコの字型配置採用のような地域的特徴は[14]、常陸国には存在しない（文献19）。

　こうした回廊で四方を取り囲み、内部空間を外界から遮断する行為は、寺社建築の理念に通じるものである。回廊の設置にあたっては、周辺官衙には模倣の対象がみつからない。地方官衙の基礎構造が掘立柱から礎石建ちに変化する背景には、国分寺の建立を契機として礎石建物が地方官衙にも波及したことが一因と考えられることから（文献9）、回廊の建設も国分寺や郡寺など地方寺院の影響を受けた可能性がある。

Ⅴ　郡庁からみた国庁

（1）政庁の類型

　政庁（国庁・郡庁）の平面プラン上の分類については、現在、山中敏史氏の研究が基礎となっている（文献33・34）。郡庁においては、各郡の独自性を反映しているように多様な構造をみせており、一方国庁においては、その類型が現在、大きく3つに集約されていることから、比較的画一的であったとみられている。すでに、大方の支持を得ている山中氏の郡庁・国庁の類型について、改めて検討を加えておく。さらに、現在、初期国庁と推定される官衙遺跡についても、こうした類型的概念を将来的に設定し得るかを予察的に検討しておく。

①郡　庁

　8世紀代の古代日本には、しばしば分割や統合をともないながらも、約550の「郡」と60余りの「国」が存在していた（文献24）。よって、基本的には当時、郡の数に相当する郡庁が存在していたはずである。しかし、現在550すべての郡衙遺跡が発見・確認されているわけではないので、実際には、山中氏が分類

した以上の類型が潜在する可能性は大きい。

　さて、山中氏は、郡庁にみられる共通点として8点をあげた上で、建物配置を指標として次のように郡庁を類型化した（文献34）。以下、その類型をみていく（図11・12）。

　Ⅰ類ーロの字型　建物の左右対称性と方形配置を視点とする。さらに、四辺に配置された建物の配舎構造によって、3タイプに細分する。①ⅠA類（長舎連結型）、②ⅠB類（短舎連結型）、③ⅠC類（回廊型）である。本類型は、四辺に配置された長舎（辺殿）を指標として分類されたもの。

　Ⅱ類ーコの字型　建物が「門（けい）」字状に並び、左右対称配置を視点とする。さらに、正殿の位置や構造の違いにより、2タイプに細分する。①ⅡA類（正殿隔絶型）、②ⅡB類（正殿非隔絶型）である。本類型は、正殿の位置関係とその構造によって分類されたもの。

　Ⅲ類ー品字型　正殿と脇殿が左右対称で品字形配置をとる。脇殿は非長舎構造で、正殿の前方左右配置を視点とする。本類型は、正殿と脇殿（非長舎型建物）の位置関係によって分類されたもの。

　Ⅳ類ーロの字省略変形型　Ⅰ類（ロの字型）から片方の脇殿を省略・変形したような左右非対称配置を視点とする。本類型は、Ⅰ類の亜型として分類されたもの[15]。

　Ⅴ類ーコの字省略変形型　Ⅱ類（コの字型）から片方の脇殿を省略・変形したような左右非対称配置を視点とする。本類型は、Ⅱ類の亜型として分類されたもの。

　Ⅵ類ー品字省略変形型　Ⅲ類（品字型）から片方の脇殿を省略・変形したような左右非対称配置を視点とする。本類型は、Ⅲ類の亜型として分類されたもの。

　Ⅶ類ー両脇殿省略型　明瞭な脇殿をともなわないもの。本類型は、Ⅴ類の亜型として分類できそうである。

　Ⅷ類ーその他　上記7つの類型に含まれないもの。

　以上のように郡庁は、現在、大小あわせて11の類型に分類されているが、その個々の形態はバリエーションに富んだもので、実際には多様性がある。こうした山中氏による郡庁の分類作業によってみえてくるのは、①長舎（辺殿）の配置関係を指標とするもの、②正殿と長舎（脇殿）の配置関係とその取り付き方を指標とするもの、の大きく2つの観点から郡庁を分類し得るということである。郡庁の建物配置において

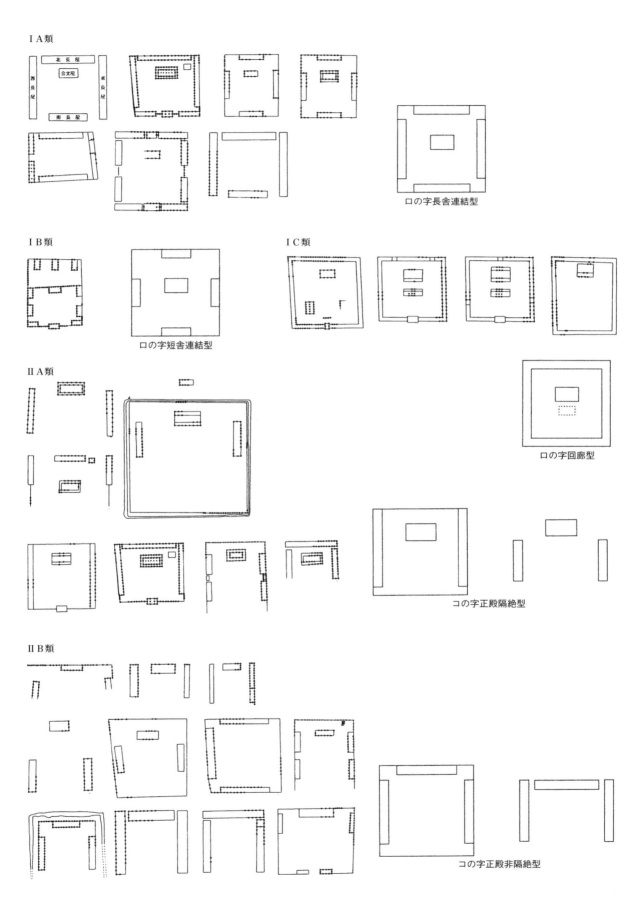

図11　郡庁の類型図（1）

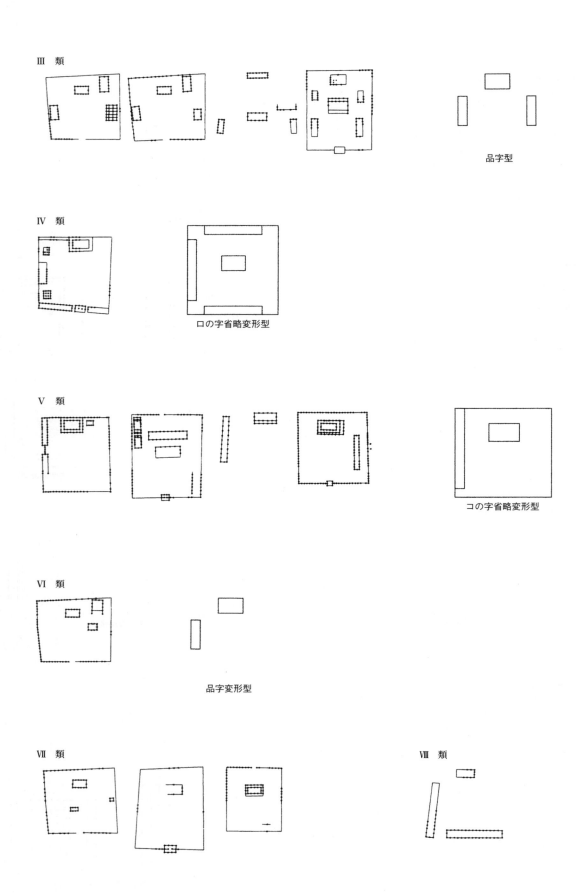

図12 郡庁の類型図（2）

は、特に、長舎・辺殿・脇殿の存在が大きな特徴的比重を占めているものと思われる。換言すれば先の2つの観点は、長舎・辺殿・脇殿が、いかに正殿と組み合わさって、いかに一定の空間（前庭）を形成するかという造営計画である。

山中氏は、これら郡庁の中でも、ⅠA・ⅠB・Ⅱ・Ⅴ類などのロの字・コの字型配置やそれらの省略変形型の郡庁は、古い段階から採用される一方で、ⅠC・Ⅲ・Ⅶ類は、後出する傾向がある可能性を指摘している（文献34）。地域的な事例検討によると、近畿地方ではⅠA類が7世紀前半〜中頃に飛鳥・藤原地域の宮殿関係遺跡において、ⅡA類・Ⅲ類が7世紀後半にそれぞれ採用され（文献21）、関東・東北地方においては、ⅠA類が7世紀後半に始まって以降、Ⅱ類、ⅠC類、Ⅲ類へと変遷していく傾向があきらかとなっている（文献19）。

②初期国庁

次に近年、定型化国庁の下層や周辺で検出され、初期国庁と考えられているその前身施設について採り上げ、先の山中氏の郡庁の類型に照らし合わせてみたい。この初期国庁については、本来その性格も出現過程も郡庁とは異なるものと思われるが、建物の配置・構造は郡庁と酷似した様相を示しており、鹿島郡庁の事例でも検討したように、初期常陸国庁との共通性や影響要素がみられることから、定型化以前の国庁と郡庁とは密接な関係があったものと推察される。ここでは、建物の配舎構造がある程度判明している遺跡を抽出し、初期国庁の可能性がある遺跡も含めて整理しておく（図13）。

常陸国庁　初期国庁（7世紀末〜8世紀初頭）は、6棟の長舎が配置され、そのうち北辺と南辺は長舎どうしを掘立柱塀で連結する構造である。西辺はあきらかでないものの、掘立柱塀で遮蔽していた可能性が高い。したがって、郡庁の類型では、北辺と南辺および正殿がコの字形に配置されるⅡA類（コの字正殿隔絶型）に分類され、鹿島郡庁第Ⅰ期と同じ類型となる。なお、長舎の妻柱どうしを塀で連結する構造は、小郡官衙遺跡Ⅱ期（筑後国御原郡庁）や名生館官衙遺跡Ⅲ期（陸奥国玉造郡郡庁）などでみられるが、類例は少ない。

伯耆国庁　伯耆国庁は、定型化国庁としてⅠ〜Ⅳ期にわたって継続する。Ⅰ期は、8世紀後半代であり、Ⅳ期（9世紀末〜10世紀）まで、同じ場所で変遷する。この定型化国庁から北東に約1.7km離れた場所に不

入岡遺跡が位置しており、8世紀前半代のⅠ期と8世紀後半〜10世紀代のⅡ期に分かれるとされ、Ⅰ期遺構が国庁前身施設と考えられている（文献20）。不入岡遺跡Ⅰ期は、南を除く北・東・西の三辺で桁行規模の大きな長舎が、四面廂付東西棟建物の正殿を取り囲む配舎構造をとる。こうした建物配置からⅠ期遺構は、ⅡA類（コの字正殿隔絶型）に分類される。また、本例と建物の配置・構造がきわめて近似するものに、有田・小田部遺跡Ⅰ期（筑前国早良郡庁）がある。

美作国庁　東向きの定型化国庁（8世紀第2四半期後半）と重複し、それに先行する状態で検出されたⅠ期遺構である。回廊状遺構のSC502とその北側に連結する南北棟建物SB602が確認されており、方位は座標北から約8°東偏する（N−8°−E）。美作国の分国は和銅6年（713）と他国よりも遅れることから、安川豊史氏は、「Ⅰ期施設が分国以前に設置されたとすれば、これは苫田郡衙（評衙）に相当するとみられ、郡衙が臨時に国府として利用されていたことになる」とした上で、Ⅰ期遺構の出現は、美作国分国以前に遡る可能性があると考えている（文献28）。

一方、大橋泰夫氏は、Ⅰ期遺構を美作国分国以降の初期国庁の可能性が高いとしており、その構造がまだ定型化していないことを評価している（文献10）。いずれにせよ遺構は、部分的にしか判明していないが、ⅠC類（ロの字回廊型）になると推定され、名生館官衙遺跡Ⅴ期（陸奥国玉造郡郡庁）、神野向遺跡Ⅱ・Ⅲ期（常陸国鹿島郡庁）、御殿前遺跡Ⅲ・Ⅳ期（武蔵国豊島郡庁）でその類例がみられる。

日向国庁　定型化国庁の下層で確認された前身官衙で初期国庁とみられる（図14）。近年の調査成果が最近公開され、長舎を連結する官衙の存在があきらかとなってきた（文献23）。国庁全体としては、前Ⅰ期・Ⅰ期（Ⅰa〜Ⅰc期）・Ⅱ期（Ⅱa〜Ⅱd期）に区分される。また、定型化国庁廃絶後にも、北廂付東西棟建物が単独で造営される。Ⅱ期は、定型化国庁に相当し、8世紀後半から10世紀前半まで機能する。Ⅱ期の正殿は、終始一貫して南北二面廂付建物で、脇殿は、Ⅱa期（8世紀後半）・Ⅱb期（8世紀末〜9世紀初頭頃）・Ⅱd期（9世紀末〜10世紀前半）で正殿とともに品字型配置をとり、Ⅱc期（9世紀中葉）のみ大宰府政庁型配置を採用する（図15）。

一方、定型化国庁に先行する前身官衙は、Ⅰ期（?〜8世紀中葉）にみられ、成立時期は不明ながら8世紀

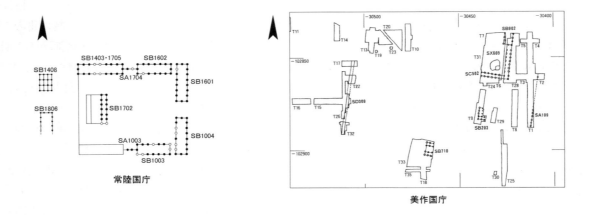
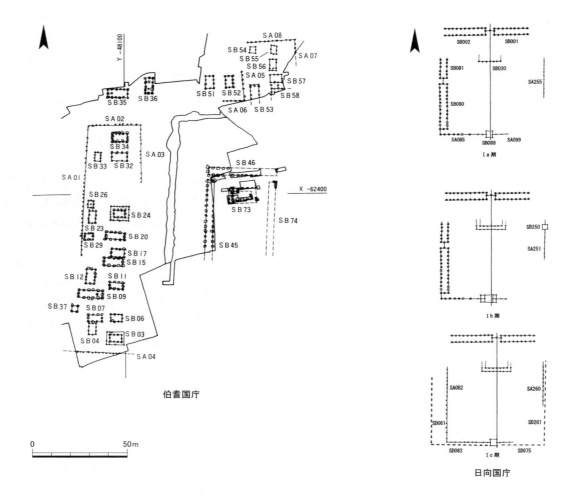

図13 初期国庁と推定される前身官衙 1：2000

中葉まで機能する。官衙の形態は、Ⅰa・Ⅰb期ともに塀で連結された長舎が北辺・西辺に配置され、東辺と南辺は掘立柱塀で遮蔽される。Ⅰc期は、北辺は不明ながら他の三辺は掘立柱塀となる。院は正方位をとり、北奥には桁行偶数間（6・8間）の正殿が置かれる。院の規模は、東西約53.8m×南北約58mである。また、これらの前身官衙に先行して、前Ⅰ期に掘立柱建物群が検出されている。現在、まだ不明な点が多いとされ、西や東への振れが大きく正方位を示さないという。時期は、7世紀中葉〜後半とされている。

このように、日向国庁で確認されつつある前身官衙は、一辺の規模が50〜60mであること、長舎どうしの妻柱を塀で連結することなど、常陸初期国庁と類似した構造をもっている[16]。郡庁の類型に当てはめると、現段階ではⅤ類（コの字省略変形型）の範疇に入るものと思われるが、今後の調査の進展によってはⅡA類（コの字正殿隔絶型）になる可能性もある。

以上のように、各国の初期国庁とみられる事例を取り上げ、その分類を試みた。その結果、初期国庁と推定される国庁の前身官衙は、郡庁の類型に置き換えることが可能であることが分かった。これは、郡庁と初期国庁とは、院の構造と構成要素が共通していることを意味している。さらに、定型化以前の国庁と郡庁との間には、細部における差異は存在するものの、官衙を造営する上で、密接な関係にあったということを同時に示しているといえよう。それは、両者の規模の差に大きな隔たりがないという点においても、こうした推察を可能にさせる。

③定型化国庁

定型化国庁の分類は、山中敏史氏の先行研究が現在もベースとなっている。山中氏は、「国庁には同一規格の例はなく、多様な構造が認められる」とした上で（文献30）、定型化国庁にみられる8項目の共通点をあげた上で、構造上の類型として建物配置を指標に次のように類型化した（文献30・33）。以下、その類型をみていく（図16）。

長舎型　両脇殿が長大な建物で、コの字型配置をとるもの。脇殿の桁行規模を視点とする。下野・三河・美濃・伊勢・近江・伯耆国庁などがこれに該当する。

大宰府政庁型　脇殿を左右2棟ずつ配し、コの字型配置をとるもの。大宰府政庁に構造が類似し、脇殿

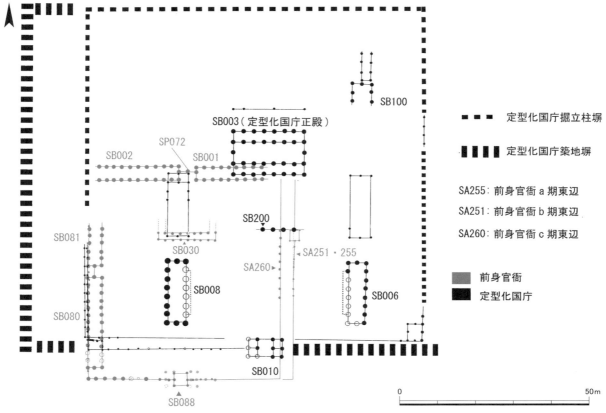

図14　日向国庁遺構配置模式図　1：1000

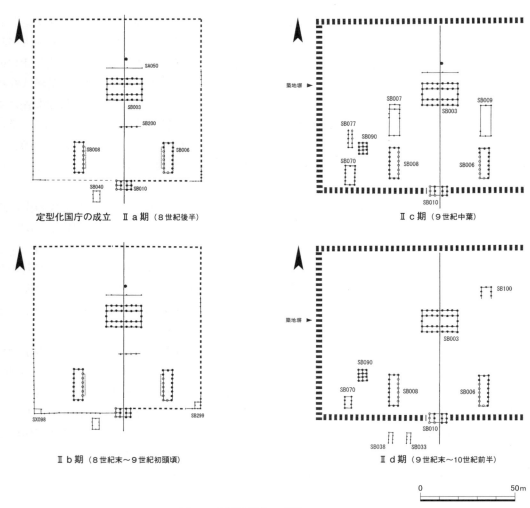

図15 定型化国庁の変遷 1：2000

4棟型のもの。脇殿の棟数を視点とする。筑後Ⅱ期・筑後Ⅲ期・肥前・日向ⅡC期・伊賀・常陸国庁がこれに該当する。
城柵政庁型 正殿と桁行の短い両脇殿が品字型に配置されるもの。脇殿の桁行規模とその位置を視点とする。日向Ⅱa期・日向Ⅱb期・美作・陸奥(多賀城)・出羽国庁(城輪柵遺跡)がこれに該当する。

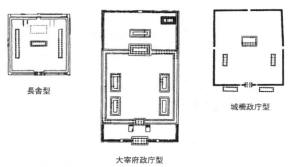

図16 国庁の類型図

以上が山中氏による国庁の3類型である。郡庁や初期国庁は、建物の構造・配置において多様性に富む一方で、定型化国庁は細部における差異は認められるものの、ある一定の画一性をともなって成立した政庁であるといえる。そのひとつが、脇殿の左右対称配置であろう。脇殿(辺殿)は、郡庁・初期国庁・定型化国庁を問わず、その構成要素としてもっとも重要なものである。それは、政庁を分類する際の指標となることからもあきらかであろう。定型化国庁では、郡庁の類型にみられるⅣ～Ⅷ類のように、脇殿を省略あるいは変形させることはなく、シンメトリーな配置が大前提であった。

もうひとつは、脇殿が遮蔽(区画)施設から完全に離脱したということである。郡庁・初期国庁では、脇殿あるいは辺殿が院の遮蔽(区画)施設を兼ねているものが多いことから、改めて院の外側を囲繞する施設は基本的に設けない。正殿とともに脇殿・辺殿が

取り囲んだ空間を前庭として確保することが必須だったと考えられる。実際に、上神主・茂原官衙遺跡Ⅰ・Ⅱ期（下野国河内郡庁）などは、正殿の左右あるいは片側だけに脇殿を配するだけで前庭空間を形成しようとしたし、長舎を四辺に配置する事例や回廊を廻らす事例であっても、内外の壁がともに吹き放しであれば、遮蔽機能としては完全ではない。しかし、定型化国庁の場合は、遮蔽（区画）施設が掘立柱塀であれ、築地塀であれ、それらを囲繞することによって視覚的にも機能的にも外界と遮断し、院を形成することが必須だったのではないだろうか。

（2）遮蔽施設と脇殿

①どちらが分離・独立したのか

郡庁・初期国庁は、遮蔽（区画）施設と脇殿（長舎・辺殿）が一体的な構造にあり未分化であった。郡庁においては、こうした一体的な構造のまま推移する傾向が多くみられるが、初期国庁は定型化国庁に移行する段階で、遮蔽（区画）施設と脇殿（長舎・辺殿）を完全に分離・独立させ成立する。つまり、分離・独立後の脇殿は、それまでの長舎・辺殿と機能的・性格的には変化をともなわないとしても、平面プラン上は大きな変化を遂げている。

先述のとおり、青木敬氏も定型化国庁が成立する上で「建物から独立した塀などの遮蔽施設によって方形に区画」される点を重視している（文献2）。この点は、初期国庁と郡庁の区別し難い混沌とした建物配置・構造から脱却して定型化国庁が成立した、と考える上で重要な視点である。しかし、筆者はこの脇殿（長舎・辺殿）と遮蔽（区画）施設の分離・独立に関しては、遮蔽（区画）施設が脇殿（長舎・辺殿）から分離したのではなく、脇殿（長舎・辺殿）が遮蔽（区画）施設から離脱したものであると考える。この点においては、青木氏の指摘と若干ニュアンスが異なる。

②主要殿舎の配置と遮蔽施設の付加

定型化国庁の造営計画を考えるために、常陸国庁についてみておく。常陸国庁（第Ⅰa期）では、国庁中軸線を基に正殿の位置を求め、正殿身舎の柱列と東西両脇殿の北妻柱列を揃えること、さらに国庁中軸線から東西両脇殿の棟通りまでの距離を等しくすることで、脇殿北棟の横位置を決定している。また、脇殿4棟型である本例では、脇殿南棟を配置する上で、北棟と南棟の側柱列を南北方向に揃え、その縦

位置に関しては、南棟の北妻柱列を初期国庁の中軸線に一致させることで北棟との棟間距離を定める、という造営計画のもと成立している。したがって、定型化国庁の造営計画にあたっては、当初から遮蔽施設の線引きをして院の規模を確定するのではなく、まず初めに国庁中軸線を基準として正殿や脇殿の位置を考慮した上で、相対的に建物間の柱列を揃え、一定の棟間距離をとることで基本的構成要素となる正殿と脇殿の配置が決定したのであろう。また、この決定に際しては当然、併せて前庭の確保も考慮されたであろう。先行して遮蔽施設を配置するよりも、定型化国庁において必須となる正殿・脇殿・前庭の配置が優先されたものと思われ、こうした必須要素を外界と遮断し、儀式・儀礼の舞台装置を視覚的に具現化させるために設けられたものが遮蔽施設であったと推察される。こうした計画的観念は、郡庁や初期国庁には反映されていないことから、定型化国庁の成立にあたっては、相応のモデルが存在していたものと推定される。

（3）政庁の類型からみた官衙の模倣と選択

郡庁・初期国庁・定型化国庁における平面プラン上の分類については、先に示したとおり郡庁では8類型に、定型化国庁では3類型に分類される。また、建物の配置・構造ともに郡庁と近似する初期国庁についても、郡庁の分類が適用し得ることを述べた。

特に郡庁については、同一の類型の中でも建物の規模・形状・配置などが異なり、一様でないことを確認した。郡庁のモデルについては、多くの先行研究によって、畿内の宮殿や宮都中枢部に求める意見が多い（文献3・12・30）。ここでは、こうしたモデルに関する検討は控えるが、郡庁の造営において、宮都や宮殿がモデルとなっていたことは、まず間違いないであろう。これは、初期国庁・定型化国庁の造営においても同様であると考えられる。ただし、大橋泰夫氏が指摘するように、郡庁においては、拠点的な官衙の影響も受けていたと推定される（文献11）。先述のとおり、常陸国においては、鹿島郡庁よりも先行して造営される初期国庁の影響を受けていたであろうことを述べた。鹿島郡庁は、初期国庁から「院の同規模化」「長舎の準用」「前庭の確保」という3つの要素を享受したが、実際の計画造営にあたっては、それらを独自にアレンジした結果、鹿島郡庁が成立したもの

と考えられる。

　つまり、郡庁の類型や平面プランのバリエーションが多数存在するのは、中央や在地において先行する官衙政庁の影響を受けながらも、その「模倣と選択」の結果、さまざまな郡庁の形態が発生したためであると考えられる。これは、初期国庁についても同様で、未成熟な律令社会下においては、「派遣された国司よりもむしろ在地の有力者である郡司層が地域経営の中核を担っていた」ためであろう（文献2）。初期国庁が郡庁の規模・構造と近似する点もこうした当時の社会事情を反映しているのかもしれない。

　また、定型化国庁が3つの類型に集約される要因は、国司が天皇の代理であるミコトモチノツカサとして国庁に赴任し、国の威信を示し郡司層を統括するための可視的な舞台装置が求められたことに由来するのであろう。8世紀以降の定型化国庁は、こうした各国共通の役割と理念によって形態的に、より画一化していったものと思われる。

Ⅵ　おわりに

　本稿では、常陸国庁と周辺郡衙政庁として鹿島郡庁を取り上げ、空間構成の特徴や共通性・独自性を検討した。現在、常陸地域において政庁域の実態が判明している郡衙遺跡が少ないことから、鹿島郡庁というきわめて限定的な検討対象に偏ってしまった。しかしながら、特に初期国庁との関連性については、平面プラン上では見落とされるような隠れた要素が内在していることもあきらかとなった。おわりに、本稿で検討した事項を再度確認し、まとめに代えたい。

①鹿島郡庁における空間構成の特徴には、「長大な脇殿の造営」「脇殿から回廊への変化」「北廂をもつ前殿」の3点がみられる。中でも北廂をもつ前殿は特異であり、きわめて類例が限定される。北廂付前殿の出現の要因は、当該地に鎮座する鹿島神宮への礼拝や儀式のためのものである可能性がある。そして、その時代背景には三十八年戦争が関連したとみられる。

②常陸初期国庁と鹿島郡庁第Ⅰ期の共通点を見出すため、8つの観点から検討した結果、郡庁には、「院の同規模化」「長舎の準用」「前庭の確保」という3つの影響要素が内在する。そして、こうした影響要素の受け手側には、それぞれ「模倣と選択」という理念が働いた。

③鹿島郡庁の第Ⅱ・Ⅲ期への変化の中には、前庭を半減させてまで正殿の前に前殿を造営した。それは、神郡として成立した鹿島郡にとって、他郡よりも神祇政策を重視したためであると考えることができる。

④政庁の類型を再検討した結果、郡庁の分類では、長舎（辺殿）の配置関係を指標とするもの、正殿と長舎（脇殿）の配置関係とその取り付き方を指標とするもの、の大きく2つの視点から分類し得る。郡庁の建物配置においては、特に、長舎・辺殿・脇殿の存在が大きな特徴的比重を占めており、言い換えれば先の2つの観点は、長舎・辺殿・脇殿が、いかに正殿と組み合わさって、いかに前庭を形成するかということを考慮する上で当時、重要であった。

⑤常陸・伯耆・美作・日向国でみられる初期国庁と推定される遺構についても、山中敏史氏の郡庁の類型を当てはめた結果、この分類は初期国庁にも適用し得る。このことは、郡庁と初期国庁とは、院の構造と構成要素が共通していることを意味し、定型化以前の国庁と郡庁との間には、細部における差異は存在するものの、官衙を造営する上で、密接な関係にあったということを同時に示している。

⑥定型化国庁の分類をふまえると、国庁とはある一定の画一性をともなって成立した政庁であるといえる。そのひとつが、脇殿の左右対称配置であり、もうひとつは、脇殿が遮蔽（区画）施設から完全に離脱したということである。

⑦脇殿は遮蔽（区画）施設から分離・独立した。遮蔽施設とは、正殿と脇殿を計画的に配置したのち、それらを外界と遮断し、儀式・儀礼の舞台装置を視覚的に具現化させるために設けられたものが遮蔽施設であった。

⑧郡庁の類型や平面プランのバリエーションが多数存在するのは、中央や在地において先行する官衙政庁の影響を受けながらも、その「模倣と選択」の結果、さまざまな郡庁の形態が発生したためである。また、定型化国庁が3つの類型に集約されるのは、国司が天皇の代理であるミコトモチノツカサとして国庁に赴任し、国の威信を示し郡司層を統括するための可視的な舞台装置が求められたことに由来する。

註

（1）前庭の規模は、およそ1,420m²である。

（2）ここで使用している座標値は、旧来の日本測地系（第IX系）によるものである。

（3）南辺は、後世の遺構によりすでに破壊されているが、掘立柱塀である可能性が高い。

（4）このことから、南端3間分は柱間が狭いことから、他の部分とは異なる何らかの施設があったのではないかと考えられている（文献16）。

（5）平成28年度に、第I期郡庁南門を確認するための調査がおこなわれているが、それに相当する遺構は確認されていない（文献15）。

（6）床束の配置類型は、山中敏史氏分類のIA類にあたる（文献31）。

（7）正殿西側の柱穴上面で遺構確認時に礫や石片が確認されていることから、報告者は第III期正殿が礎石建ちであった可能性を指摘している（文献14）。

（8）報告書によると、桁行7間（確認長約15.5m）とある（文献14）。

（9）元々「カシマ」の表記は、『常陸国風土記』では「香島」とあり、「鹿島」が見られるのは『続日本紀』養老7年（723）11月16日条の「常陸国鹿島郡」が初出である。

（10）今泉隆雄氏は、『常陸国風土記』の成立を和銅5年（713）5月から郷里制の始まる養老元年（717）、あるいは石城国が設置された養老2年（718）5月までの間と考えている（文献8）。とすると、移転後の鹿島郡庁第I期の年代については、8世紀前半とされているが、『常陸国風土記』にはその存在がすでに記されていることから、和銅6年（713）以前には成立していた可能性が高い。よって、移転後の鹿島郡庁は、初期国庁の造営直後に完成したと考えられる。

（11）山中敏史氏によると、郡庁域の規模は、方54mほどが平均的規模で、例外を除けば東西は54m、南北が55mという数値が平均値であるという（文献34）。

（12）通常、我々はこうした遺跡の情報を図面上や画面上で俯瞰することが可能であるが、当時、設計図や見取り図のようなものが存在しなければ、側面からの視覚的記憶に委ねる以外、情報伝達が困難だったのではないだろうか。

（13）東面回廊の東で検出された土坑からは9世紀前半代の墨書土器「祝家」「鹿嶋郡厨」が、また第III期東面回廊（SC1041）の柱抜取穴からは、同じく9世紀前半代の墨書土器「鹿厨」がそれぞれ出土していることから、鹿島神宮（香島之大神）に関連する儀式とともに饗宴も執りおこなわれていた可能性がある。

（14）下野国庁は、終始長大な脇殿を配するコの字型配置をとる。また、その管下にある長者ヶ平官衙遺跡や上神主・茂原官衙遺跡も、やはり同様に終始コの字型配置をとっている。

（15）IV類（ロの字省略変形型）は、I類の亜型として分類されたものである。しかしI類は、四辺に配された長舎（辺殿）が分類の指標であるから、山中氏がIV類として例示された今小路西遺跡（相模国鎌倉郡衙）II期には、北辺に正殿が取り付く構造をなすため分類上適さない。この遺跡については、また別の視点からの分類が必要であると思われる。

（16）この他、日向国庁を通期的にみると、次のように常陸国庁と類似する点が多いことに気付く。①両者の変遷過程は、初期国庁前身施設→初期国庁→定型化国庁→定型化国庁廃絶後の単独施設の造営、という流れを追うことができること。②院の規模が、一辺およそ100m四方であること（日向国庁は約90m）。③常陸初期国庁は東面するものの、両者ともに正方位を示すこと。④両者ともに前身官衙の正殿に桁行6間・8間の偶数間が採用されていること。⑤日向国庁最盛期のIIc期では、建物配置が脇殿2棟型、いわゆる大宰府政庁型配置を採用すること。⑥同じくIIc期では、国庁院の規模が東西に拡大すると推定され、実際に西側においては国庁の建物以外の施設が併設されていること。常陸国庁第IIIa期にも同様な構造がみられる。以上のように、現時点での調査成果からも上記のような類似点見いだすことができる。しかし、その反面、日向国庁の前身施設が2度の建替や改作がおこなわれていること、定型化国庁は最初、品字型配置を採用することなど、常陸国庁との相違点が存在することも確かである。

参考文献

1　青木敬「宮都と国府の成立」『古代文化』第63巻第4号、古代学協会、2012。

2　青木敬「中央官衙」『古代官衙』ニューサイエンス社、2014。

3　阿部義平『官衙』ニューサイエンス社、1989。

4　石岡市教育委員会『常陸国府址発掘調査報告書』1973。

5　石岡市教育委員会『常陸国衙跡―石岡小学校温水プール建設事業に伴う調査―』2001。

6　石岡市教育委員会『常陸国衙跡―国庁・曹司の調査―』2009。

7　糸川崇「常陸国鹿島郡家（神野向遺跡）と鹿島神宮」『古代東国の地方官衙と寺院』山川出版社、2017。

8　今泉隆雄「古代国家と郡山遺跡」『郡山遺跡発掘調査報告書―総括編（1）―』仙台市教育委員会、2005。

9　海野聡「遺構からみた郡庁の建築的特徴と空間的特質」『郡庁域の空間構成』奈良文化財研究所、2017。

10 大橋泰夫「国郡制と地方官衙の成立－国府成立を中心に－」『古代地方行政単位の成立と在地社会』奈良文化財研究所、2009。

11 大橋泰夫「長舎と官衙研究の現状と課題」『長舎と官衙の建物配置』報告編、奈良文化財研究所、2014。

12 小笠原好彦「発掘された遺構からみた郡衙」『日本古代の郡衙遺跡』雄山閣、2009。

13 小田裕樹「饗宴施設の構造と長舎」『長舎と官衙の建物配置』報告編、奈良文化財研究所、2014。

14 鹿嶋市教育委員会『鹿嶋市内遺跡埋蔵文化財発掘調査報告書37』2016。

15 鹿嶋市教育委員会『鹿嶋市内遺跡埋蔵文化財発掘調査報告書38』2017。

16 鹿島町教育委員会『神野向遺跡Ⅴ－昭和59年度発掘調査概報－』1985。

17 栗田一生「関東地方における郡庁域の空間構成」『郡庁域の空間構成』奈良文化財研究所、2017。

18 黒澤彰哉「常陸国衙跡出土屋瓦の検討」『常陸国衙跡－石岡小学校温水プール建設事業に伴う調査－』石岡市教育委員会、2001。

19 小宮俊久「関東、東北における長舎と官衙」『長舎と官衙の建物配置』報告編、奈良文化財研究所、2014。

20 眞田廣幸「伯耆国府の成立」『古代文化』第63巻第4号、古代学協会、2012。

21 鈴木一議「近畿地方における長舎の出現と展開」『長舎と官衙の建物配置』報告編、奈良文化財研究所、2014。

22 鈴木拓也「三十八年戦争とその後の東北」『三十八年戦争と蝦夷政策の転換』吉川弘文館、2016。

23 津曲大祐「日向国府跡の調査成果」『一般社団法人日本考古学協会2017年度宮崎大会研究発表資料集』日本考古学協会2017年度宮崎大会実行委員会、2017。

24 中村順昭『地方官人たちの古代史』吉川弘文館、2014。

25 本田勉「常陸国鹿島郡家」『東国の古代官衙』高志書院、2013。

26 箕輪健一「常陸国府の成立－国庁前身官衙の造営を中心に－」『古代文化』第63巻第3号、古代学協会、2011。

27 箕輪健一「常陸国府跡－国府の成立と展開－」『東国の古代官衙』高志書院、2013。

28 安川豊史「美作国府の成立」『古代文化』第63巻第3号、古代学協会、2011。

29 山岸常人「古代社会と建築・都市」『記念的建造物の成立』東京大学出版会、2006。

30 山中敏史『古代地方官衙遺跡の研究』塙書房、1994。

31 山中敏史「床束建物と床束」『古代の官衙遺跡』Ⅰ遺構編、奈良文化財研究所、2003。

32 山中敏史「官衙建物の規模」『古代の官衙遺跡』Ⅰ遺構編、奈良文化財研究所、2003。

33 山中敏史「国庁の構造と機能」『古代の官衙遺跡』Ⅱ遺物・遺跡編、奈良文化財研究所、2004。

34 山中敏史「郡庁」『古代の官衙遺跡』Ⅱ遺物・遺跡編、奈良文化財研究所、2004。

図表出典
図1～7：文献6より作成。
図8： 文献17を一部改変。
図9： 文献14より作成。
図10： 文献16より作成。
図11・12：文献17、34より作成。
図13： 文献6、20、23、28より作成。
図14・15：文献23より作成。
図16：文献33より作成。
表1～3：著者作成。

表1　常陸国庁建物一覧（1）

時期区分	遺構番号	建物の性格	平面形式	基礎構造	平面構造（桁行×梁行）	平面規模（桁行×梁行）	造営方位	廂	床束	間仕切	備考
初期国庁前身	SB1704	主殿？	無廂	掘立柱	6間×3間	13.5m×6.3m	東西棟	－	－	－	
初期国庁	SB1702	正殿	片廂？	掘立柱	(5間)×(1間)	(12.9m)×(2.7m)	南北棟	東	?	?	
	SB1403・SB1705	北辺殿	無廂	掘立柱	8間×2間	23.7m×5.1m	東西棟	－	－	－	
	SB1602	北辺殿	無廂	掘立柱	6間×2間	17.7m×5.1m	東西棟	－	－	－	
	SB1003	南辺殿	無廂	掘立柱	6間×2間	17.7m×5.1m	東西棟	－	－	－	
	SB1601	東辺殿	無廂	掘立柱	7間×2間	19.95m×5.4m	南北棟	－	－	－	
	SB1004	東辺殿	無廂	掘立柱	7間×2間	19.95m×5.4m	南北棟	－	－	－	
	SA1704	塀	－	掘立柱	3間	8.1m	東西方向	－	－	－	中央に北門
	SA1003	塀	－	掘立柱	(2間)	(6m)	東西方向	－	－	－	中央に南門
	SB1408	倉庫？	総柱	掘立柱	3間×3間	9m×6.3m	南北棟	－	－	－	地中梁
	SB1806	雑舎	無廂	掘立柱	(4間)×3間	(9.6m)×6m	南北棟	－	－	－	
定型化国庁 第Ⅰa期	SB1501	正殿	片廂	掘立柱	6間×4間	15.3m×10.8m	東西棟	南	－	－	
	SB1801a	東脇殿（北棟）	無廂	掘立柱	8間（推定）×2間	22.8m（推定）×5.4m	南北棟	－	－	有	焼失
	SB1405	西脇殿（北棟）	無廂	掘立柱	8間×2間	23.4m×5.4m	南北棟	－	－	－	
	SB1802	西脇殿（南棟）	無廂	掘立柱	7間×2間	20.4m×5.4m	南北棟	－	－	－	
	SB1603	幢竿支柱（東棟）	－	掘立柱	1間×1間	3m×2.55m	南北棟	－	－	－	
	SA1701	北辺塀	－	掘立柱	(17間)	(33.15m)	東西方向	－	－	－	
	SA1801	東辺塀	－	掘立柱	(10間)	(19.5m)	南北方向	－	－	－	
	SA1002	南辺塀	－	掘立柱	(10間)	(24m)	東西方向	－	－	－	
	SA1401	西辺塀	－	掘立柱	(22間)	(46.65m)	南北方向	－	－	－	
第Ⅰb期	SA1402	西辺塀	－	掘立柱	－	－	南北方向	－	－	－	中央に門
第Ⅱ期	SB1502a	正殿	片廂	掘立柱	7間×4間	21m×12.3m	東西棟	南	－	－	
	SB1604	前殿	無廂	掘立柱	9間×2間	26.1m×3.6m	東西棟	－	?	?	
	SB1801b	東脇殿（北棟）	無廂	掘立柱	8間（推定）×2間	22.8m（推定）×5.4m	南北棟	－	－	－	
	SB1406	西脇殿（北棟）	無廂	掘立柱	8間×2間	23.4m×5.4m	南北棟	－	－	－	
	SB1803	西脇殿（南棟）	無廂	掘立柱	7間（推定）×2間	20.4m（推定）×5.4m	南北棟	－	－	－	
	SB1606	東楼園	総柱	掘立柱	3間×3間	7.65m×6.3m	東西棟	－	－	－	
	SX1401	西幢竿支柱	－	掘立柱	1間	2.7m	東西方向	－	－	－	
	SA1702	北辺塀	－	掘立柱	(13間)	(31.2m)	東西方向	－	－	－	

※平面構造と平面規模における（）内の数値は、現状値である。

表 2　常陸国庁建物一覧 (2)

時期区分	遺構番号	建物の性格	平面形式	基礎構造	平面構造（桁行×梁行）	平面規模（桁行×梁行）	造営方位	廂	床束	間仕切	備考
第Ⅱ期	SA1802	東辺塀	-	掘立柱	(7間)	(16.8m)	南北方向	-	-	-	
	SA1001	南辺塀	-	掘立柱	(8間)	(15.6m)	東西方向	-	-	-	
	SA1803	西辺塀	-	掘立柱	(5間)	(15.9m)	南北方向	-	-	-	
	SB1301a	曹司正殿	二面廂	掘立柱	11間×4間	33m×10.8m	東西棟	南北	-	-	
第Ⅲa期	SB1502b	正殿	片廂	掘立柱	7間×4間	21m×12.3m	東西棟	南	-	-	
	SB1703	前殿	無廂	掘立柱	5間×1間	14.4m×4.5m	東西棟	-	-	-	
	SB1801c	東脇殿（中央棟）	無廂	礎石	7間（推定）×2間	18.9m（推定）×5.4m	南北棟	-	-	-	
	SB1401	西脇殿（北棟）	無廂	掘立柱	4間×2間	8.4m×4.2m	南北棟	-	-	-	
	SB1407	西脇殿（中央棟）	無廂	礎石	7間（推定）×2間	18.9m（推定）×5.4m	南北棟	-	-	-	
	SB1804	西脇殿（南棟）	無廂	掘立柱	7間×2間	20.4m×5.4m	南北棟	-	-	-	
	SB1605	東楼閣	総柱	礎石	3間×3間	8.1m×6.75m	東西棟	-	-	-	
	SB1402	西楼閣	総柱	礎石	3間×3間	8.1m×6.75m	東西棟	-	-	-	
	SB1001	南門北東殿	無廂	掘立柱	5間×2間	12m×4.8m	東西棟	-	-	-	
	SA1703	北辺塀・後殿	-	掘立柱	(13間)	(31.2m)	南北方向	-	-	-	
	SB1805	門	四脚門	掘立柱	1間×2間	3m×2.7m	南北棟	-	-	-	
	SB1301b	曹司正殿	二面廂	掘立柱	11間×4間	33m×10.8m	東西棟	南北	-	-	
	SB1302	曹司前殿	二面廂	掘立柱	3間×4間	9m×7.8m	東西棟	南北	-	-	
	SB1304	?	?	掘立柱	(1間)×(1間)	(3m)×(3m)	東西棟?	?	?	?	
第Ⅲb期	SB1002	南門北東殿	無廂	掘立柱	5間×2間	15m×4.8m	東西棟	-	-	-	
	SA1804	門?	八脚門?	掘立柱	(2間)×?	(6.6m)×?	南北棟	-	-	-	
	SB1303	曹司主殿?	四面廂	掘立柱	(5間)×4間	(10.65m)×9.9m	東西棟	-	-	-	
第Ⅳ期	SB1701a	正殿	無廂?	掘立柱 一部礎石	7間×(2間)	21m×(5.4m)	東西棟	?	有	-	
第Ⅴ期	SB1701b	正殿	無廂?	掘立柱 一部礎石	7間×(2間)	21m×(5.4m)	東西棟	?	-	-	

※平面構造と平面規模における（ ）内の数値は、現状値である。

表3　鹿島郡庁建物一覧

時期区分	遺構番号	建物の性格	平面形式	基礎構造	平面構造(桁行×梁行)	平面規模(桁行×梁行)	造営方位	廂	床束	間仕切	備考
第I期	SB1020	正殿	二面廂	掘立柱	5間×4間	15m×9.0m	東西棟	南北	-	-	
	SB1010	東脇殿	無廂	掘立柱	19間×1間	51.9m×4.05m	南北棟	-	-	-	
	SB1015	西脇殿	無廂	掘立柱	19間×1間	51.9m×4.05m	南北棟	-	-	-	
	SA1005	北辺屏	-	掘立柱	15間	45m	東西方向	-	-	-	東西門含む
	-	南辺屏	-	掘立柱?	14間	36.9m	東西方向	-	-	-	
	-	南門	八脚門?	掘立柱?	3間×2間	8.1m×5.1m	東西棟	-	-	-	
	-	北辺東門	棟門等	掘立柱	1間	3.975m	東西棟	-	-	-	
	-	北辺西門	棟門等	掘立柱	1間	3.975m	東西棟	-	-	-	
第II期	SB1030	正殿	片廂	掘立柱	7間×4間	14.7m×9.6m	東西棟	南	-	-	
	SB1035	前殿	片廂	掘立柱	7間×3間	14.7m×5.4m	東西棟	北	有	-	
	SC1025	北面回廊	単廊	掘立柱	18間×1間	52.5m×3m	東西棟	-	-	-	東西門含む
	SC1026	東面回廊	単廊	掘立柱	18間×1間	51m×3m	南北棟	-	-	-	
	SC1027	南面回廊	単廊	掘立柱	16間×1間	45.6m×3m	東西棟	-	-	-	門除く
	SC1028	西面回廊	単廊	掘立柱	18間×1間	51m×3m	南北棟	-	-	-	
	-	南門	八脚門	掘立柱	3間×1間	約6.8m×約4.6m	東西棟	-	-	-	親柱不明
	-	北面回廊東門	四本柱	掘立柱	1間×1間	3.6m×3m	東西棟	-	-	-	
	-	北面回廊西門	四本柱	掘立柱	1間×1間	3.6m×3m	東西棟	-	-	-	
第III期	SB1045	正殿	二面廂	礎石?	7間×5間	15.5m×11.7m	東西棟	南北	-	-	
	SB1050	前殿	片廂	掘立柱	7間×3間	14.7m×6m	東西棟	北	有	-	
	SC1040	北面回廊	単廊	掘立柱	18間×1間	52.5m×3m	東西棟	-	-	-	北門含む
	SC1041	東面回廊	単廊	掘立柱	18間×1間	51m×3m	南北棟	-	-	-	東門含む
	SC1042	南面回廊	単廊	掘立柱	16間×1間	45.6m×3m	東西棟	-	-	-	門除く
	SC1043	西面回廊	単廊	掘立柱	18間×1間	51m×3m	南北棟	-	-	-	西門含む
	-	南門	八脚門	掘立柱	3間×1間	約6.8m×約4.6m	東西棟	-	-	-	親柱不明
	-	北門	四本柱	掘立柱	1間×1間	3.9m×3m	東西棟	-	-	-	
	-	東門	四本柱	掘立柱	1間×1間	3.9m×3m	南北棟	-	-	-	
	SB1285	西門	四本柱	掘立柱	1間×1間	3.9m×3m	南北棟	-	-	-	

※平面構造と平面規模は、すべて推定値である。

出雲国庁と周辺郡衙の政庁域の変遷と特質

志賀　崇（雲南市教育委員会）

I　はじめに

　本稿が対象とする出雲国においてこれまでに政庁域が見つかっている遺跡は、史跡出雲国府跡（松江市大草町）、神門郡衙とされる古志本郷遺跡（出雲市古志町）、大原郡衙とされる郡垣遺跡（雲南市大東町）の3ヵ所である。また、天平5年（733）に成立し、ほぼ完本として伝わる『出雲国風土記』[1]には国内景観の地理情報や官衙の所在地・移転等についての情報が多数記されており、出雲国内の政庁域を考察する上で欠かすことができない情報をもたらしてくれる。したがって、本稿では、政庁域に関する考古学的な調査成果と『出雲国風土記』の記載内容をあわせて検討し、出雲国における政庁域の変遷と特質を考察してみたい[2]。

II　各遺跡の政庁域の変遷

（1）史跡出雲国府跡

立地状況　史跡出雲国府跡は島根県松江市大草町に所在する（図1）。遺跡は意宇平野の南端の微高地上に立地し、北に『出雲国風土記』に「神名樋野」と記される茶臼山（標高約170m）がそびえ、南に意宇川が東流して中海へと注ぐ。周辺には出雲国分寺跡や国

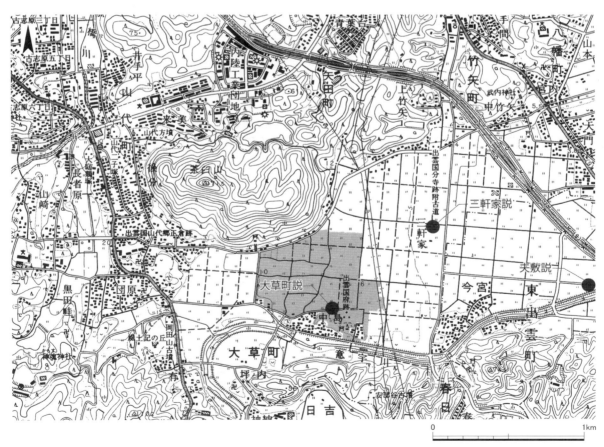

図1　史跡出雲国府跡の立地　1：25000

分尼寺跡、四王寺跡（山代郷南新造院）、来美廃寺（山代郷北新造院）、山代郷正倉跡などが所在し、また、意宇平野を東西に横切って官道（山陰道）が走っている。なお、『出雲国風土記』によれば、山陰道は国庁の北の「十字街」において出雲郡に向かう「正西道」と、朝酌渡に至り隠岐国へと向かう「枉北道」の2つに分かれ、さらに「十字街」付近には黒田駅家や意宇郡衙、意宇軍団も置かれたことが知られる。まさに古代出雲国の中心地としての様子をうかがうことができる（文献12）。

調査経過　史跡出雲国府跡は昭和43年（1968）以降、松江市教育委員会・島根県教育委員会が継続的に調査を実施している。なお、後述するように、平成27年（2015）から政庁域の調査（再調査）が実施されており、新たな知見が得られつつある。

地区割と時期区分　史跡出雲国府跡は大きく5つの地区（六所脇地区・宮の後地区・大舎原地区・日岸田地区・樋ノ口地区）に分けられており、『史跡出雲国府跡－9 総括編－』（文献18）では、**表1**のように各地区の変遷が整理されている。

このうち政庁域が確認される時期は、国府Ⅰ期（7世紀後葉）、国府Ⅱ期（7世紀末～8世紀第3四半期）、国府Ⅲ期（8世紀第3四半期～9世紀前葉）であり、以下では、まず各時期の遺構の特徴をみていきたい。

国府Ⅰ期（7世紀後葉）　当該時期の遺構は六所脇地区とその北側の宮の後地区でのみ確認されている（図2）。区画施設は確認されていない。また、遺物の量も全体的に少なく、官衙関連遺物としては墨書土器が1点（宮の後地区）、転用硯が少量（六所脇地区1点・宮の後地区3点など）出土している。

政庁地区とされる六所脇地区では、建物主軸方位が西へ約5度振れる東西棟の掘立柱建物（ＳＢ018・019）が東西に並ぶ状況が確認されている。ＳＢ018は桁行1間（2.7m）以上・梁行2間（5.1m）の側柱建物で、ＳＢ019は桁行3間（5.4m）・梁行2間（4.2m）の総柱建物である[3]。なお、東西に並ぶＳＢ018とＳＢ019の東西柱列の柱筋は揃っていない。

国府Ⅱ期（7世紀末～8世紀第3四半期）　建物や区画溝の方位が正方位に変わり、各地区は方形区画溝によって囲繞され、広範囲に遺構が展開する（図3）。六所脇地区では、四面廂付大型掘立柱建物（ＳＢ020）が検出されており、国庁正殿あるいは後殿かと考えられている。ＳＢ020は身舎の規模が桁行3間（9m）・梁行2間（5.4m）で、東西南北に廂をめぐらす東西棟であり、同一位置での建て替えが一度認められる。なお、ＳＢ020以外の建物の様相はあきらかでなく、脇殿の有無などは現時点では不明である[4]。

宮の後地区では、正方位の方形区画内に建物が多数配置され（建物の詳細な時期は不明）、墨書土器や圏足円面硯、転用硯などが出土している。また、漆関係

表1　出雲国府跡変遷一覧表

年代	土器型式	出雲国府	六所脇地区	宮の後地区	大舎原地区	日岸田地区	樋ノ口地区
7世紀後葉	第1型式	Ⅰ期	前身官衙	前身官衙	－	－	－
8世紀第1四半期	第2型式	Ⅱ-1期	政庁ｶ（四面廂付建物）	曹司（掘立柱建物、区画溝、木簡、墨書、玉作）	文書、工房、祭祀（掘立柱建物、区画溝、祭祀土坑、墨書、玉作）	漆工房（総柱建物、区画溝、漆、玉作）	金属器工房ｶ（竪穴、掘立、金属器）
8世紀第2四半期	第3型式	Ⅱ-2期					－
8世紀第3四半期	第4型式	Ⅲ-1期	政庁（四面廂付建物）	曹司（掘立柱建物、区画溝、木簡、墨書）	国司館（礎石、掘立柱建物、区画溝、木簡、墨書）	掘立柱建物、区画溝、緑釉陶器	－
8世紀第4四半期							
9世紀前葉	第5型式	Ⅲ-2期					
9世紀中葉	第6型式	Ⅳ期	（炉跡、土坑、緑釉・灰釉陶器）	（掘立柱建物、緑釉・灰釉陶器）	（礎石建物、溝、井戸、緑釉・灰釉陶器）	（礎石建物、溝、緑釉・灰釉陶器）	－
9世紀後葉							
10世紀前半	第7型式						
10世紀後半	第8型式	Ⅴ期	－	（井戸、土坑、緑釉陶器）	－	－	－
11世紀前半							
11世紀後半	第9型式	Ⅵ期	－	（井戸、貿易陶磁器）	（井戸、柵列、溝）	（掘立柱建物、井戸、貿易陶磁器）	－
12世紀前半							
12世紀後半	第10型式							

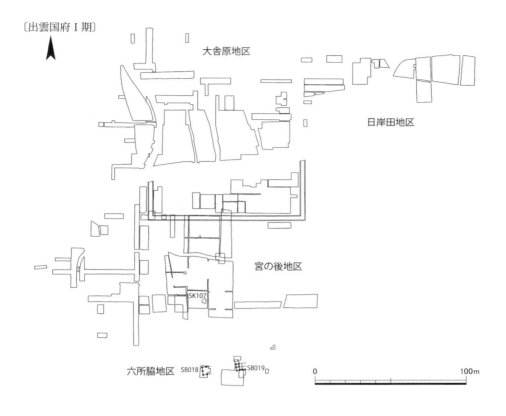

図2　出雲国府Ⅰ期遺構配置図　1：2500

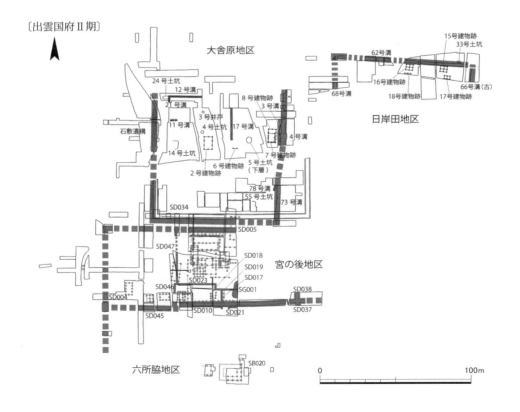

図3　出雲国府Ⅱ期遺構配置図　1：2500

遺物や玉作関係遺物も多数出土し、「国レベルの行政機能をもつ実務的曹司あるいは工房」と評価されている。なお、南北溝ＳＤ００４から遺跡所在地の意宇郡（評）ではない「大原評」と記された木簡が出土しており、出雲国府が７世紀末には機能していたことがわかる資料として注目される。

大舎原地区では、正方位の方形区画内に南北方向に軸をもつ掘立柱建物が配置され、遺構の重複関係からⅡ－１期とⅡ－２期に細分される。墨書土器、転用硯、金属器生産関係遺物、漆関係遺物、玉作関係遺物、祭祀関係遺物（「釈奠」関係）など多種多様な遺物が出土しており、「文書行政・工房・祭祀」など複数の機能を有していたとみられている。

日岸田地区では方形区画内に総柱建物が配置され、区画溝と建物の関係からⅡ－１期・Ⅱ－２期に分かれる。多量の漆関係遺物や玉作関係遺物が出土しており、「漆の集積場や玉作工房」として機能していたとみられている。なお、日岸田地区の区画溝や建物には、正方位ではなく東に６度ほど方位が振れるものがみられ、中村太一氏による出雲国府周辺の推定山陰道駅路の想定ルートの方位が東へ４度ほど振れていること（文献25）と近似している点も注目される。

国府Ⅲ期（８世紀第３四半期～９世紀前葉）　国府Ⅱ期の区画溝を踏襲しながら、建物を一部建て替えたりして、各地区の機能を一部再編している（図４・５）。

六所脇地区では、瓦がまとまって出土し、その中に出雲国分寺創建期の瓦が一定量存在することから、大橋泰夫氏は四面廂付大型掘立柱建物（ＳＢ０２０）が８世紀中葉に礎石建瓦葺建物に建て替えられた可能性を指摘していた（文献8・11・12）。この点に関して、平成29年度調査で礎石や根石が検出され、掘立柱建物（２時期あり）から礎石建物へ建て替えられたことが確認されている（文献14）。

宮の後地区では、正方位の方形区画内に建物が配置され（詳細は不明）、文字資料や硯、工房関係遺物が出土することから、「実務的な曹司あるいは工房」と評価されている。

大舎原地区では、正方位の方形区画内にⅡ期とは異なって東西方向に主軸をもつ大型建物が配置される。区画溝の再設置と建物の建て替えからⅢ－１期・Ⅲ－２期に分かれるが、とくに１号建物跡や４号建物跡は大型で、区画の北側に八脚門を設けるなど格式の高い空間を構成しており、また、「介」「館」などの

墨書土器が出土することから、「国司館（介の館）」と考えられている。

政庁域における近年の調査成果　先述のように、平成27年度から政庁域とされる六所脇地区周辺において調査（再調査）が実施されており、政庁域の変遷や性格を再検討する上での新たな材料が得られつつある。とくに平成28・29年度調査では、ＳＢ０１９（国府Ⅰ期）の東側で同時期と考えられる方位が西に振れた掘立柱建物あるいは塀とみられる遺構が検出されたり、ＳＢ０２０（国府Ⅱ・Ⅲ期）の東側および北側で正方位の掘立柱建物・礎石建物が新たに検出されたりしている（文献13・14）。今後の調査の進展によって、政庁域の様相が大きく変わる可能性がある。

出雲国府（国庁）の成立をめぐる議論　出雲国府（国庁）の成立については、すでに多くの先学が指摘しているように、『出雲国風土記』巻末総記の「国庁意宇郡家」をどのように理解するかという問題がある。すなわち、青木和夫氏はこの「国庁意宇郡家」を「国庁たる意宇郡家」と読み、風土記段階では国庁と意宇郡衙が"同居"していると理解し（文献1）、以後、この理解が大きな影響を与えることとなった。

山中敏史氏は国衙の成立過程を論ずる中で、その"第一の画期（初期国衙の端緒的成立）"の例として出雲国府を取り上げた（文献31）。山中氏によれば、「大原評」木簡などが出土することから評段階に国衙機能が存在したことは確かであるが、政庁地区（六所脇地区）の下層で検出された２棟の東西棟（ＳＢ０１８・０１９）は西偏した方位をとり、真北方位をとる８世紀前半以降の官舎群とは全く異なった建物配置であり、初期出雲国衙の一部にあたる可能性があるが、初期出雲国衙専用の官舎として造営されたのではなく、本来は意宇評衙の官舎であるとした。そして、独立した国衙施設の成立は８世紀前半（第２四半期が中心）から中頃であるとし、これを国衙成立の"第二の画期"とした。

一方、平石充氏は『出雲国風土記』の道路里程の検討をおこなう中で、「意宇郡家」から「朝酌渡」までの距離（４里260歩／意宇郡通道条）と「十字街」から「朝酌渡」までの距離（４里266歩／巻末通道条）がほぼ同じであることから「意宇郡家」と「十字街」が同一地点に存在したことがわかるのに対し、隠岐道起点（＝出雲国府とされる）から「朝酌渡」までの距離は６里40歩あるいは５里40歩（巻末駅路条／計算して算出した数値）となり上記２例と異なる数値になることから、風土記の段

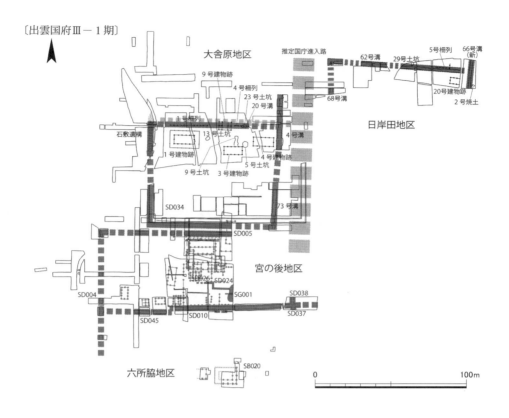

図4　出雲国府Ⅲ－1期遺構配置図　1：2500

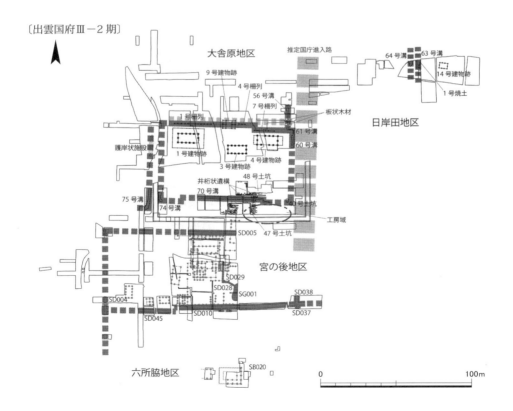

図5　出雲国府Ⅲ－2期遺構配置図　1：2500

階では国府と意宇郡衙は別地点に所在していたとする（文献26）。また、平石氏や大橋泰夫氏は『出雲国風土記』に記載された黒田駅家の移転記事の検討から、風土記に記載はないが黒田駅家の移転にともなって意宇郡衙（評衙）も移転したとし、移転前の旧意宇郡衙（評衙）は旧黒田駅家と同所（出雲国府西方の台地上）にあったとした（文献9・12・26・28）。つまり、『出雲国風土記』の記載内容の検討から、評段階あるいは風土記段階においても、出雲国府（国庁）と意宇郡衙（評衙）は同所にはなく、それぞれ別地点に独立して存在したと理解するものであり、筆者も同様に考えている。

つづいて、近年の大橋泰夫氏による初期国庁をめぐる研究（文献7・8・9・11・12）をみておきたい。大橋氏は、いわゆる定型化国庁の下層で検出される前身官衙（出雲国・美作国・三河国・常陸国・日向国）について検討し、以下の共通点をあげた。

- ・同一場所の踏襲
- ・長舎や廂付建物などを中心に数棟で構成
- ・建て替えがなく一時期だけの例が多い
- ・7世紀末〜8世紀初頭に成立

また、これらの前身官衙を「郡庁」とする根拠は十分でなく、同一地点において8世紀第2四半期以降の定型化国庁に継続して建て替えられる点から、これらの前身官衙を「初期国庁」と評価した。なお、出雲国府においては、国府Ⅰ期のＳＢ018・019を初期国庁の官舎と評価している。

しかし、先述のように、国府Ⅰ期のＳＢ018・019は建物主軸方位の振れは一致するものの、東西に並ぶ東西柱列の柱筋が揃わないという点がやや問題となると思われる。すなわち、ＳＢ018は側柱建物、ＳＢ019は総柱建物で、このように側柱建物と総柱建物で政庁を構成する例は出雲国では後述する郡垣遺跡Ⅰ期遺構（『郡庁』）にもみられるが、ここでは柱筋を揃えており、計画的な配置がうかがえる[5]。昭和40年代に実施された出雲国府政庁域の調査における測量精度の問題もあるが（文献18）、やや規格性に欠ける面があるといわざるを得ないだろう。したがって、このＳＢ018・019を「国庁」とみることについては疑問を呈しておきたい。政庁域周辺の調査の進展を待ちたい。

政庁（官衙）域の変遷の特徴　出雲国府の政庁域および官衙域の変遷の特徴をまとめると、以下のようになる。

①主軸方位が変わる

【国府Ⅰ期】斜め方位〈西に約5度振れる〉

【国府Ⅱ・Ⅲ期】正方位

なお、国府Ⅰ期の方位の振れについては、出雲国府周辺の推定山陰道駅路ルートの方位の振れ〈東へ約4度振れる方位〉（文献25）と一致せず、初期の国府遺構と古代山陰道とは関係性が薄いとの指摘もある（文献26・28）。後述するように、古志本郷遺跡Ⅰ期や郡垣遺跡Ⅰ期の遺構が官道の方位と密接に関連するとみられていることと対照的である。

②構造の変化

【国府Ⅰ期】六所脇地区のみで建物検出

【国府Ⅱ・Ⅲ期】広範囲に官衙ブロックを形成

国府Ⅰ期のＳＢ018・019を国庁とみるかについては再検討が必要であるが、いずれにしても、国府Ⅰ期とⅡ・Ⅲ期とでは構造に大きな変化がみられる。掘立柱建物から瓦葺礎石建物に建て替えられる国府Ⅱ・Ⅲ期のＳＢ020は国庁正殿（あるいは後殿）とされるが、脇殿などの配置がよくわからず、定型化国庁が成立したかどうかも現状では不鮮明である。なお、再三述べているように、政庁域の変遷・性格については、今後の政庁域の調査の進展によって大きく変わる可能性がある。

（2）古志本郷遺跡

『出雲国風土記』からみた神門郡衙の所在地　『出雲国風土記』には、神門郡衙の所在地について次のように記されている。

A「古志郷　即属郡家」

B「狭結駅　郡家同処」

C「正西道（〜中略〜）〈※出雲郡との堺である出雲河＝斐伊川から〉又　西七里廿五歩　至神門郡家　即有河（〜以下略〜）」

A・Bより神門郡衙は古志郷にあり、狭結駅家と同所に所在したことがわかる。また、Cより正西道を出雲河（斐伊川）から西に7里25歩進んだ地点に郡衙があり、「河」もあることがわかる。この「河」は「神門水海」に注ぐ神戸川（『出雲国風土記』では「神門川」）とされるが、神戸川の右岸・左岸のどちらに郡衙が位置したのかについては議論がある。Cの文章を素直に読めば、神門郡衙の先に「河」があり、「河」の右岸に郡衙が所在すると読み取ることもできる。しかし、これから述べる古志本郷遺跡は神戸川の左岸に位置

しており、その点に関して、神戸川の流路の変更説、郡衙の移転説、「即」を「～、そこには～」と解する説 (文献22) などが出されている。

立地状況・調査経過　古志本郷遺跡は島根県出雲市古志町に所在し、中国山地に流れを発する神戸川左岸に形成された微高地上に立地している (図6)。斐伊川放水路建設にともなう神戸川河川拡幅のため、島根県教育委員会が平成10・11年 (1998・1999) に実施した調査で官衙関連遺構が検出された (文献16・17)。また、平成11年 (1999) に出雲市教育委員会によっておこなわれた範囲確認調査 (第11次調査) においても関連遺構が検出されている (文献4)。

遺構の変遷と時期　官衙関連遺構はF・G・H区より検出されており (図7)、主軸方位および遺構の重複関係から2時期に区分されている (文献17)。

【Ⅰ期】西へ約33度振れる方位をとる一群
【Ⅱ期】正方位をとる一群

平成15年 (2003) に刊行された報告書 (文献17) ではⅠ期は8世紀前半～後葉、Ⅱ期は8世紀後葉～9世紀前葉に位置付けられていた。その後、調査担当の松尾充晶氏が出土土器の再検討をおこない、Ⅰ期を7世紀末～8世紀前葉、Ⅱ期を8世紀前葉～中葉に修正している (文献29)。

Ⅰ　期 (7世紀末～8世紀前葉)　G2区で検出された大型掘立柱建物 (SB11・12) から東側 (HⅠ区・HⅡ区) に遺構が展開するが、配置が散漫で規則性に乏しい。

SB11は桁行5間 (15m) 以上・梁行2間 (6m) の東西棟の側柱建物である。SB12は桁行7間 (約20m) 以上・梁行2間 (5.7m) の南北棟の側柱建物であり、北妻から2間目の棟通りに間仕切を有している。SB11とSB12はL字形に配置され、SB11東妻柱列とSB12東側柱列の柱筋が揃うなど規格性が高い (図8)。また、L字形に配置された大型掘立柱建物 (SB11・12) と第11次調査区で検出された大型柱穴から、コの字形あるいはロの字形を呈する方半町 (約50m) 規模の「郡庁」の存在が想定されている (文献17)。

Ⅰ期遺構の方位が西へ約33度振れる要因については、周辺を通過すると想定されている古代山陰道の推定路線 (旧石州街道／県道田伎江南出雲線) の方位の振れ (約35度) と一致することから[6] (図9)、山陰道 (官道) の影響を強く受けていると指摘されている (文献17)。

Ⅱ　期 (8世紀前葉～中葉)　G2区で検出された方形区画施設より北西側 (F区・G1区・G2区・G3区) に遺構

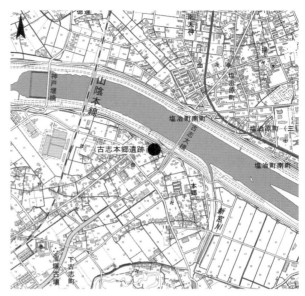

図6　古志本郷遺跡の立地　1：25000

が展開し、正方位の区画をともなって建物が規則的に配置される。

G2区の溝・掘立柱塀 (柵) による方形区画は、Ⅰ期のSB11・12の柱が抜き取られて廃絶した後、SD32・33、SA03が方位を正方位に変えて造営される (図8)。SD32は東西19m分 (調査区外西へ続く) を検出し、SD33は東西16mで直角に南に折れ、さらに南北18.6m分 (調査区外南へ続く) を検出している。なお、SD32とSD33の間には溝が途切れる部分が長さ8mにわたって存在しており (この部分をあわせると東西検出長43mとなる)、方形区画への出入口と推定されている。SA03は、東西14間分 (37.8m)・南北7間分 (18.9m) 検出されている。また、SA03の東辺と北辺の溝が途切れる部分 (出入口部分) 以外には、主柱のほかに控柱が確認されており、北辺側 (出入口部分を除く) を構造的に補強した掘立柱塀 (柵) の存在が想定されている。このように、溝および掘立柱塀 (柵) で二重に囲繞していることから区画内部に重要施設が存在したことを推測させるが、未調査のため内部構造は不明である。また、区画内土坑から礎石根石の可能性のあるものや硯、瓦等が出土しているが、これをもってこの区画を「郡庁」であると断定することは難しい。

この方形区画施設の北西側では、計画的な配置による官衙域が形成される。桁行8間あるいは9間の東西棟の掘立柱建物を南北に2棟ずつ並列に配置したブロックや、桁行3間・梁行2間あるいは桁行3間・

梁行3間で南面の柱筋を揃えて並べられた総柱建物群が検出されており、前者は「郡衙にともなう曹司」、後者は「小規模な倉庫群」とみられている。また、F区を中心に溝による方形区画が形成されるが、内部に建物等は乏しい。周辺の土坑や区画溝埋土から鍛冶関連遺物が多数出土していることから、「鍛冶工房」とみられている。このように、Ⅰ期とは異なって広範囲に官衙域が広がるが、いずれも1時期のみで建て替え等は認められない。

政庁（官衙）域の変遷の特徴　古志本郷遺跡（神門郡衙）の政庁域および官衙域の変遷の特徴をまとめると、以下のようになる。

①主軸方位が変わる
　【Ⅰ期】斜め方位〈西に約33度振れる〉
　【Ⅱ期】正方位

　Ⅰ期の方位の振れについては、古代山陰道の方位と密接に関連するという点はすでに述べたとおりである。

②構造の変化
　【Ⅰ期】「郡庁」の検出
　【Ⅱ期】「方形区画施設」（「郡庁」か不明）を検出し、広範囲に官衙域が展開

　Ⅰ期では「郡庁」が検出されたものの、その東方に展開する同時期の建物には規則的な配置が乏しい。一方、Ⅱ期の方形区画施設を「郡庁」と断ずることはできないが、その北西側には規則的な建物配置や官衙ブロックの形成がなされ、機能の充実・発展を認めることができる。ただし、Ⅱ期遺構は1時期のみで建て替えがなく、8世紀中葉頃までに廃絶したものとされ（文献29）、郡衙自体が他所へ移転した可能性がある。

（3）郡垣遺跡

『出雲国風土記』からみた大原郡衙の所在地　大原郡衙の所在地については、『出雲国風土記』に次のように記されている。

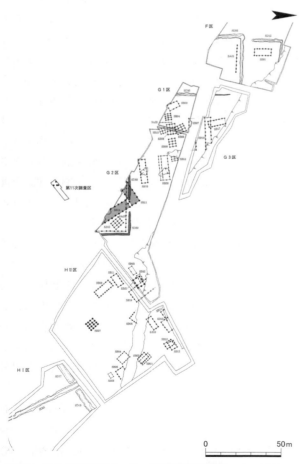

図7　古志本郷遺跡F・G・H区遺構配置図　1：2500

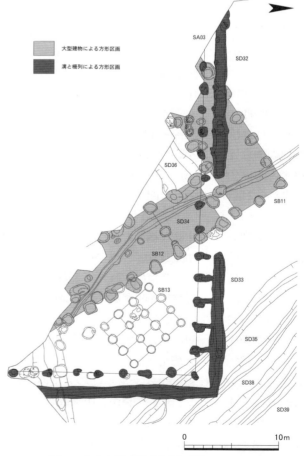

図8　古志本郷遺跡「郡庁」遺構図　1：400

D「所以号大原 郡家東北一十里一百一十六歩 田一十町許平原也 故号曰大原 往古之時 此処有郡家 今猶追旧号大原〈今有郡家所号云斐伊村〉」
E「斐伊郷 属郡家」
F「菟原野 郡家正東 即属郡家」

Dは大原郡衙が移転したことを示す著名な記事である。この記事に関して、とくに移転前の旧大原郡衙の所在地をめぐって議論がある。D～Fによれば、風土記段階の郡衙(移転後の新大原郡衙)は「斐伊村」「斐伊郷」「菟原野」にあったことが判明するが、現在の島根県雲南市木次町里方地内(旧斐伊村)のJR木次駅北方に「菟原」の遺称地があり、このあたりに比定する点で諸説が一致している(考古学的な調査は実施されていない)。一方、移転前の旧大原郡衙については、Dに「郡家東北一十里一百一十六歩」とあり、移転後の新大原郡衙から「東北」に10里116歩(約5.6km)の地点にあったとされる。しかし、書写年代が判明する最古の細川家本をはじめとするすべての古写本では方位が「正西」と記されており、従来からこの点をめぐって議論がおこなわれてきた。大原郡の西に隣接する飯石郡との郡堺である斐伊川までの距離は、移転後の新大原郡衙から57歩(約100m)であり(「通飯石郡堺斐伊河辺 五十七歩」)、「正西」のままでは移転前の旧大原郡衙が斐伊川を越えて飯石郡内に入ってしまうことになる。この点に関して、古写本に記された方位を修正する説、方位はそのままで距離を修正する説、方位・距離ともに古写本のとおりで理解する説などが出されているが、本稿では詳細は省略する[7]。

立地状況・調査経過　郡垣遺跡は島根県雲南市大東町に所在し、斐伊川支流の赤川とその支流の幡屋川が合流する地点を臨む微高地上に立地している(図10)。この地は『出雲国風土記』の方位里程や遺存地名(「郡家」・「郡垣」など)の検討から、移転前の旧大原郡衙の推定地として古くから知られていた。市道改良工事を契機として、平成18年(2006)以降、雲南市教育委員会が調査を実施し、官衙関連遺構が検出さ

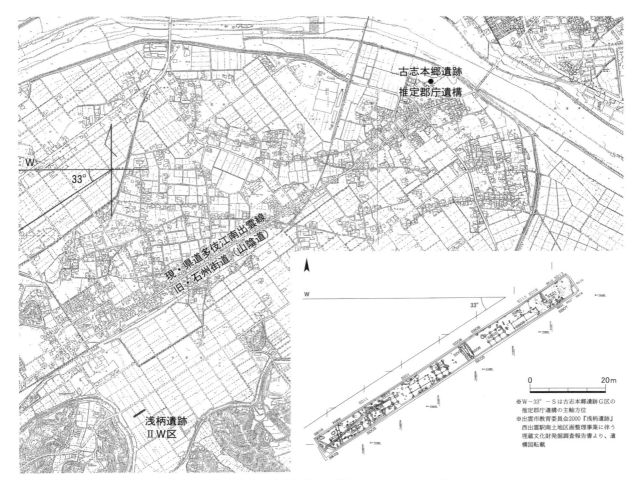

図9　古志本郷遺跡と推定山陰道(旧石州街道)の方位

れている(文献5・6)。

遺構の変遷 検出された官衙関連遺構は、掘立柱建物7棟、礎石建物2棟、掘立柱塀(柵)1条である(図11)。遺構にともなった遺物の出土がなく、遺構の重複関係もみられない。また、建物主軸方位もすべて東へ29度振れる方位で一致しており、時期決定の決め手に欠ける状況であるが、建物構造の違いや位置関係、掘立柱建物から礎石建物への建て替えなどから、2時期に区分されている(図12)(文献6)。

I 期 約45m(150尺)四方の範囲の中に、掘立柱建物が柱筋を揃えて北・東・南にコの字形に計画的に配置され、西側を掘立柱塀(柵)で区画する。

SB1は桁行11間(30.5m)・梁行2間(4.2m)の長大な東西棟の側柱建物で、東妻から3間目の棟通りに間仕切を有する。SB2は北妻柱が未検出であるが、桁行5間(10.2m)以上、梁行2間(3.75m)の南北棟の側柱建物とみられる。SB25は東西2間(4m)・南北1間(2.7m)以上の総柱建物である。なお、SB25の北妻柱想定位置のすぐ北側では、布掘り掘方の南北両端に約1.2mの間隔をあけて径20cm程度の柱痕跡が検出されており(SK26)、SB25の棟通りの柱と柱筋が揃うことから、SB25とその北に位置するSB2との間をつなぐ掘立柱塀(柵)となる可能性が高い。SB32は桁行側の東西2間分しか検出されていないが(梁行総長は4.2m)、東西棟の側柱建物とみられ、SB1と同規模に復元している。SA16は南北5間分(11.4m)が検出されている。

II 期 I期の一辺約45m(150尺)四方の建物群の内側に、I期の建物群と極めて近接しながらも重複することなく計画的に建物が配置される。

SB3は桁行4間(9m)以上・梁行1間(3m)以上の東西棟の側柱建物とみられる。SB17は東西3間(6m)・南北2間(5.1m)以上の総柱建物であり、ほぼ同位置・同規模で掘立柱建物から礎石建物に建て替えられる(SB17a→SB17b)。SB19は柱穴が2基検出されているのみで詳細不明。SB27は両妻柱が未検出であるが、桁行3間(6.6m)以上・梁行2間(3.9m)の礎石建ちの南北棟の側柱建物とみられ、北から1間目の棟通りに間仕切を有する。

検出遺構の性格 各時期の遺構の性格については、松尾充晶・大橋泰夫両氏によって検討がされている(文献10・30)。両氏によれば、I期遺構については、

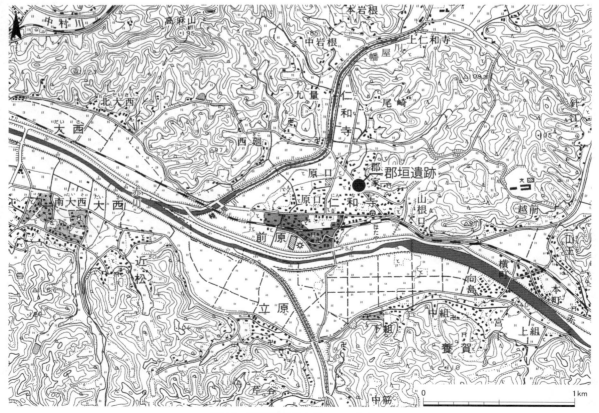

図10　郡垣遺跡の立地　1:25000

約45m（150尺）四方の範囲に長大な掘立柱建物（長舎）をコの字形に配置していることから「郡庁」と評価される。また、年代については、決定的な根拠となる遺物等が出土していないが、建物主軸方位の振れなどから7世紀末〜8世紀前半と推測される。一方、Ⅱ期遺構については、総柱建物（倉庫）と礎石建物が存在し、地方官衙遺跡では8世紀中葉以降に礎石建物が普及することから、8世紀中葉以降の「郡衙正倉」の可能性が高いと評価されている。

さて、このようにⅠ期遺構を7世紀末〜8世紀前半の「郡庁」であるとすると、この郡垣遺跡が移転前の旧大原郡衙である可能性が非常に高くなったといえよう。したがって、前述の『出雲国風土記』古写本による「正西」という方位はあきらかに誤り（誤写）ということになる。また、Ⅱ期遺構が8世紀中葉以降の「郡衙正倉」とすると、郡衙（郡庁）の移転後に置かれた正倉（正倉別院）と解すことができる。その場合、大原郡屋代郷に「正倉」の記載があることが注目される。

G「屋代郷 郡家正北一十里一百一十六歩（〜中略〜）即有正倉」

なお、Gに記される距離（10里116歩）は、移転後の新大原郡衙から移転前の旧大原郡衙までの距離と一致しており、この点から、移転前の旧大原郡衙（郡垣遺跡）の所在地は屋代郷であり、移転後の新大原郡衙からの方位も古写本による「正西」ではなく、正しくは「正北」であるとする説（文献27）が有力となりつつある。

政庁（官衙）域の変遷の特徴　郡垣遺跡（大原郡衙）の政庁域および官衙域の変遷の特徴をまとめると、以下のようになる。

①郡衙の移転にともなう構造（性格）の変化
【Ⅰ期】「郡庁」（7世紀末〜8世紀前半）
【Ⅱ期】「郡衙正倉（正倉別院）」（8世紀中葉以降）

②斜め方位の採用
【Ⅰ・Ⅱ期】斜め方位〈東へ約29度振れる〉

Ⅰ期・Ⅱ期ともに東へ29度振れる方位をとっており、変化はみられない。この東へ29度振れる方位に

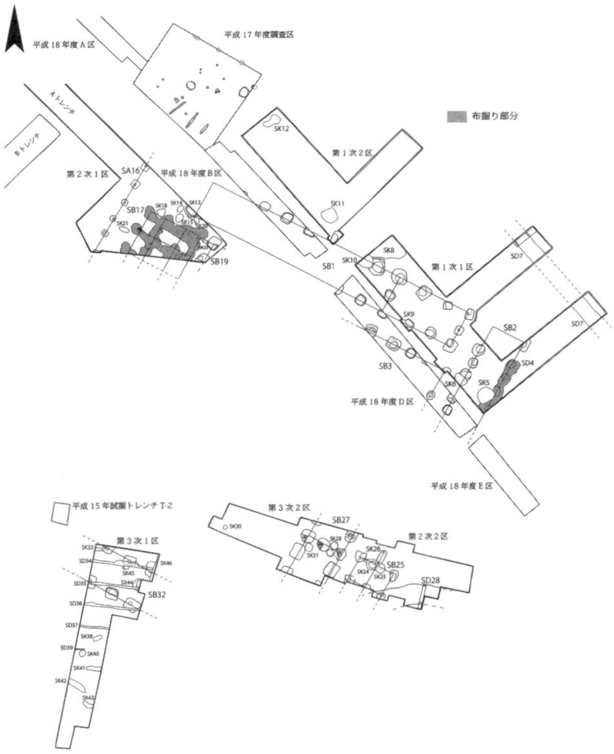

図11　郡垣遺跡遺構図　1：800

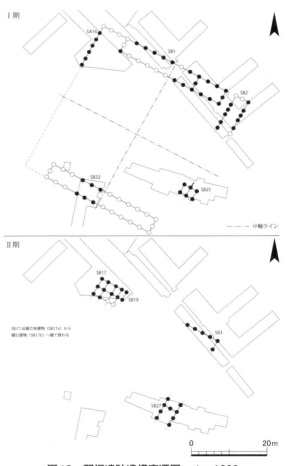

図12　郡垣遺跡遺構変遷図　1：1000

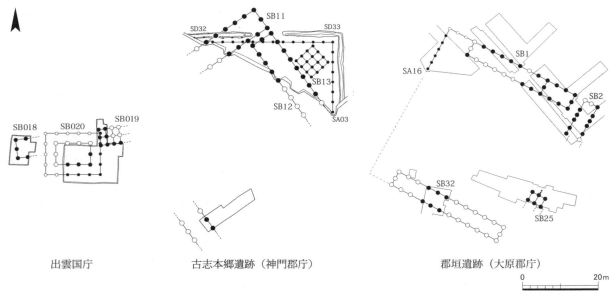

図13 出雲国庁と郡庁（古志本郷遺跡・郡垣遺跡） 1：1000

ついては、後述する大原郡内を通過する官道（『出雲国風土記』では「正南道」）の想定路線との関係が指摘されている（文献27・28）。なお、方位の変更がみられない理由については、松尾充晶氏が指摘しているように（文献30）、Ⅱ期遺構がⅠ期遺構を意識した形（きわめて近接しながらも遺構の重複がみられない）で造営されていることから、Ⅰ期遺構廃絶とⅡ期遺構造営との間に時間的な隔たりがなく、連続的なものであったためであろう。

Ⅲ 政庁域の変遷の背景

(1) 政庁（官衙）域の変遷における共通点

史跡出雲国府跡・古志本郷遺跡・郡垣遺跡で検出された各政庁（図13）の共通点をまとめると、以下のようになる。

①主軸方位が変化する（斜め方位→正方位）

斜め方位に関して、古志本郷遺跡Ⅰ期と郡垣遺跡Ⅰ期は周辺を通過する官道との関連が指摘されているのに対し、出雲国府Ⅰ期ではその関連性が薄いとみられている点は注意しておきたい。また、郡垣遺跡で斜め方位のまま変化しない要因については、前述のとおりである。

②構造（性格）が変化する

出雲国府Ⅰ期のＳＢ018・019を「初期国庁」とみてよいかという問題、古志本郷遺跡Ⅱ期の方形区画施設の性格の問題、大原郡衙の移転問題等に注意をしなければならないが、各遺跡では構造が大きく変化している。

①・②の変化はいずれの遺跡でも7世紀末〜8世紀前葉に起こっており、また国府・郡衙に共通してみられ、これらの政庁（官衙）域の変遷には相互に関連があるものと推測される。そこで、以下では、『出雲国風土記』にみられる官衙の移転事例から、その要因について検討してみたい。

(2) 黒田駅家の移転

官庁街の形成 黒田駅家の移転について、『出雲国風土記』には次のように記されている。

> H「黒田駅 郡家同処 郡家西北二里 有黒田村 土体色黒 故云黒田 旧此処有是駅 即号曰黒田駅 今郡家属東[8] 今猶 追旧黒田号耳」

この記事中の「郡家」は意宇郡衙のことであるが、意宇郡衙については風土記の別の箇所に「(〜前略〜)至国庁意宇郡家北十字街 即分為二道〈一正西道 一枉北道〉」や「意宇軍団 即属郡家」とも記されている。これらの記事から大橋泰夫氏は、「正西道」と「枉北道」の分岐点である「十字街」の周辺に国庁（国府）・意宇郡衙・意宇軍団・黒田駅家が置かれ、官庁街を形成していたとみている（文献12）。

旧黒田駅家の所在地 Hによれば、移転前の旧黒田駅家は意宇郡衙の西北2里（約1km）の「黒田村」にあったとされ、現在の松江市大庭町下黒田・黒田畦付近に想定されている（図14）（文献20）。この旧黒田駅家推定地付近には、飯石郡少領（のちに出雲国造となる）

図14　新旧黒田駅家の推定地　1：20000

出雲臣弟山が建立した山城郷南新造院(四王寺跡)や「云石」と書かれた墨書土器が出土した黒田畔遺跡(云石＝飯石／出雲臣関係の居宅ヵ)、山代二子塚古墳・山代方墳・岡田山古墳などの後期古墳が分布しており、また、南北に走る伝統的な幹線道の存在も推定されている。したがって、このあたりは古墳時代以来の伝統的な勢力の本拠地であったことが知られる。また、「黒田村」が所在した台地上には軍団に関わるとみられる「団原」という地名が遺存している。軍団は郡衙(評衙)から軍事機能が分離して成立したとされている(文献21)ことから、『出雲国風土記』に記載はないが、旧黒田駅家とともに、旧意宇郡衙(評衙)と旧意宇軍団(軍団前身施設)も「黒田村」付近に一体的に存在していたのではないかと考えられている(文献12・26・28)。

黒田駅家移転の要因　黒田駅家(意宇郡衙・意宇軍団)は、風土記の成立までに「十字街」へと移転した。国庁(国府)の北にあった「十字街」は、「正西道」(山陰道)と「枉北道」(隠岐道)の分岐点であり、交通の要衝である。また、『出雲国風土記』の編纂がおこなわれた時期は出雲国府Ⅱ期にあたり、この時期、出雲国府では官衙ブロックが広範囲に展開するなど大規模な整備がおこなわれている。したがって、黒田駅家等の移転と国府の整備は密接に関わるものと推測され、「十字街」付近に官庁街を形成することは、大橋泰夫氏が指摘するように(文献9・12)、国府や駅路の設置・整備などと関わる政策の一環とみられる。

(3) 大原郡衙の移転

新旧郡衙の所在地　移転前の旧大原郡衙を郡垣遺跡、移転後の新大原郡衙推定地をJR木次駅北方とすると、それぞれの郡衙の大原郡内における位置は、前者では「郡のほぼ中央」ということができるのに対し、後者では「郡の西端」という非常に極端な場所に位置している(図15)ということを指摘することができる。したがって、郡内各所への交通の便という点では、移転後の新大原郡衙の位置は不利といえるかもしれない。

大原郡内の交通路　大原郡内を通過する官道は『出雲国風土記』によれば「正南道」であり、この「正南道」は意宇郡玉作街で「正西道」(山陰道)と分かれて南

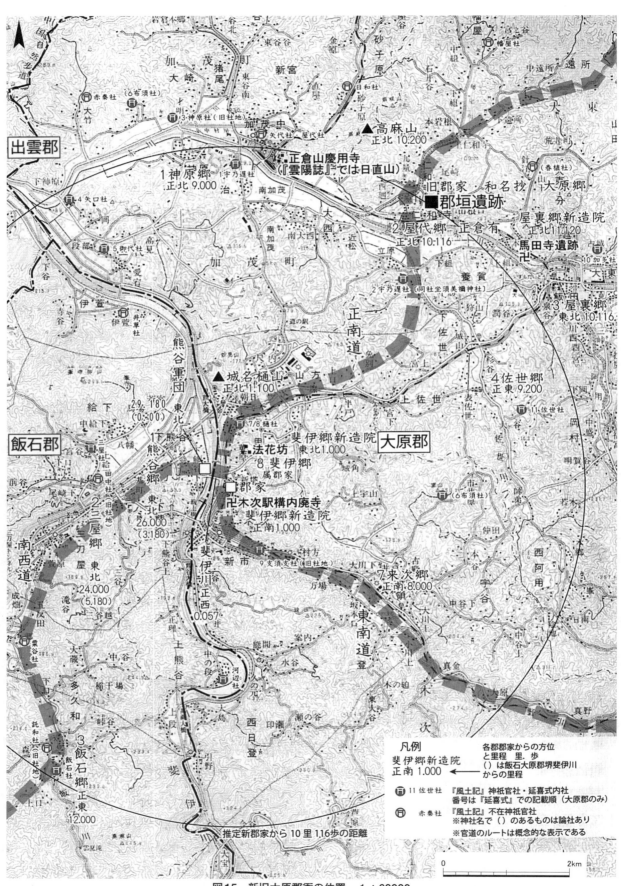

図15　新旧大原郡衙の位置　1：60000

下し、大原郡内へと入ってくる。そして、大原郡衙（移転後の新大原郡衙）で飯石郡衙に向かう「南西道」と仁多郡衙に向かう「東南道」に分かれると記されている。なお、大原郡内の通過ルートについては諸説あるが、郡垣遺跡（移転前の旧大原郡衙）付近を通過して新大原郡衙へと至るルートをとる可能性が高い（文献27）。また、新大原郡衙の所在地は斐伊川に近接しており、斐伊川を下れば出雲郡に至るなど、水運の利便性も非常に高いとみられる。

大原郡衙移転の要因　以上の点から、新大原郡衙の所在地は、大原郡の西端ではあるものの、『出雲国風土記』に「前件参郡　並山野之中也」と記される飯石郡・仁多郡・大原郡（雲南三郡）のほか、意宇郡・出雲郡をも結ぶ水陸交通の結節点というべき交通の要衝に位置しているといえよう[9]。したがって、大原郡において郡衙の移転がおこなわれた要因としては、関和彦氏が指摘するように（文献23）、国の主導による雲南三郡の広域支配を念頭に置いた支配体制の整備という理解を支持したい（文献15）。

Ⅳ　おわりに

本稿が対象とした出雲国では、国府・郡衙ともに政庁域における建物配置や規模などに不明な点が多く、十分な比較検討をおこなうことができなかったが、以下のような特質を指摘することができる。

まず、政庁（官衙）域における主軸方位や構造の変化という点では、国府・郡衙ともに共通点を認めることができる。そして、その変化は7世紀末～8世紀前葉に起きている。

この7世紀末～8世紀前葉という時期は、『出雲国風土記』が編纂される時期とも重なっており、『出雲国風土記』に記載される官衙の移転記事（黒田駅家・大原郡衙）の検討から、これらの変化は国府主導による官衙施設や交通路（官道）の再編・整備が要因であったとみられる。ただし、このような国府主導による官衙施設等の再編・整備が出雲国全体に及ぶものであったかどうかについては十分に検討できていない。今後の課題としたい。

註

（1）本稿で引用する『出雲国風土記』は日本古典文学大系本（文献2）による。

（2）第20回 古代官衙・集落研究集会「郡庁域の空間構成」において、吉松大志氏（島根県古代文化センター）が同じ出雲の遺跡を取り上げて報告されている。重複する内容が多く含まれており、あわせて参照されたい（文献32）。

（3）ＳＢ019の規模は、平成28年度に実施された調査により確定した（文献13）。

（4）平成30年度に脇殿想定位置を調査予定である（文献19）。

（5）常陸国の初期国庁正殿の西側においても類例がみられるが、ここでも南北に並ぶ2棟の柱筋は揃っている（本書60頁図2参照）。

（6）古志本郷遺跡から約2.4km離れた浅柄遺跡（出雲市知井宮町）でも、集落の建物群が同様の方位をとることが確認されている（文献3）。

（7）移転前の大原郡衙の所在地をめぐる研究史については、関和彦・平石充両氏の論考（文献24・27）を参照されたい。

（8）「今家属東」の部分は、細川家本では「今東属郡」となっている。

（9）新大原郡衙の斐伊川をはさんだ対岸には、飯石郡内に置かれた熊谷軍団推定地（雲南市木次町下熊谷）があり、軍事的な拠点でもある。

参考文献

1　青木和夫『古代豪族』小学館、1974。

2　秋本吉郎『風土記』（日本古典文学大系2）、岩波書店、1974。

3　出雲市教育委員会『浅柄遺跡』2000。

4　出雲市教育委員会『古志本郷遺跡・下古志遺跡』2002。

5　雲南市教育委員会『郡垣遺跡Ⅰ』2010。

6　雲南市教育委員会『郡垣遺跡Ⅲ－旧大原郡家等範囲確認調査報告書1－』2014。

7　大橋泰夫「国府成立の一考察」『古代東国の考古学』慶友社、2005。

8　大橋泰夫「国郡制と地方官衙の成立－国府成立を中心に」『古代地方行政単位の成立と在地社会』奈良文化財研究所、2009。

9　大橋泰夫「国府成立と出雲国の形成」『出雲国形成と国府成立の研究－古代山陰地域の土器様相と領域性－』島根県古代文化センター、2010。

10　大橋泰夫「地方官衙遺跡からみた郡垣遺跡の検討」『郡垣遺跡Ⅲ－旧大原郡家等範囲確認調査報告書1－』雲南市教育委員会、2014。

11　大橋泰夫『国郡制と国府成立の研究』（平成24年度～平成27年度科学研究費補助金基盤研究（C）研究成果報告書）、2016。

12　大橋泰夫『出雲国誕生』吉川弘文館、2016。

13　是田敦「史跡出雲国府跡」『島根県教育庁埋蔵文化財

調査センター年報25－平成28年度－』島根県教育委員会、2017。

14　是田敦「史跡出雲国府跡」『島根県教育庁埋蔵文化財調査センター年報26－平成29年度－』島根県教育委員会、2018。

15　志賀崇「郡衙の移転と地域支配」『考古学ジャーナル』No.692、ニュー・サイエンス社、2016。

16　島根県教育庁埋蔵文化財調査センター『古志本郷遺跡Ⅱ』国土交通省中国地方整備局出雲工事事務所・島根県教育委員会、2001。

17　島根県教育庁埋蔵文化財調査センター『古志本郷遺跡Ⅴ－出雲国神門郡家関連遺跡の調査－』国土交通省中国地方整備局出雲工事事務所・島根県教育委員会、2003。

18　島根県教育庁埋蔵文化財調査センター『史跡出雲国府跡－9 総括編－』島根県教育委員会、2013。

19　島根県教育庁埋蔵文化財調査センター『史跡出雲国府跡発掘調査通信 平成30年4月27日 号外』2018。

20　島根県古代文化センター『解説 出雲国風土記』島根県教育委員会、2014。

21　下向井龍彦「軍団」『文字と古代日本2 文字による交流』吉川弘文館、2005。

22　関和彦「『出雲国風土記』註論（その四）神門郡条」『古代文化研究』第7号、島根県古代文化センター、1999。

23　関和彦「出雲国大原郡に見る古代の地域像」『出雲古代研究』第9号、出雲古代史研究会、1999。

24　関和彦「大原郡家と郡垣遺跡」『郡垣遺跡Ⅲ－旧大原郡家等範囲確認調査報告書1－』雲南市教育委員会、2014。

25　中村太一「『出雲国風土記』の空間認識と道路－意宇郡を中心として－」『日本古代国家と計画道路』吉川弘文館、1996。

26　平石充「出雲国風土記と国府の成立」『古代文化』第63巻第4号、古代学協会、2012。

27　平石充「旧大原郡家の方位里程と郡家の移転について」『郡垣遺跡Ⅲ－旧大原郡家等範囲確認調査報告書1－』雲南市教育委員会、2014。

28　平石充「出雲国風土記からみる出雲国府の景観」『日本古代の道路と景観－駅家・官衙・寺－』八木書店、2017。

29　松尾充晶「島根県古志本郷遺跡」『日本古代の郡衙遺跡』雄山閣、2009。

30　松尾充晶「遺構の性格と評価」『郡垣遺跡Ⅲ－旧大原郡家等範囲確認調査報告書1－』雲南市教育委員会、2014。

31　山中敏史『古代地方官衙遺跡の研究』塙書房、1994。

32　吉松大志「文献からみた郡庁内・郡家域の空間構成」『郡庁域の空間構成』奈良文化財研究所、2017。

図表出典

図1～5：文献18。

図6：国土地理院地図ウェブサイト（https://maps.gsi.go.jp/#16/35.345734/132.741022/&base=std&ls=std&disp=1&vs=c1j0h0k0l0u0t0z0r0s0f1）

図7・8：文献17。

図9：　文献17を一部改変。

図10～12・15：文献6。

図13：文献6を一部改変。

図14：文献32。

表1：　文献18。

大宰府管内における政庁域の構造と特質

杉原敏之（福岡県教育庁）

I はじめに

　律令制下、大宰府は西海道諸国等に対する内政総官の府であった。この大宰府管内とも称される西海道では、大宰府の調査成果を規範として諸国の政庁域の構造が理解されてきた。特に筑後国や肥前国では、正殿を中心に左右に長棟化した脇殿を配する政庁域の空間構成から、「大宰府型」とも呼ばれ、鴻臚館式軒先瓦や大宰府式鬼瓦等、大宰府系文物の出土によって大宰府と管内諸国の政治的関係にも言及されてきた。また一方では、筑後国御原郡における政庁の移転や施設様式の変化から、郡単位における政庁域の空間構成の独自性も認識されてきた。さらに近年では、豊前国福原長者原官衙遺跡や筑前国糟屋郡阿恵遺跡などの調査成果により、律令制成立期の西海道における施設様式の多様性があきらかになりつつある。

　本論では、比較的調査が進んでいる大宰府を中心に、西海道諸国における政庁域の空間構成や施設様式の構造的特徴を抽出して時期的整理を試みる。そして、それぞれの対比によって、西海道における政庁域の階層的特徴や相関性をとらえたい。このような手続きを経て、あらためて諸国の郡を中心とする政庁域を視座に据えて、律令制下の大宰府管内における政庁域の共通性や差異、地域性や変容について検討する。

II 大宰府における政庁域の構造

（1）令制大宰府の中枢施設

　律令制成立後、大宰府における最大の画期は、II期大宰府政庁の造営である。西海道の官衙では最初の瓦葺殿舎の礎石建物であり、宮都の朝堂院形式を採用した南北215.45m、東西119.20mの規模で、前庭部の東西に脇殿を、中央奥には宮の大極殿に相当する正殿を配した（図1）。創建瓦は鴻臚館式軒先瓦（223a－635A）であり、独自の鬼面文をもつ大宰府式鬼瓦I式も葺かれた（文献18・69）。

　II期大宰府政庁の平面配置をみると、政庁中軸線を折り返した東西幅119.20mの四等分が29.80mとなり、天平小尺（＝0.298m）の100尺に相当する。つまり、東西は400尺になることがわかる（文献76）。ただし、南北長については、前面築地から回廊までが30.05m、回廊部が120.75m、回廊から後面築地までが64.35mであり、100尺（＝29.8m）の数値にはのら

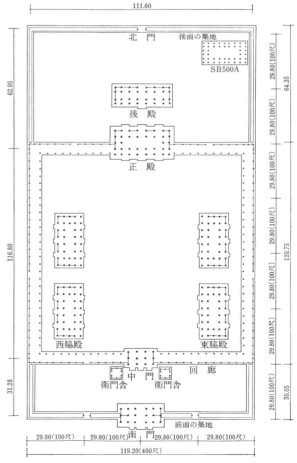

図1　II期大宰府政庁復元図

ない。この小尺採用は和銅6年(713)の改定以後であり、大宰府政庁の造営は、この時期以降に本格化したとみられる(文献5・6)。このように、Ⅱ期政庁の造営は施設様式や遺物などからみて、平城遷都と共に具体化したことは確かである。霊亀元年(715)には造平城京司長官であった多治比真人池守の赴任の記録があり、この霊亀・養老年間頃にⅡ期大宰府政庁が成立したと考えられている(文献39)。

　Ⅱ期大宰府政庁は、南門、中門、正殿、後殿、北門を南北直線上に配し、正殿から中門へ回廊がコの字に廻り、北門や南門から延びる築地がそれぞれ回廊に取り付く[1]。さらに、10世紀後半に再建されたⅢ期大宰府政庁は後殿後方の東西に総柱建物を設け、回廊の柱間を変更している。

　南門は、Ⅱ・Ⅲ期共に桁行5間×梁行2間で、中央の柱間が広い。玉石積基壇で、Ⅱ期が東西24.2m、南北12.2mでⅢ期には東西26.2m、南北14.4mとそれぞれ拡張する(文献40)。重層の門が復元され、3つの扉と前面に3ヵ所の階段が取り付く形をとる。中門は3間×2間で、基壇規模は東西17.5m、南北10.5m、三間三戸の八脚門に復元される。さらに、正殿は7間×4間の四面廂建物で、身舎の桁行柱間は4.40m、梁行は3.25mとなる。Ⅱ期については不明な点が多いが、Ⅲ期と同様の規模が想定される。基壇規模は東西34.7m、南北19.7mの凝灰岩切石の壇正積基壇であり、前後面に3ヵ所の階段が取り付く。礎石は2段の造り出しで、後方には一部地覆のための欠き込みがあり、正面が吹き抜けで側面後方には壁、背後には扉と壁が付く構造で裳階による重層の建物であったことがわかる。正殿に取り付く回廊部柱間は、Ⅱ期の梁行が4.65m(15.5尺)と桁行3.90m(13.3尺)だが、Ⅲ期には梁行が4.00m(13.5尺)になる。

(2) Ⅰ期遺構の様相

　正殿地区では現地表に残るⅢ期礎石建物下位にⅡ期建物の礎石据付穴が重複し、さらにⅡ期基壇下位にⅠ期遺構が確認されている(文献18)。掘立柱建物4棟、柵(板塀)3条、溝3条、暗渠1基等がある(図2)。

　正殿基壇下位に重複する掘立柱建物SB120は長舎状の東西棟で南面廂付建物である。柵SA110(板

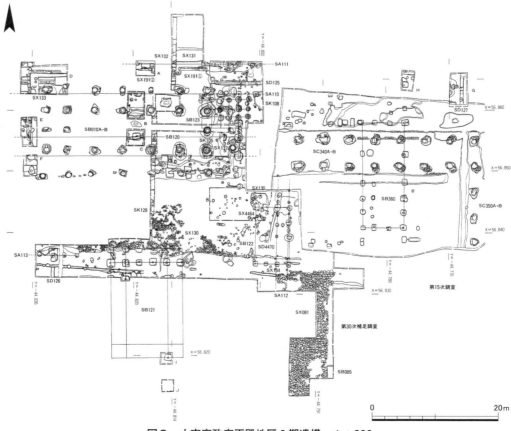

図2　大宰府政庁正殿地区Ⅰ期遺構　1:600

塀)が取り付き、後背にＳＤ125が並走する。柱間は桁行2.66ｍ、梁行は北から3間が2.40ｍ、廂部では3.03ｍになる。柱筋が通るＳＡ110と北側桁行を共有する。さらにＳＢ120の前面には、7間×5間の南北棟四面廂建物ＳＢ121がある。桁行総長17.70ｍ、梁行総長11.36ｍで、政庁内における四面廂建物では最大である。床面積は85.80㎡であり、座標北に対して0度5分西偏し、中軸線はⅡ期政庁より1.50ｍ東へずれる。

正殿地区では、基壇の積土と周辺の整地層を層位的にとらえることによって、Ⅰ期遺構が時期的に整理されている(図3、文献17)。それは、最下層となる政庁Ⅰ期古段階(ＳＡ111、ＳＢ122・360)、正殿基壇下位や周辺に大型建物や溝、柵が展開する政庁Ⅰ期新段階(ＳＢ120・121、ＳＡ112、ＳＤ125・127)、Ⅱ期基壇造営時に置かれたⅡ期造営段階(ＳＢ123、ＳＡ113、ＳＸ133)である。つまり、Ⅰ期政庁が大きく2時期、Ⅱ期造営に関わる短期間の時期に細分される。特に施設が大規模となる、Ⅰ期新段階には、東西棟建物ＳＢ120にＳＡ110が取り付いて溝と共に囲繞する形をとる。そして、その中に南北棟建物ＳＢ121を配置している。一見、長舎施設に近いが、南門地区の掘立柱建物との関係、中心施設の正殿をどこに求めるのかなど不明な点も多い。

調査では、これらⅠ期新段階の施設の廃絶状況が注意された。Ⅱ期政庁の基壇の下では、Ⅰ期新段階のＳＢ120やＳＡ110の柱を抜き取ってⅡ期基壇下層の粘土が充填され、またＳＤ125も基壇の整地と共に埋められていたのである。つまり、Ⅰ期新段階の遺構廃絶後、時間を置かずにⅡ期正殿の造営が開始されており、Ⅰ期政庁の機能的発展の上にⅡ期政庁が成立したと理解されている。その時期は、基壇積土や柱痕跡出土資料から8世紀第1四半期頃に比定される。

これに対して、政庁Ⅰ期新段階の成立時期については、基壇周辺部の出土土器から7世紀第4四半期

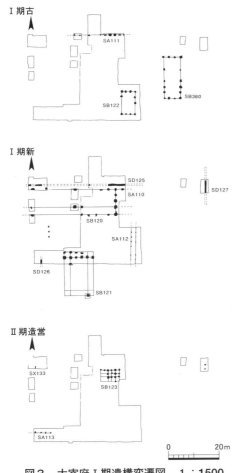

図3　大宰府Ⅰ期遺構変遷図　1：1500

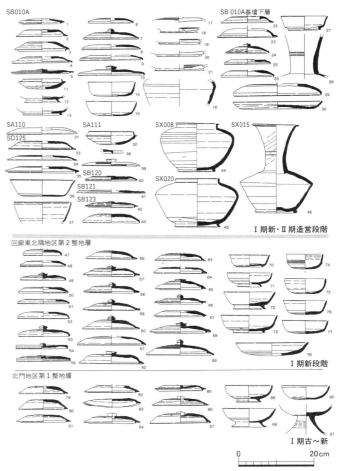

図4　大宰府政庁正殿地区等出土土器　1：10

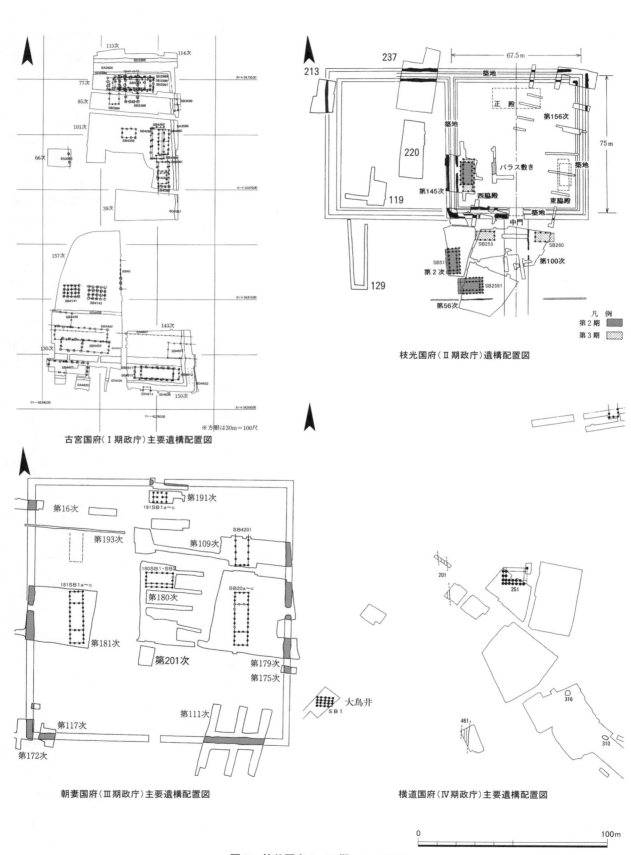

図5　筑後国府Ⅰ～Ⅳ期　1：2000

を上限とみることができる。概ね飛鳥Ⅳ期にとらえ得るであろう(図4)。この7世紀末のⅠ期新段階の施設が造営される頃、持統3年(689)に飛鳥浄御原令が制定され、大宰府機構の原型が成立した。また、同じ頃、筑紫分国によって筑前、筑後をはじめ、六国が成立したと考えられている(文献29)。こうした動向の中で大宰府政庁Ⅰ期新段階の施設が成立したと理解される(文献46)。

Ⅲ　大宰府管内諸国の政庁域の諸相

大宰府管内諸国では、中枢施設解明のための調査が、何らかの形で実施されている。ただし、国庁の

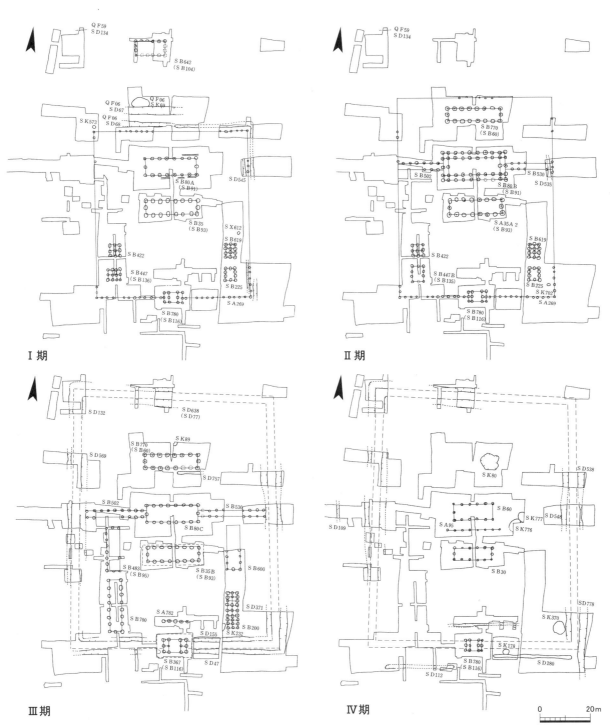

図6　肥前国庁Ⅰ～Ⅳ期変遷図　1:1500

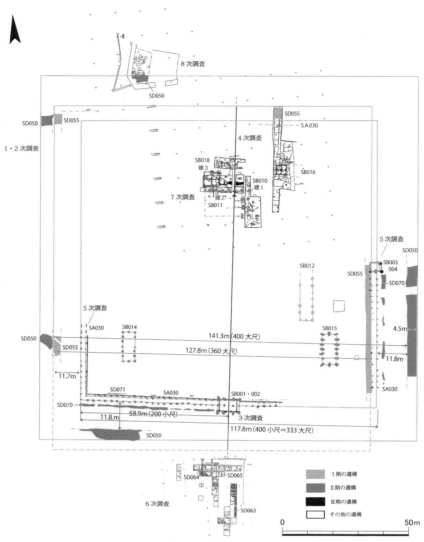

図7　福原長者原官衙遺跡政庁域　1：1500

規模や構造に関する具体的な所見が得られているのは、筑後国、肥前国、豊前国、日向国であり諸国総体で理解できるまでに至っていない(文献9・47)。

筑後国府 (資料編132頁)　国庁の4時期変遷と3度の移転があきらかになっている(図5、文献31・32・34)。I期古宮国府(7世紀末～8世紀中頃)、Ⅱ期枝光国府(8世紀中頃～10世紀中頃)、Ⅲ期朝妻国府(10世紀中頃～11世紀末)、Ⅳ期横道国府(11世紀末～12世紀後半)である。初期国庁のI期古宮国府は、2条の溝と築地塀(土塁)に囲まれた南北170m、東西約80m以上の方格区域内に正殿、前殿、東脇殿などが確認されている。正殿に相当するとみられる施設は、溝SD3386を利用した8間×3間(桁行総長24.00m、梁行総長6.60m)の東西棟建物SB3390である。この建物は、中軸線が通る3間×2間(桁行総長7.2m、梁行総長4.8m)のSB

4059と、並列する6間×3間の東脇殿SB4060・4061とで空間を構成しているが、西脇殿については不明である。このI期政庁のSD3386とSD4255の溝心々間の距離は170.5m、480大尺(1尺＝0.355m)とされる。Ⅱ期枝光国府は8世紀中頃の移転造営とされ、瓦葺の築地塀に囲繞された南北75.0m、東西67.5mの政庁域となる。庁域内の施設の大半は失われているが、西南隅に残る西脇殿や中央北側に正殿が比定される。このうち西脇殿SB4689aは6間×3間(桁行総長14.5m、梁行総長5.8m)で9世紀初頭の礎石建物である。さらに、移転したⅢ期朝妻国府は掘立柱建物となる。溝で区画された溝心々間距離で東西134m、南北141mのほぼ方形区画で中央右北寄りに南面廂の5間×4間の正殿と東西に12間×3間の脇殿が配される。正殿後背東北にはもう1棟脇殿が

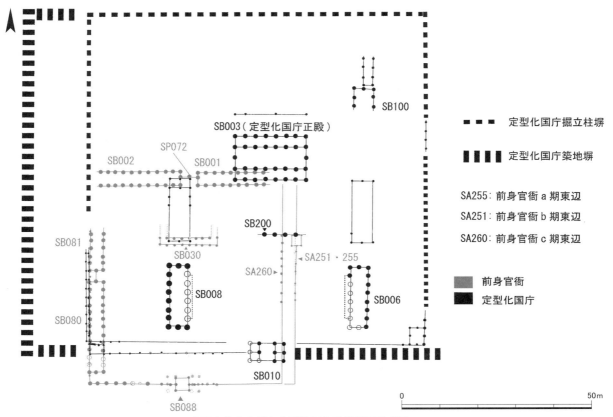

図8　日向国府前身官衙と定型化国庁遺構配置模式図　1：1000

並列する可能性がある。北側に八脚門を配している。続くⅣ期横道国府では7間×4間の四面廂建物が確認されている。

肥前国府（資料編158頁）　概ねⅠ～Ⅳ期の施設変遷が整理されている（図6、文献37・38・72）。最下層のⅠ期は鴻臚館式軒先瓦の出土から8世紀前半に遡る可能性もある。南門、前殿、正殿、東西脇殿で構成され、掘立柱塀SA269で区画される政庁は東西約64m、南北約68mの規模で正方形に近い。正殿SB80Aは7間×2間（桁行総長20.355m、梁行総長6.875m）の掘立柱建物である。前殿も7間×2間（桁行総長20.650m×梁行総長5.605m）である。東西脇殿は、総柱建物や側柱建物が並び規模も小さい。そして8世紀後半のⅡ期には、掘立柱構造の正殿SB80Bが9間×4間（桁行総長約24.5m×梁行総長約11.2m）の四面廂建物となり、梁行約2.5mの翼廊が取り付く。さらに後背に7間×2間の後殿SB770が配され、あわせて掘立柱塀が拡張されて南北約82mの政庁域となる。脇殿はⅡ期後半の建て替えにより長棟化して「大宰府型」（文献2・73・74）に近い状態になる。さらに9世紀前半のⅢ期には、築地塀に囲まれた政庁は南北104m、東西82mの規模に拡充されるが、地形の制約を受けた逆台形状になる。後殿と翼廊を除いて礎石建物となるが正殿は無廂となる。八脚門の南門はⅡ期よりも規模が大きくなる。10世紀のⅣ期は、正殿と前殿が掘立柱建物に建て替えられる。

豊前国府　国庁級以上の福原長者原官衙遺跡（資料編139頁）の政庁は大きくⅠ～Ⅲ期（7世紀末～8世紀第2四半期）にわたって変遷する（図7、文献75）。区画溝SD055に囲まれるⅠ期（7世紀末）の詳細は不明だが、この溝を埋めて廃絶する。Ⅱ期（8世紀第1四半期）には、約141.3m四方の区画溝SD050と回廊状遺構SA030を廻らせ、両施設間に11.8mの等間隔の空閑地をもつ。Ⅱ期政庁の南門SB001は八脚門で、桁行総長4.92m（16.4尺）、中央間は3.96m（13.2尺）である。SB001は柱穴の重複によりA（古期）・B（新期）に細分される。政庁内では、正殿地区に東と南に廂をもつ7間×3間の東西棟建物SB010があり、廂部の柱間は11尺以上、柱痕跡の径は40cmを超える。また、東西脇殿SB014とSB015が推定中軸線の対称に位置する。Ⅲ期政庁の南門SB002も一見「八脚門」だが、柱穴の規模は小さく柵（板塀）SA033に北側の

控え柱が取り付き突出した門(桁行総長7.24m、梁行総長4.92m)となる。そのため、SB001とは機能的にも異なる可能性が高い。なおⅡ期政庁には前殿が存在するか政庁中央に正殿が置かれている可能性もある。

日向国府(資料編168頁) 前身官衙のⅠ期(8世紀中葉まで)と定型化国庁のⅡ期(8世紀後葉~10世紀前半)とに大きく分かれる(図8、文献36・58・59)。前身官衙Ⅰa・Ⅰb期は北辺と西辺が2棟の長舎、南辺と東辺が柵(板塀)となる。中央北に前身官衙主殿の東西棟建物SB030が配され、Ⅰb期に桁行8間の廂付建物になる。また、北辺長舎SB001・002は10間以上×2間である。西辺長舎SB080・081は11間以上×2間だが、Ⅰc期には掘立柱塀SA082に変わる。Ⅰb期は、東西約53.8m、南北58.0mの規模となる。この時期に南門SB088が四脚門から八脚門(桁行柱間西2.2m、中央4.2m、東1.8m)へ変わる。Ⅰc期は再び四脚門となり柵(掘立柱塀)による東西幅は50.1mになる。この前身官衙は8世紀中葉に廃絶する。続く、定型化国庁のⅡa期(8世紀後半)は、南北約90m、東西約87.7~89mの正方形に近い掘立柱塀の区画で中央北側に7間×4間の南北二面廂建物正殿SB003、東西に7間×2間の脇殿SB006とSB008を配した「品字型」になる。前殿の可能性のあるSB200、正殿後背に目隠し塀SA050が配される。攪乱を受けている南門SB010は掘立柱構造の八脚門が想定される。施設の建て替えがみられるⅡb期(8世紀末~9世紀初頭)も同規模である。さらにⅡc期(9世紀前半~中頃)には築地塀となり政庁域が東西約120mに拡張する。大規模な整地がおこなわれ正殿や東西脇殿は礎石建物になり、南門もその可能性は高い。また東西脇殿はSB009・SB007が新たに配され、南北2棟が並列する。前殿は無くなり、主要施設が瓦葺になる。Ⅱd期(9世紀中~10世紀前半)は再び主要施設が掘立柱建物となる。

肥後国府 飽田国府推定地に比定される熊本市二本木遺跡(資料編162頁)では、掘立柱建物や板塀、東西方向の道路や築地等が確認されている(文献28・64)。大きく東ブロックと西ブロックに分かれ、政庁に関すると考えられる遺構が東ブロックにある。2号柱列は政庁を取り囲む板塀とされ、その中に南北棟3号建物があり、西脇殿が想定されている。ただし、正殿は地業痕跡がみられるのみで確認されていない。また、板塀の西側には8間×8間の6号総柱建物が並列しており、曹司の「事務棟」あるいは倉庫が想定されている。6号建物柱穴出土の地鎮遺構出土土器から8世紀中葉頃の造営とされ、3号建物については8世紀後半の廃絶の可能性が指摘されている。また国分寺創建頃に比定される軒先瓦も出土しており、Ⅰ

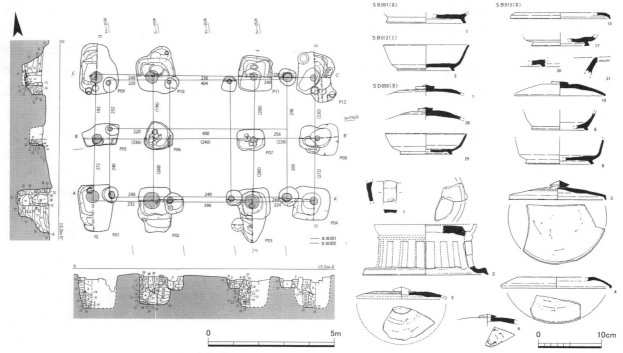

図9　福原長者原官衙遺跡SB001南門跡　1:150　出土土器　1:6

期施設の上限が8世紀中葉とする年代的根拠になっている。

Ⅳ 大宰府管内諸国における政庁域の構造
(1) 律令制成立期の政庁域

　西海道諸国では、律令制成立期にあたる大宰府政庁Ⅰ期からⅡ期に相当する中枢施設は多様である（文献47・48）。筑後国府跡Ⅰ期古宮国府、豊前国福原長者原官衙遺跡、日向国府跡前身官衙が該当する。

　7世紀末頃に成立したⅠ期古宮国府は、初期国庁の典型として理解されてきた。築地塀SA3400に2条の溝がめぐる、南北170m、東西80m以上の方形区画による囲繞施設の構造は特異であり、軍事的色彩の強い国府と評価されてきた（文献41・57）。一方、豊前国福原長者原官衙遺跡は、141.3m四方の区画溝SD050内に回廊状遺構SA030がめぐり八脚門SB001に取り付く特異な囲繞施設であり、西海道諸施設に直接系譜を求めることはできない（図9）。外堀と空閑地を備えた藤原宮をモデルにしたとされ、回廊状遺構と八脚門は7世紀第3四半期の伊予国久米官衙遺跡群とも共通する（文献63・75）。さらに日向国府前身官衙は北辺長舎SB001・002と西辺長舎SB080・081、柵（板塀）による、東西約53.8m、南北58mの囲繞施設の中に前身官衙主殿SB030が置かれ、Ⅰb期に桁行8間の廂付建物になり、また南門SB088が四脚門から八脚門へと変わる。

　これらの政庁を比較すると、施設様式は多様だが、それぞれ一部共通する要素がある。まず、Ⅰ期古宮国府と福原長者原官衙遺跡は地割の造営尺を和銅6年以前の「大尺」を使用する点で共通している。また、福原長者原官衙遺跡については、後の豊前国府の機能を備えた可能性は高いが、都に繋がる瀬戸内の海路に直結した要衝に置かれている。これは7世紀末の筑紫分国以後、大宰府との関わりで南の要衝である筑後川沿いに配されたⅠ期古宮国府とも通じる要素である（文献14・50）。さらに、福原長者原官衙遺跡にみられる八脚門は定型化した後も国庁の主門の基準として考えて良く、この点からみると、八脚門に変わる日向国府前身官衙Ⅰb期は国庁としてとらえることはできる。国庁下層に前身遺構があるという評価だけでなく、具体的な施設構造から位置付けられる点において重要である。この前身官衙に直接関わる出土遺物は限られるが、このうちSB001柱穴周辺で検出された「主帳」銘墨書須恵器は、外底部付近のナデや踏ん張る高台の特徴をみると8世紀第1四半期に比定することができ、この官衙の実働期を示すものであろう。

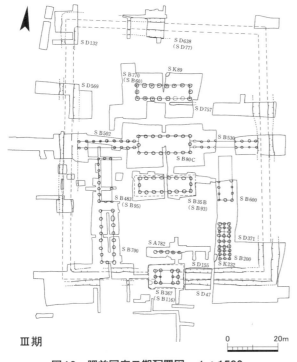

図10　肥前国庁Ⅲ期配置図　1：1500

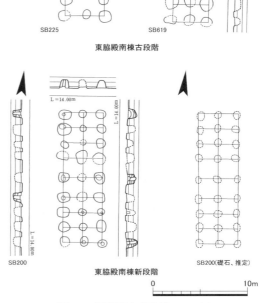

図11　肥前国庁東脇殿1：400

（2）「大宰府型」の導入と構造的特徴

西海道では、肥前国庁の調査成果から正殿の左右に長棟化した脇殿が配される「大宰府型」(文献2・73)が理解されてきたが、改めて時期的変遷と共に構造的特徴を確認したい。

肥前国庁Ⅰ期は掘立柱塀で区画され、東西約64m、南北約68mで正方形に近く、南門、前殿、正殿が南北に並ぶ(文献38)。南門SB780は八脚門で、正殿SB80Aは7間×2間の掘立柱建物で桁行総長20.355m、梁行6.875mの規模となる。正殿の前面に配された前殿SB35Aも7間×2間の東西棟の掘立柱建物で桁行総長はほぼ等しい。東西脇殿は、総柱建物や側柱建物が並び規模も小さい。

続く8世紀後半のⅡ期になると、掘立柱塀が北に拡張され南北約82mの政庁域になる。正殿SB80Bが9間×4間(桁行約24.5m、梁行約11.2m)の四面廂建物となり、梁行約2.5mの翼廊SB530・502が取り付く。前殿も同規模で建て替えられる。そして、新たに後背に7間(桁行総長20.65m)×2間(桁行総長5.31m)の後殿SB770が配される。東西脇殿は、2間×2間や3間×2間の総柱建物、3間×2間の側柱建物だが、その後、Ⅱ期後半に西脇殿は南棟SB700や北棟SB483が7間×2間の長棟化した掘立柱建物となり、そのままⅢ期の9世紀前半に礎石建物となる(図10)。同様に東脇殿もⅡ期後半にSB600やSB200が長棟化し、建て替えを経て9世紀に礎石建物に変わる(図11)。

9世紀前半のⅢ期国庁の囲繞施設は築地塀であり、南北104m、東西82mの規模に拡充されるが、地形の制約を受けた逆台形状になる。後殿と翼廊を除いて礎石建物だが、正殿SB80Cは廂がとれ、7間(桁行総長20.355m)×3間(梁行総長6.785m)になる。八脚門の南門は桁行3間(桁行総長9.734m)×2間(梁行5.310m)である。中央間は4.130m(14尺)、基壇規模は12.92m×7.97mとなり、Ⅱ期よりも規模が大きくなる。

以上のように、概ね変遷過程を復元できる肥前国庁では、中央北に正殿、その前面東西に長棟化した脇殿を2棟並べることから、ある段階でⅡ期大宰府政庁に近い形態をとることがわかる。特にⅡ期の8世紀

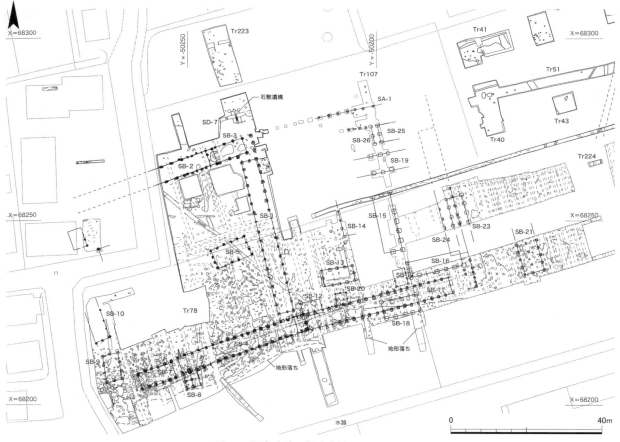

図12　阿恵遺跡Ⅰ期政庁域　1：1000

後半に四面廂の両脇に回廊状の翼廊が取り付き、新たに後殿を配するなど施設様式としても大きく変化しており、大宰府の影響を受けていることは確かであろう。ただし、前殿が継続して存在するなど、細部において配置が異なる。さらにⅢ期の礎石建物になる時期においても、翼廊で二分される政庁域の朝庭部の空間は南北約54m、後殿を置いた空間が南北約50mであり儀礼空間は狭いまま継続している。そこに南北2棟の脇殿が配置され、東西脇殿の北棟が前殿の側面よりも北側に延びる。この状況を踏まえてみると、特にⅡ期における脇殿が柱間の短い総柱建物や側柱建物からの長棟化については、単純に大宰府政庁の影響とみるより、8世紀後半段階における儀礼空間総体としての施設様式の変化を想定しなければならない。特に脇殿については、当初の総柱建物と側柱建物から長棟化の変化は単純な形態的変化ではなく機能的変化があることも確かである。このような視点でみれば、日向国府Ⅱb期までは脇殿は東西各1棟ずつの「品字型」であり、肥前国庁と同様に脇殿の段階的造営がみられる。また、筑後国府跡Ⅱ期の枝光国府についても築地塀で区画される政庁域には後殿は存在せず、院様の特徴的な政庁域である。

Ⅴ 大宰府管内諸国の郡庁の諸相

郡庁の成立 阿恵遺跡（資料編150頁）は、粕屋平野を流れる多々良川の南、東西に延びる低丘陵上に立地している。政庁、正倉が確認されおり、遺跡東には北西から南東に古代道路が通っている（図12、文献62）。政庁は西側に位置する長舎囲いの一辺55m四方で主軸方位は真北とならず西偏する。長舎の1棟は、17間×2間（桁行総長42.28m、梁行総長4.228m）であり、方位からみて最低2つの政庁が重複している。東の正倉域では、政庁と同じく方位から少なくとも2時期に分かれるが、8世紀中頃以降に正方位をとる。正倉は15棟確認されており、4間×3間を基本とするが中には布掘状の掘方をもつものもある。本遺跡は糟屋評に関わる施設であり、7世紀から8世紀の郡衙成立期の様相を示すものと考えられる。なお、8世紀中頃以降の郡庁については移転造営が想定されている。

有田遺跡（資料編131頁）は早良平野の室見川下流域に位置する。遺跡群は大きく6世紀中頃から8世紀中頃まで、A～D群に分けて検討がおこなわれている（図13、文献68）。このうち、C群（7世紀末から8世紀前半）には早良郡衙に関わる施設が確認されている。郡庁は長舎によって四方を取り囲んで中央北側に8間×4間の四面廂建物の正殿が配置される。東辺長舎は21間×2間（桁行総長42.6m、梁行総長4.2m）で阿恵遺跡の施設規模との相関性が指摘されている（文献62）。C群に関わる正倉については少なくとも11棟が

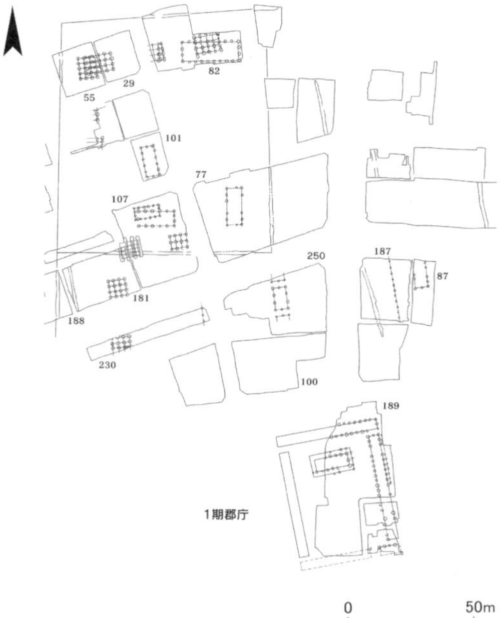

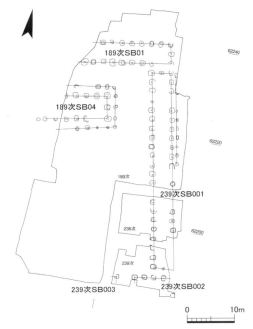

図13　有田遺跡群Ⅰ期配置図　1：3000

図14　有田遺跡政庁域　1：800

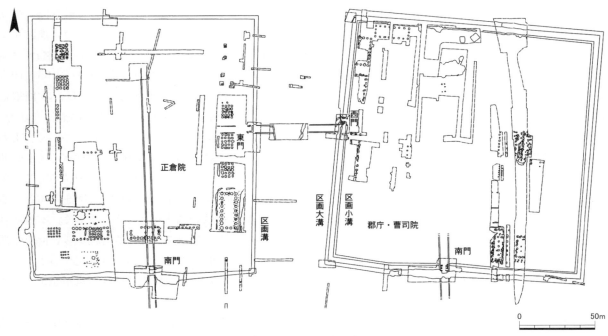

図15　下高橋官衙遺跡　郡庁院・曹司院　1：2500

確認されており、概ね4間×3間の総柱建物が基調となる。米倉秀紀の分類（東西棟C1群、南北棟C2群）を踏まえて正倉域を検討した菅波正人は、2条の南北溝から東西約100mの範囲の中に展開するC1群に関わる40m四方の正倉域と早良郡庁の関係を指摘している（文献44）。なお、次段階のD群（8世紀中頃〜）以降、諸施設は正方位をとる。東西約82m、南北約96mの区画溝内に正倉などが置かれており、この周辺に郡庁が移転した可能性も指摘されている。

郡庁の移転　筑後国御原郡に位置する、小郡官衙遺跡（資料編140頁）は7世紀後半から8世紀後半まで、大きく4時期にわたって変遷することがあきらかとなっている（文献8・71）。そのうち、Ⅱ期（7世紀末〜8世紀前半）には、幅3.4〜3.8mの区画溝SD849の中に、政庁と溝と柵に囲まれた正倉群、さらに北西側にも官衙が展開している。政庁は長舎を含む複数の側柱建物が並列して一辺約65×40m以上余りの政庁域となる（文献71他）。北に位置する正倉は4間×3間の総柱建物が中心で2列に並列している。これまでに12棟が確認されている。西方には、「館」あるいは「厨」と考えられる官衙群があり、政庁と軸をあわせて7棟の建物がある。そして、Ⅲ期（8世紀中頃〜後半）には主軸方位が正方位となり、北側には2条の区画溝による南北168m、東西長111mの方形区が置かれる。同じ御原郡内に位置する下高橋官衙遺跡（資料

図16　大ノ瀬官衙遺跡政庁域　1：1000

編144頁）は、8世紀中頃を主体とする官衙で正倉院と郡庁・曹司院からなる（図15、文献52〜56）。西側の正倉院は正方位をとり、大溝によって南北150m、東西170mの範囲を区画している。院内には正倉とみられる13棟の総柱建物と側柱建物が方位を揃えて配置されている。さらに東側の郡庁院は、大溝に区画された南北179m、東西175mの規模の施設で30棟以上の建物が配されている。2つの官衙の動向から、Ⅱ期

小郡遺跡から下高橋官衙遺跡へ御原郡庁が移転した可能性が指摘されている。

郡庁の構造　豊前国上毛郡衙に比定される大ノ瀬官衙遺跡(資料編154頁)は、8世紀第2四半期から9世紀頃まで存続する(図16、文献42・43)。柵(板塀)と溝で区画される150m四方の区画施設の中に、東西53.4m(178尺)、南北58.5m(195尺)の板塀で囲まれた政庁域がある。主軸方位は官道にあわせて39度東に振れる。南門、中央北に正殿と長棟化した東脇殿が配置されている。南門SB117は四脚門(間口4.5m)である。正殿SB104は7間×4間の四面廂建物(桁行総長16.8m、梁行総長10.2m)で、柱間寸法は身舎で2.4m(8尺)の等間になる。建て替えのSB105も7間×5間(桁行総長19.8m、梁行総長11.4m)だが、東側に約3m、南側に1m拡張されている。正殿SB104の東側には桁行4間以上×梁行2間の東西棟建物SB108が取り付く。東脇殿SB106は12間×2間の南北棟建物(桁行総長28.8m、梁行総長4.2m)で、桁行柱間2.4m(8尺)、梁行柱間2.1m(7尺)である。政庁域周辺には主軸方位を揃える、10間(桁行総長24.0m)×2間(梁行総長4.8m)の東西棟建物SB219や7間(桁行総長18.9m)×3間(梁行総長5.4m)で西側に廂が取り付く南北棟建物SB113、官道に面する東側には4間×3間の東西棟建物が並列している。

Ⅵ 大宰府管内における政庁域の特質と背景
(1) 律令制成立期の多様性

律令制成立以前、6世紀後半から7世紀には博多湾沿岸に那津官家関連施設と推定される比恵遺跡群が置かれている(文献65・66、資料編126頁)。7・13次では、9間×2間の長舎と布掘状の三本柱列組み合わせによる東西一辺30m程度の庁域を復元できる。関連する施設として、糟屋屯倉に関わるとみられる鹿部田淵遺跡(文献35)がある。本地域では、こうした推定屯倉関連施設と評関連施設との系譜や構造的関係については不明だが、糟屋評に想定される阿恵遺跡の正倉に布掘状の掘方がみられる点は注意して良いだろう。

あらためて、7世紀末から8世紀初め頃の大宰府管内の政庁域をみると、行政的階層に関わらず施設空間も多様である。阿恵遺跡や小郡官衙遺跡のように郡(評)に関わる政庁域は長舎が主流を占める[2]。長舎囲いの空間が儀礼に関わるものとみれば、当該

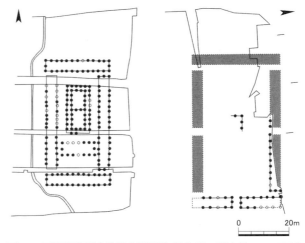

図17　石神遺跡饗宴施設と鴻臚館(筑紫館)Ⅰ期南館　1:1500

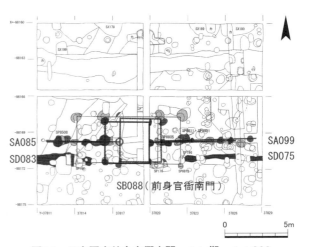

図18　日向国府前身官衙南門　Ⅰb期　1:300

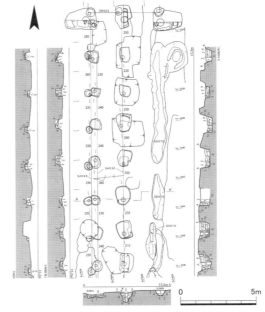

図19　福原長者原官衙遺跡　回廊状遺構　1:250

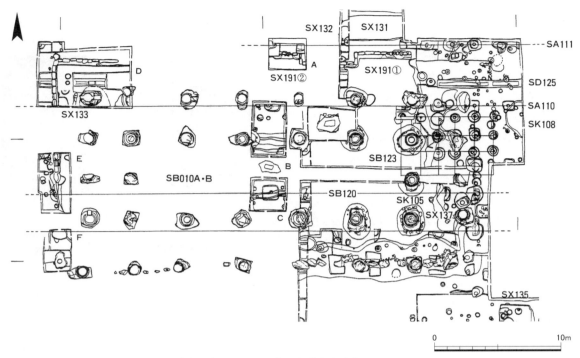

図20 大宰府政庁正殿地区Ⅰ期新段階長舎建物SB120 1：300

期の政庁域は政務だけでなく儀礼や饗宴を兼ねた施設であったといえる(文献10)。ただ、後の国庁に関わる長舎としてみれば日向国府Ⅰ期の前身官衙がある(文献59)。この下層遺構については、児湯郡衙の可能性も指摘されている。前身官衙Ⅰa・Ⅰb期では北辺と西辺が2棟の長舎連結で、南辺と東辺が柵(板塀)となる。庁域は東西約53.8m、南北58.0mの規模で、中央北に前身官衙主殿の東西棟建物SB030が配され、Ⅰb期に桁行8間の廂付建物になる。また、北辺長舎SB001・002は10間以上×2間、西辺長舎SB080・081は11間以上×2間である。確かに小郡官衙Ⅱ期が一辺約65m程度という規模からみれば、郡(評)の政庁域とほとんど変わらない。

ただし、この時期の長舎囲いの中枢施設の規模がそのまま、行政単位の格式を表現したといえないのも事実である。例えば、大宰府の外交施設である筑紫館(鴻臚館)では、7世紀後半のⅠ期南館は長舎2棟が並列して空閑地を囲うように儀礼空間を創出している(図17、文献44・45)。この時期の外国使節に対する饗宴施設だが、東西約54m、南北59mの規模は日向国府前身官衙Ⅰb期とほぼ同じである。あらためて日向国府前身官衙の評価は慎重にならざるを得ないが、この地域を南の対隼人政策の要衝としてみれば、境界領域の饗宴施設としての機能を備えていた可能性

はあろう。さらに、前身官衙が真北をとりつつ律令制成立期に継続し、上層に国庁が重複する点から後の国府の機能の一部を備えていたと思われる。8世紀前後に想定される、Ⅰb期に南門SB088が四脚門から八脚門と変わったこの時期こそが、この官衙が正式に国司の政務・儀式の空間である国庁として機能し始めたと考えられよう(図18)[3]。

律令制成立期前後、直接国に関わる施設では、筑後国府Ⅰ期古宮国府や豊前国福原長者原官衙遺跡などで一辺100m以上の区画溝と共に板塀や築地塀(土塁)囲まれた巨大な政庁が造営される。このような大規模な囲繞施設は、例えばⅠ期古宮国府の二重の溝と築地塀(土塁)に軍事機能が想定されるように、施設構造に実務的機能が反映されている可能性がある。また、その位置付けと評価は課題だが、豊前国福原長者原官衙遺跡では区画溝SD050と空閑地を含めて141.3m(400大尺)となり、正面に八脚門SB001を配して板塀の回廊状遺構SA030が取り付く(図19)。この八脚門の控柱の掘方は深さ約1.2m、柱痕跡の径は40cmを超え、通常の門と異なる南門の上部構造に関わるものと考えられる。さらに、回廊状遺構に並走する雨落溝から上部構造に屋根などが想定できる。特に巨大な外堀の区画溝や回廊状遺構の存在から、藤原宮(資料編190頁)や久米官衙遺跡(資料編124頁)、

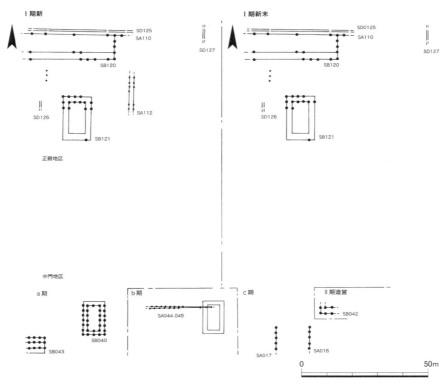

図21　大宰府政庁Ⅰ期遺構配置　1：1500

仙台郡山遺跡Ⅰ期（資料編11頁）など国家的施設との類似性も指摘され、瀬戸内海を臨む要衝に置かれた、この官衙の大規模な囲繞施設と空間に何らかの政治的儀礼機能が付加された可能性もある。

　同じく巨大な空間をもつ点で共通するのが、大宰府政庁Ⅰ期新段階の施設である（図20、文献46）。正殿地区周辺の中枢部では、長舎建物ＳＢ120に柵（板塀）ＳＡ110が取り付いて溝が並走し、中央に南北棟の四面廂建物ＳＢ121が配されている。中門のⅠ期施設とあわせてみると、南北100ｍ以上の範囲に建物が展開して南北棟の四面廂が並列する状況がある（図21）。この大宰府政庁Ⅰ期新段階の中枢施設は、長舎の中央に南北棟の四面廂建物を配するなど7世紀の官衙に伝統的な饗宴施設に近い配置（文献7・10・11）をとる。ただし、南面する長舎は柱間2.66ｍの桁行15間＋α、長さ30ｍ以上、梁行は4間10.20ｍ（34尺）で南面廂の東西棟建物であり施設空間とみても通常の長舎とは異なる規模である。この施設の造営は飛鳥浄御令を画期とする7世紀第4四半期頃であり、既に管内支配に関わる大宰府機構の一部が機能していることを重視すれば、饗宴を主体としながらも政務・儀式機能を備えた空間であったと考えられる。この点、施設や空間規模において筑紫館Ⅰ期とも峻別

され、政治機能や階層性が強調されているのであろう。また、それは筑紫分国直後、筑後国や豊前国において通常の規模と異なる初期国庁や関連施設が出現する点からみても、この時期の西海道における施設の空間規模や機能的格式は意識されていたと思われる。調査成果からみれば、この大宰府政庁Ⅰ期新段階の空間規模や儀礼空間はⅡ期政庁に継承される。

（2）政庁域様式と階層性の確立

　西海道では、長舎が7世紀第4四半期から8世紀第1四半期を越えて継続することは確かだが、律令制成立によって新たな施設様式の構造変化が起こる。その代表であるⅡ期大宰府政庁は、宮都の朝堂院形式を採用した西海道では最初の瓦葺殿舎の礎石建物である。宮の大極殿に相当する正殿を配して、中門より回廊が取り付き、その前庭には東西脇殿を配した。そして、このⅡ期政庁の造営と共に周辺官衙や観世音寺をはじめ主要施設の配置が決定するのである。

　Ⅱ期大宰府政庁造営の頃、諸国では筑後国や豊前国のように継続する国庁や関連施設、日向国のように一部改修する施設がみられる。おそらく、この時期に肥前国では現在地において国庁の造営が開始され

たのであろう。肥前国庁Ⅰ期は掘立柱塀で区画されるが、東西約64m、南北約68mで正方形に近く後殿は不在である。正殿ＳＢ80Ａは7間×2間の掘立柱建物でありその前面には7間×2間の同規模の前殿を配し、東西脇殿も総柱建物や側柱建物が並ぶが規模も小さい。現状では、こうした施設構造にⅡ期大宰府政庁の影響を読み取ることはできない。調査成果によれば、政庁域の規模拡大と共に大宰府政庁に類似した翼廊や後殿ＳＢ770が配されるのはⅡ期(8世紀後半)以降であり、さらに遅れて脇殿が長棟化する。つまり、肥前国庁の造営当初、大宰府政庁の直接的影響により政庁域の空間構成が決定された可能性は低いといえる。例えば、正殿と同規模の前殿の配置や造営当初における後殿の不在に象徴されるように、他の国府と同様に直接宮都の施設配置構想の影響があったと思われる(文献1)。そして、この肥前国庁の造営開始にやや遅れた第2四半期の天平年間頃、大宰府の影響の下、多様性をもつ初期国庁施設それぞれの再整備がおこなわれ、儀礼空間としての斉一性と階層性が進んだと考えられる。それは、肥前国庁Ⅱ期や筑後国府Ⅱ期の「大宰府的要素」の出現期とも重なる。

図22　不丁地区官衙Ⅰ～Ⅳ期　変遷図　1：2500

西海道では8世紀第2四半期頃を下限として、国庁と同様に長舎囲いの郡庁が不明瞭になる。変わって、板塀あるいは溝で区画され中央奥に正殿を配する中枢施設が明確になる。上毛郡大ノ瀬官衙遺跡では、四面廂建物の正殿に長棟化した東脇殿が配置され、主門は四脚門となる（図16）。また、8世紀半ば頃、Ⅱ期小郡官衙遺跡から御原郡庁への移転とされる下高橋官衙遺跡でも、正倉院や郡庁・曹司院などが造営され、役所の機能的配置が明確になる。この時期、評段階から継続する郡庁についても、糟屋郡阿恵遺跡や早良郡有田遺跡にみられるように政庁は移転して施設の機能も変容する。このようにみると、8世紀中頃以降の郡における政庁の移転や空間構成の再編などは、国庁整備の画期と概ね連動していることは確かであり、特にⅡ期大宰府政庁の造営以降、諸国の国庁を中心に行政的階層を越えて急速に施設様式の類似性が強くなる。

　例えば、天平年間以降に大宰府路の駅家などの施設が大宰府系瓦を使用した瓦葺きとなるが、同時に大宰府の象徴でもある大宰府式鬼瓦もⅡ期式を中心に諸国に拡がる（文献15・16・60・61）。各施設数点程度の出土だが、この文物は中央とは異なる大宰府管内としての意志強化を表現したものといえる。特に西海道を南北に貫く大宰府路沿いの肥後国の関連施設では、多様な鬼面文がみられるようになる。その出現背景には、官道を介しての政治的交流が想定される。

　また一方では、この時期以降に管内における政庁域の施設様式の階層化も進む。特に国庁域が一辺70m以上、郡庁域が一辺60m以内、南門は国庁で八脚門、郡庁で四脚門となり構造的格式も明確になる。また、国庁においては定型化と共に大宰府政庁との施設様式や構造の類似性を指摘できるが、郡庁については、政庁域の区画施設の中央北に正殿を置く原則以外は多様である。この大宰府管内の動向に

表1　大宰府管内における政庁域等の諸要素の対比と変遷（7〜11世紀）

政庁域等			7世紀	8世紀	9世紀	10世紀	11世紀
大宰府	大宰府政庁	Ⅰ古					
		Ⅰ新					
		Ⅱ					
		Ⅲ					
	不丁地区官衙	Ⅰ					
		Ⅱ					
		Ⅲa					
		Ⅲb					
		Ⅲc					
		Ⅳ					
		Ⅴ					
筑後	筑後国府	Ⅰ					
		Ⅱ					
		Ⅲ					
		Ⅳ					
肥前	肥前国府	Ⅰ					
		Ⅱ					
		Ⅲ					
		Ⅳ					
肥後	二本木遺跡群13次						
豊前	福原長者原官衙遺跡	Ⅰ					
		Ⅱ					
		Ⅲ					
日向	日向国府（前身官衙）	Ⅰa					
		Ⅰb					
		Ⅰc					
	（定形化国庁）	Ⅱa					
		Ⅱb					
		Ⅱc					
		Ⅱd					
糟屋	阿恵遺跡	評・郡					
早良	有田遺跡	評・郡					
御原	上岩田遺跡	評					
	小郡官衙遺跡（Ⅱ期）	評・郡					
	下高橋官衙遺跡	郡					
上毛	大ノ瀬官衙遺跡	郡					

※　破線：掘立柱建物　実線：礎石建物　◆長舎　■区画溝　★回廊状遺構　□八脚門　▽翼廊　◇長棟化脇殿　●瓦葺　▲礎石　▼築地

ついては、国庁の主要殿舎が瓦葺の礎石建物となる9世紀初め頃までは継続したと考えられる（表1）。

このように大宰府管内諸国の動向と大宰府郭内の官衙との連動性が想定される（図22、文献3・4・12・51）。例えば、大宰府政庁周辺に置かれた不丁地区官衙では、「天平6年(734)」銘木簡が出土した境界溝SD2340が8世紀第2四半期から第3四半期頃に廃絶し、変わって上位に石組の暗渠SX2485や石組溝SD2335等が新たに造営される（文献19～27）。さらに、南北約222m(740尺)範囲の官衙域を3区画に細分する東西に延びる築地等の区画施設が配置されたことがわかる。そして、中央区域で四面廂建物SB2420を中心とする建物配置をとるなど、この官衙における大きな画期に位置付けられる。出土遺物からみる限り、9世紀前半頃までは確実に施設は継続し、長棟化した建物の中に礎石建物SB370などが新たに出現する。つまり令制大宰府発足後、大宰府における官衙の展開を考える上でも大きな転換期にあたるのである。このような大宰府内の動きも管内諸国の政庁域の整備と連動する可能性は高い。特に国分寺造営の詔を契機とする、諸国の国庁域における瓦葺殿舎の出現は、空間規模だけでは簡単に図れなかった「荘厳化」によって郡庁との施設様式の階層性をより明確にしたと思われる。

Ⅶ　おわりに

本論では、近年の調査研究動向を踏まえながら、大宰府管内における政庁域の施設様式や構造について比較検討を試みた。重層的な施設変遷が追える大宰府政庁や肥前国庁、初期国庁と移転造営の規範である筑後国府、律令制成立期の長舎等を視点として、律令制成立期から諸施設の規模拡充が果たされる8世紀代を対象とした。本来であれば、政庁が不明瞭になり廃絶する10世紀代まで含めて検討すべきであるが、管内諸施設の情報量は膨大で格差もあり、一律の比較検討は困難な状況である。

述べるまでもないが、西海道は大宰府と諸国、あるいは諸国と郡のように大宰府を中心とする政治的階層が明瞭な地域である。こうした政治構造的特質を活かしながら官衙遺跡の比較研究を進めることが重要であろう。例えば、山中敏史氏の研究以来、国庁の画期として9世紀前後の規模拡充や瓦葺殿舎の造営が掲げられる。西海道においてもこの視点は継承されるが、現在調査が進められている日向国府跡の動向をみると軒先瓦数が少なく、瓦当文様の動向を含めてどのような瓦葺が想定されるのか、筑後国や肥前国との比較検討が重要になる。また一方では、断片的な類似性や差異が、本来の施設様式の階層性や普遍性をどこまで正しく反映していのるかについても、繰り返し議論される必要がある。これらの点については自らの課題として稿を改めたいと思う。

本稿は、第21回古代官衙・集落研究集会の発表を下敷きとしたものである。その骨子についての大きな変更はないが、当日の議論を幾つか反映したものである。特に研究集会では、海野聡、廣谷和也、箕輪健一、志賀崇、古尾谷知浩、李陽浩の各氏にはお世話になった。記して感謝したい。なお、執筆にあたっては、馬場基、小田裕樹をはじめとする事務局の皆様には大変お世話になった。重ねて感謝したい。

以下の方々にもお世話になった。記して謝意を表する。

赤川正秀、赤司善彦、天野正太郎、井上信正、小川秀樹、小鹿野亮、小澤太郎、小田和利、小田富士雄、亀田修一、城戸康利、小杉山大輔、下原幸裕、神保公久、菅波正人、津曲大祐、西垣彰博、林部均、飛野博文、松村一良、宮田浩之、松本太郎、山口裕平、山村信榮（敬称略、五十音順）。

註

（1）大宰府政庁では、官司の執務状況を推測させる資料が出土している。Ⅱ期大宰府政庁成立の頃、東北隅には8間×5間の四面廂掘立柱建物SB500が置かれたが、建物北側の不整形土坑SK514からは、多量の木簡が出土している。出土木簡は887点を数えるが多くは削屑で、下級職員の「使部」、軍団に関る「御笠團」や「□百長」等がある。また解文の事書である「謹解申～事」や、「家」、「為」などの習書木簡も数多くみられ、他に官名の「貳」、「掾」、人名の「鴨牧麻」、「麻(万)呂」、「益人」などの人名がある。多岐に亘る内容から総務的な官司が想定されている。

（2）西海道の国庁の成立に関して大橋泰夫氏は、長舎がみられる7世紀末～8世紀初め頃の筑後国府Ⅰ期、日向国府前身官衙と大宰府政庁Ⅰ期を対比させる（文献7）。さらにⅡ期大宰府政庁を規範とする「大宰府政庁型」以前の国・郡衙の政庁を考古学的にあきらかにするべきという。特に正殿地区Ⅰ期遺構と諸国の対比をおこない、さらに評・郡庁がどのような系

譜で造営されたのか、施設配置や構造の検討の必要
性を説く。確かに傾聴すべき意見である。大橋氏の
指摘にもとづき諸国や評・郡単位の政庁を丁寧に並
べると、西海道でも概ね8世紀第1四半期には長舎
が主体となる。

（3）このような長舎に八脚門が取り付く施設様式は西海
道では確かな類例が無い。ただ、肥後国託麻郡衙に
想定される神水遺跡 (資料編160頁) において長舎間に
取り付く門が八脚門の可能性はある。

参考文献

1　青木敬「宮都と国府の成立」『古代文化』第63号第4号、古代学協会、2012。

2　阿部義平「国庁の類型について」『国立歴史民俗博物館研究報告』10、国立歴史民俗博物館、1986。

3　石松好雄「大宰府の府庁域について」『九州歴史資料館研究論集』3、九州歴史資料館、1977。

4　石松好雄「大宰府庁域考」『大宰府古文化論叢』上巻、九州歴史資料館、1983。

5　井上信正「大宰府条坊区画の成立」『考古学ジャーナル』№588、ニューサイエンス社、2009。

6　井上信正「大宰府条坊の基礎的考察」『年報太宰府学』第5号、太宰府市史資料室、2011。

7　大橋泰夫「長舎と官衙研究の現状と課題」『長舎と官衙の建物配置』奈良文化財研究所、2014。

8　小郡市教育委員会『小郡遺跡　発掘調査と環境整備報告』小郡市文化財調査報告書第6集、1980。

9　小田富士雄「西海道国府の考古学的調査」『国立歴史民俗博物館研究報告』20、国立歴史民俗博物館、1989。

10　小田裕樹「饗宴施設の構造と長舎」『長舎と官衙の建物配置』奈良文化財研究所、2014。

11　小田裕樹「古代宮都と地方官衙の空間構造についての一試論」『九州史学会考古学部会発表要旨』九州史学会、2017。

12　鏡山猛『大宰府都城の研究』風間書房、1968。

13　粕屋町教育委員会『阿恵遺跡―福岡県糟屋郡粕屋町阿恵所在の官衙遺跡の調査―』粕屋町文化財調査報告書第43集、2018。

14　亀田修一「豊前国府の成立」『豊前国府誕生福原長者原遺跡とその時代』行橋市教育委員会、2017。

15　木本雅康「古代駅路と国府の成立」『古代文化』第63号第4号、古代学協会、2012。

16　木本雅康「総論　近年の古代駅家研究―山陽道を中心に―」『考古学ジャーナル』№665、ニューサイエンス社、2015。

17　九州歴史資料館『大宰府史跡　平成11年度概報』2000。

18　九州歴史資料館編『大宰府政庁跡』2002。

19　九州歴史資料館『大宰府政庁周辺官衙跡』Ⅰ、2010。

20　九州歴史資料館『大宰府政庁周辺官衙跡』Ⅱ、2011。

21　九州歴史資料館『大宰府政庁周辺官衙跡』Ⅲ、2012。

22　九州歴史資料館『大宰府政庁周辺官衙跡』Ⅳ、2013。

23　九州歴史資料館『大宰府政庁周辺官衙跡』Ⅴ、2014。

24　九州歴史資料館『大宰府政庁周辺官衙跡』Ⅵ、2015。

25　九州歴史資料館『大宰府政庁周辺官衙跡』Ⅶ、2015。

26　九州歴史資料館『大宰府政庁周辺官衙跡』Ⅷ、2016。

27　九州歴史資料館『大宰府政庁周辺官衙跡』Ⅷ、2017。

28　熊本市教育委員会『二本木遺跡群Ⅱ―二本木遺跡群第13次調査区発掘調査報告書―』2007。

29　倉住靖彦『古代の大宰府』吉川弘文館、1985。

30　久留米市教育委員会『横道遺跡（Ⅰ）歴史時代編』久留米市文化財調査報告書第49集、1987。

31　久留米市教育委員会『筑後国府跡（1）』久留米市文化財調査報告書第271集、2008。

32　久留米市教育委員会『筑後国府跡（2）』久留米市文化財調査報告書第284集、2009。

33　久留米市教育委員会『筑後国府跡　中環状道路整備事業『都市計画道路3・4・18号合川町津福本町線』に伴う埋蔵文化財発掘調査（3）』久留米市文化財調査報告書第315集、2012。

34　久留米市教育委員会『筑後国府跡―Ⅰ期政庁地区―』久留米市文化財調査報告書第383集、2017。

35　古賀市教育委員会『鹿部田渕遺跡　第2次・6次・7次調査　福岡県古賀市鹿部所在遺跡の遺跡確認調査報告書』古賀市文化財調査報告書第33集、2003。

36　西都市教育委員会『日向国府跡　平成26年度発掘調査概要報告』西都市文化財調査報告書第68集、2015。

37　佐賀県教育委員会『肥前国府跡Ⅲ』佐賀県文化財調査報告第78集、1985。

38　佐賀市教育委員会『国指定史跡肥前国庁跡保存整備事業報告書―遺物・整備編―』2006。

39　狭川真一「大宰府の造営」『古文化談叢』31、九州古文化研究会、1993。

40　澤村仁「大宰府政庁中心域（都府楼）の建築」『大宰府政庁跡』九州歴史資料館、2002。

41　神保公久「筑後国府の成立」『古代文化』第63号第4号、古代学協会、2012。

42　新吉富村教育委員会『大ノ瀬下大坪遺跡』新吉富村文化財調査報告書第10集、1997。

43　新吉富村教育委員会『大ノ瀬下大坪遺跡Ⅱ』新吉富村文化財調査報告書第11集、1998。

44　菅波正人「鴻臚館跡調査の概要」『条里制・古代都市研究』第31号、条里制・古代都市研究会、2016。

45　菅波正人「筑紫館（鴻臚館）の成立」『よみがえれ！鴻

臚館―行き交う人々と唐物―』福岡市博物館、2017。

46 杉原敏之「大宰府政庁のI期について」『九州歴史資料館研究論集』32、九州歴史資料館、2007。

47 杉原敏之「大宰府と西海道国府成立の諸問題」『古文化談叢』第65集（4）、九州古文化研究会、2011。

48 杉原敏之「大宰府と西海道国府の成立」『古代文化』第63号第4号、古代学協会、2012。

49 杉原敏之「大宰府の造営と西海道諸国」『古代考古学論集』同成社、2016。

50 杉原敏之「福原長者原遺跡の発掘調査」『豊前国府誕生福原長者原遺跡とその時代』行橋市教育委員会、2017。

51 竹内理三「大宰府政所考」『史淵』71、九州史学会、1956。

52 大刀洗町教育委員会『下高橋（上野・馬屋元）遺跡IV』大刀洗町文化財調査報告書第16集、1999。

53 大刀洗町教育委員会『下高橋遺跡V』大刀洗町文化財調査報告書第30集、2005。

54 大刀洗町教育委員会『下高橋遺跡VI』大刀洗町文化財調査報告書第41集、2007。

55 大刀洗町教育委員会『下高橋遺跡VII』大刀洗町文化財調査報告書第42集、2007。

56 大刀洗町教育委員会『下高橋遺跡VIII』大刀洗町文化財調査報告書第48集、2010。

57 田中正日子「成立期の筑後国府と大宰府」『筑後国府跡・国分寺跡』久留米市文化財調査報告書第59集、久留米市教育委員会、1989。

58 津曲大祐「日向国府跡の調査―平成23・24年度調査の概要―」『条里制・古代都市研究』第29号、条里制・古代都市研究会、2014。

59 津曲大祐「日向国府跡の調査成果」『一般財団法人日本考古学協会2017年度宮崎大会研究発表資料集』一般社団法人日本考古学協会、2017。

60 西垣彰博「福岡県糟屋郡粕屋町内橋坪見遺跡について」『国士舘考古学』第6号、国士舘大学考古学会、2014。

61 西垣彰博「筑前国夷守駅と内橋坪見遺跡」『考古学ジャーナル』№665、ニューサイエンス社、2015。

62 西垣彰博「九州の郡庁の空間構成について」『郡庁域の空間構成』奈良文化財研究所、2017。

63 林部均「福原長者原遺跡と藤原宮・仙台郡山官衙遺跡」『豊前国府誕生福原長者原遺跡とその時代』行橋市教育委員会、2017。

64 日野尚志「西海道国府考」『大宰府古文化論叢』上巻、九州歴史資料館、1981。

65 福岡市教育委員会『比恵遺跡群28―比恵遺跡群第13次・第15次・第21次調査―』福岡市埋蔵文化財調査報告書第596集、1999。

66 福岡市教育委員会『比恵遺跡群29―比恵遺跡群第72次調査概要―』福岡市埋蔵文化財調査報告書第663集、2000。

67 福岡市教育委員会『有田・小田部50』福岡市埋蔵文化財調査報告書第1135集、2012。

68 福岡市教育委員会『有田・小田部56―有田遺跡群第250次調査の報告―』福岡市埋蔵文化財調査報告書第1250集、2015。

69 藤井功・亀井明徳『西都大宰府』NHKブックス277、日本放送協会、1977。

70 宮崎県教育委員会『寺崎遺跡―日向国庁を含む官衙遺跡―』国衙跡保存整備基礎調査報告書、2001。

71 宮田浩之「西海道の門」『官衙と門　報告編』奈良文化財研究所、2010。

72 大和町教育委員会『肥前国庁跡―遺構編―』2000。

73 山中敏史『古代地方官衙遺跡の研究』塙書房、1994。

74 山中敏史「国府・郡衙跡調査研究の成果と課題」『文化財論叢II』奈良国立文化財研究所創立40周年記念論文集刊行会、同朋舎出版、1996。

75 行橋市教育委員会『福原長者原遺跡』行橋市文化財調査報告書第58集、2016。

76 横田賢次郎「大宰府政庁の変遷について」『大宰府古文化論叢』上巻、九州歴史資料館、1983。

挿図出典

図1：　文献76。

図2・3・20：文献18。

図4・21：文献46。

図5：　文献30・31・33より事務局作成。

図6・10・11：文献38。

図7・19：文献75。

図8・18：文献59。

図9：　文献50。

図12：文献13。

図13：文献68。

図14：文献67。

図15：文献56。

図16：文献43。

図17：文献45。

図22：文献23。

表1：　筆者作成。

文献からみた国・郡・寺院の「庁」における政務とクラ

古尾谷知浩（名古屋大学）

I　はじめに

　本稿は、国の「庁」、寺院政所の「庁」との比較を踏まえて、郡の「庁」とこれに近接して存在するクラの問題について検討することを目的とする。国の「庁」については、かつて文献史料にもとづいて検討したことがあるので（文献19）、まずは前稿の概要を示しておくこととする。

（a）国の「庁」「庁事」の機能には、通説の通り（文献26）儀礼・饗宴・政務がある[1]。

（b）『朝野群載』によれば、平安時代の国の「庁事」における政務は、受領による「判」つまり決裁と「捺印」からなっている。

（c）奈良時代と比較した場合、奈良時代における「判」は四等官共知が原則だったものが平安時代には受領による単独決裁に変化する、などの相違はあるものの、「判」「捺印」が中核であったことは共通する。

（d）国の「庁」の近くには印・文書の保管庫があった。

（e）印・公文庫のカギの管理は、（国に限らず）長官固有の権限であった。

（f）受領交替時にその権限の象徴として引き継がれる「印鑰」の「鑰」は印・公文庫の鑰である。

（g）国の「庁」の政務において「判」とあわせて「捺印」をおこなうということは、宮都での12の「朝堂」における政務とは対応せず、「曹司」の「庁」における政務に対応する。

（h）国の「庁」の近くにクラが存在するということは、宮都における12の「朝堂」の構造とは対応せず、「曹司」の構造に対応する。

（i）クラの有無や配置に着目すると、国庁の構造は必ずしも左右対称ではない場合があり、国を超えた画一性も疑問である[2]。

（j）したがって、国の施設の造営にあたって、中央からの規制や技術的指導が存在したことは論証できない[3]。

　以上の議論は、印制が整備されるのが大宝令制以降であるため、7世紀には通用しないという限界が存在する[4]。しかし、7世紀では定型化された国庁も未成立であると考えられるので、比較対照することは困難であり、8・9世紀に限定した議論としては成立するものと認識している。次節以降、これを踏まえて郡の「庁」について考えたい。

II　郡の政務と郡庁院の施設

　郡の「庁」の機能にも、儀礼、饗宴、政務があったという通説は継承すべきであろうと考える（文献26）。以下、そのうちの政務について検討する。

　郡の政務のあり方については、儀式書類に史料がなく、『朝野群載』などとの比較をすることが困難である。しかしながら、売券を例にとれば、郡司四等官が判をおこない、郡印を押捺して作成しており、国と同様に、「判」「捺印」の2段階の政務があったことは確認できる。郡印の初見は、売券に捺された天平20年（748）の山背国宇治郡印であり[5]、こうした政務のあり方は少なくとも8世紀半ばまではさかのぼる。また、売券を複数通作成して、そのうちの一通を郡にとどめることが明記されている事例もしばしばあることから、公文保管庫が決裁の場に近接して存在していたことも強く推定できる。そこで、郡の「庁」に近接するクラの存在が文献史料上確認できるかどうか、検討したい。

　長元3年（1030）「上野国交替実録帳（不与解由状）」[6]によれば、那波郡、吾妻郡、新田郡の「郡庁」に近接して、「公文屋」なる施設があったことがうかがえる。「公文屋」について、森公章氏は、「公文屋は郡務関係文書収蔵の場、また案主・郡書生が文書の管

理・検索、あるいは文書作成などを行なう実務の場であったと考えられる」と述べている（文献23-17頁）。結論からいえば文書の保管・作成の両方の機能があり得ると考えるが、まずは主たる機能として公文の保管という面があったか否かを検討したい。しかしながら、このことを直接示す史料には恵まれないので、傍証として寺院政所の「庁」およびその周辺施設の機能について考えることにする。

Ⅲ　寺院政所の「庁」とクラ

（1）寺院政所における政務とその施設

　改めていうまでもないことであるが、奈良時代の寺院三綱の政所は、文書の宛所としてみえ、また一方で三綱が発給する文書も存在することから、三綱を中心に文書の受理・発給をおこなった機関として位置付けることができる（文献8）。外部からの文書を受理してからそれに対して組織としての意思を外部に発出する過程で、決裁がおこなわれていたことは当然想定できるので、寺院政所の機能は文書の受理・決裁・発給であると整理できよう。決裁の主体は、文書に署名をおこなっている三綱が中心ということになる。そして寺院発給文書には寺印が押捺されることから、「捺印」も寺院政所においておこなわれる政務に含まれる。つまり、官司においても寺院政所においても、主体が四等官か三綱かという違いはあるが、「判」「捺印」が政務の中心であったことには変わりがない。後掲の『東大寺要録』にみえるように、寺院政所の場合も「庁」と称されていた建物があり、決裁の場にあたる。

　ただし、「国庁」の機能には、儀礼・饗宴・政務があったが、寺院政所の場合は政務に特化していると考えられる。儀礼にあたる法会は金堂や講堂などで、饗宴にあたる食作法は食堂でおこなわれていたので、政所の機能としては政務が残ることになるからである。次に、このような政務がおこなわれる政所の施設について確認しておきたい。川尻秋生氏の整理によれば（文献8。このほか、文献2・3・10も参照）、四天王寺、神護寺、西大寺、観世音寺、東大寺（文献17）、弥勒寺のように、政所にクラをともなう事例がみられる。そこで、項を改めて政所に近接するクラの機能について検討する。

（2）平安時代初期の東大寺政所の庁とクラ

　ここで取り上げたい史料は、東大寺の「西行南第二倉公文下帳」[7]である。これは、大同2年（807）の、東大寺政所の西行南第二倉の出納記録である（【史料1】）。時系列にしたがってその内容を整理しておく。

　大同2年8月18日治部省状・僧綱牒により、勅使の同日の宣にもとづいて、8月24日に東大寺倉を開くに先だって、「件倉下文」が東大寺に対して要求された（この「倉下文」は出納記録と考えられるので、クラノオロシブミと読むべきであろう）。これにしたがって、8月21日に公文5巻を下すこととなった。そのうち4巻を僧綱所に進上したが、内訳は「一巻政所東倉」「一巻同院西南一倉」「二巻同院西南二倉」の分であり、これとは別に「一巻人々所負物抄」を政所に下し置くこととした。これら5巻に、政所にあった「俗官交度帳一巻」を加え、合計を6巻に訂正してあわせてこの時に出蔵した扱いとしている。次いで、8月25日に倉の出納を記した木簡とみられる「板杭壹枚」を出蔵し、僧綱所に進上した。最終的には、9月9日、「倉下」文4巻と「板策一枚」「政所交替帳」が返納され、交替帳のみが政所にとどめ置かれ、他は西行南第二倉に収納されたと思われる。

　この「公文下帳」には、東大寺三綱・可信・知事、僧綱使の威儀師・従儀師が署名しており、東大寺側の管理者は、三綱以下であったことがわかる。

　以上、当該史料の内容を整理したが、ここから次のようなことがいえる。まず、多くの公文が「西行南第二倉」で保管されていたことがわかる。倉の中に倉の「下文」（出納帳）があるのは一見当然のことであるが、ここでは複数の倉の出納帳が1つの倉でまとめて保管されていたことが重要である。また、「西行南第二倉」には、クラの出納を記した木簡（文献11）も収納されていた。この木簡には、延暦24年の4回分の出納のみが記されていたのであって、日々の出納は木簡に記し、一定期間が過ぎれば紙の帳簿に転記していたことがうかがえる。複数の倉から整理統合された形で、紙媒体の帳簿が上位の政所に提出され、その後「西行南第二倉」に収納されていたと推定できる。西行南第二倉は政所に提出された（少なくとも財政関係の）文書をまとめて保管する倉であったということができる。

　なお、「政所」でも文書（ここでは交替帳）を仮置きすることがあり、「政所」内でも文書を納める施設が

あったことがうかがえる。

次いで、倉の位置について検討する。3つの倉とも政所院内にあって、東側に1つ、西南に2つあった。そのうちの「西南二倉」が「西行南第二倉」にあたる。つまり、「政所院内」にある倉のうちの少なくとも1つで文書を保管していたのである。さらに、その倉の出納管理の体制を検討したい。出蔵の承認、返納の確認は三綱以下がおこない、公文下帳に署名していたことがわかる。つまり、出納は三綱以下の共知により管理され、政所の公文倉にふさわしい管理方式であったということができる。

（3）平安時代中期の東大寺政所とクラ

『東大寺要録』四諸院章をみると、「庁」とそれに近接するクラの記述がある（【史料2】）。『東大寺要録』は12世紀初頭に編纂されたとされており、前項で検討した史料とは約300年の開きがあって、同じ状況を示しているとはいいがたく、また記述の構成はやや複雑であるが、この史料から次のような建物の配置が復元できよう。まず、「大庁」には、「庁」の東に、「庁東倉代殿」がある。これはおそらく7間の南北棟建物で、このうちの南端部分2間を仕切って「宿直殿」とし、次の3間を「公文殿」とし、北端の2間を「鼓殿」として使っている。「庁」の前には「庁前納殿」があり、「庁」の内部の東端を仕切って「庁内東端殿」として神代を納めている。また、「庁」の西には「同庁西端殿」があり、そのうちの南端を仕切って「南一端倉」として舞装束、楽器などを納めている。この「大庁」の区域とは別に「印蔵」があり、流記公験など、および伽藍縁起を記した銘板1枚を納めている。

以上のことから、「大庁」周辺には収納施設がいくつかあることがわかる。そのうち、「庁東倉代殿」に着目するならば、建物を仕切って、中間部分を「公文殿」として用い、南端、北端は別の用途に使っている。つまり、「公文殿」は「倉」つまり文書を納めるクラであることがいえる。また、この建物は「倉代」であり、いわゆる高床式の倉庫ではないとみられ、おそらく側柱建物に床を張って、壁で仕切ってクラとして用いたものであると推定できる。だからこそ、他の部分を別の用途にも用いることができたのであろう。

なお、この「公文殿」とは別に「印蔵」があって、重要文書を納めている。いうまでもなく、この「印蔵」収納文書はのちの東南院文書にあたる（文献22）。

「公文殿」と「印蔵」の機能の違いは、日常的に用いる文書を「公文殿」で、権利の根拠として永久保存し、訴訟などの際に利用する文書を「印蔵」で保管したものと想定される。また、明記はされていないが、後者の名称から考えれば、そこには寺印が納められていたはずである。

また、「庁内」も内部を区切って（文書ではないが）収納のための空間としていた。政務の場と収納の場が同一の建物内に設けられ得るということは留意しておきたい。

Ⅳ　郡の「庁」とクラ

前節での検討により、寺院政所の機能は、文書の授受、決裁、捺印の場であったこと、政所の「庁」の近くには、文書保管庫、印保管庫があったこと、東大寺においては「庁」直近の文書保管庫は「公文殿」と呼ばれていたこと、などが判明した。つまり、寺院政所の「庁」についての知見は、官司の「庁」を検討する際に参照可能であるということがいえる。これを踏まえて郡の「庁」周辺の施設について振り返るならば、「郡庁」の近くにある「公文屋」は、「殿」と「屋」という表記の違いはあるものの、文書保管庫であると考えて良い。もちろん、前述のように、1つの建物を仕切って別の用途に使うことも可能であるから、森氏の述べるように文書の整理、管理などをおこなう部分があったことも充分考えられる。

Ⅴ　おわりに

最後に、以上のことを踏まえて、今後の課題を列挙してまとめに代えたい。

本論で述べたように、郡の「庁」のあり方を検討する際にも、国の「庁」の場合と同様に、印・文書保管庫が近くにあったことを想定しなければならない。しかし、前稿でも、また本稿Ⅲ（3）でも述べたように、そのクラは総柱建物とは限らない[8]。床束を立て、床を張り、壁で囲み、棚を作り、印や文書を入れた櫃を納めれば、立派な倉庫になる。また、建物内を仕切れば、別の用途に使うこともできる。平安宮内裏の校書殿は、床を張り身舎の一部を塗籠の壁で囲んで文書・典籍の保管庫とすると同時に、廂を饗宴の場としても使用していた[9]。また、収納のための空間は、政務の空間とも同一建物内で共存できる。前述の通り、『東大寺要録』にみえる「庁」の建物は、

東西棟の内部を仕切って収納施設としていた。

こうしたことからすれば、郡庁の調査に際しては、総柱建物の有無のほか、側柱建物であっても床束の有無、壁や間仕切の有無についても留意する必要がある。床や間仕切については、大林潤氏（文献7）、海野聡氏（文献6）も言及しているが、仕切られた空間がクラである可能性も考慮すべきであろう。

建物の一部を仕切って文書収蔵庫とした場合、その建物の名称は「公文屋」などになるとは限らない。吉松大志氏は、「「上野国交替実録帳」において「公文屋」が3郡にしかみえないことに関連して、「全ての郡に「公文屋」という名の建物が存在したとは考え難い。公文に関わる建物は各郡に必ず存在していたであろうが、それは3郡以外では「納屋」や「雑屋」など他の名称がつけられた建物で代用されていたと考えるべきであろう」としている（文献27-207頁）。前述の『東大寺要録』においても、公文庫が設けられた建物全体の名称は「庁東倉代殿」であって、「公文殿」はその中の一部であった。

なお、海野氏は、〈正殿〉の存在が認められない郡庁があることを指摘している（文献6）。〈正殿〉がなくても「判」「捺印」はおこなっていたはずなので、いわゆる〈長舎〉の一部を区切って「庁」として扱ってこれらの政務をおこない、他の部分を公文庫を含む別の目的に用いていた可能性もあろう。

また、「庁」に近接する公文庫の問題を考える上では、時期的変遷にも留意する必要があろう。「庁」の造営当初、保管すべき公文の量が少ない段階では、独立のクラ、あるいは大型のクラは無くても良かったであろうし、後に文書が蓄積されていくにつれ、収納施設を増設しなければならなかったと思われる。事実、肥前国庁におけるクラは、9世紀後半〜10世紀後半にあたるⅢ期に大型化する。また、法隆寺において奈良時代には政所であった現食堂（文献1・12・14・20）の南西にある現綱封蔵も、平安時代初期になってから建てられたとされている（文献14・20）。クラの建物の新設だけではなく、壁の設置など既存の建物の改装も考慮すべきであると思われる。

（付）寺院における印鑰渡について

「印鑰渡」とは、中世における寺院別当就任儀礼の1つである。前稿で、平安時代の国司交替における印鑰受領儀について論及し、印鑰の「鑰」は印・公文庫のカギであることを述べた。このことを傍証するために、寺院の印鑰渡について付言しておきたい。

まず、中世後期の興福寺別当就任儀礼における印鑰渡について検討する（文献4・15）。

この儀礼について詳細に記述している史料が、『大乗院寺社雑事記』文明15年（1483）5月「印鑰昇之中綱問答記」である。特に本稿に関係する部分を【史料3】として後掲する。この史料は、尊誉から政覚への興福寺別当の引き継ぎに関する記事であるが、ここに引用されている「菩提山本願御記」によれば、「印鑰渡」の儀において継承するのは、「印箱」「鑰箱」「唐鑰」であった。「印」「鑰」は前任者退任時に「寺庫」に納めることになっていたが、「鑰箱」内のカギは宝蔵・通倉のカギであった。つまりクラのカギであって、受領交替時に引き継がれる「鑰」が印櫃のカギであるという説を退ける傍証となる。ただし、「鑰箱」に入っているカギは「鏁」のカギであって、「鑰」つまりいわゆるクルルカギではない。また、この「鑰箱」は「印箱」とともに「寺庫」に納められるのであるから、印を収納する「寺庫」のカギはこの中には含まれていない。そこで着目すべきは、「鑰箱」に入れた鑰とは別に扱われている「唐鑰」である。これは大きさからして「鑰箱」には入らず、別に継承されたと考えられるが、柄付きのカギであって、いわゆるクルルカギであると推定できる。つまり、これが「印鑰」を納めた「寺庫」のカギであろう。

以上のことを整理すると、中世後期の興福寺別当交替にあたって渡される「印鑰」のうちの「鑰」には、さまざまなクラのカギが含まれるが、これとは別に「唐鑰」、おそらくは「印」およびその他の「鑰」を（さらには文書をも）納める「寺庫」の鑰も引き継がれていた、ということができる。

次いで、同じく中世後期における東寺廿一口方奉行の交替について検討したい。東寺にはいくつかの合議組織が作られているが、そのうち、廿一口方と呼ばれる組織においては、文書の保管は、西院御影堂内にあった「御影堂経蔵」（＝「西院文庫」）においてなされていた。「経蔵」「文庫」といっても独立した倉庫ではなく、「御影堂」つまり他の用途にも用いる建物の一部を仕切って文書保管庫としたものである[10]。廿一口方奉行は任期1年であったが、その引き継ぎに関わる文書として、永禄2年（1560）「廿一口方手文箱送進状」[11]を検討したい（【史料4】として後掲）。この

史料をみても、継承するカギは文書保管庫のカギであることは明白である。一般論として、組織の長が交替する際に引き継がれるカギのうち、もっとも重要なものは、文書保管庫のカギであった（もちろん、本質的に重要なのは納められている文書）ということができる[12]。

以上、寺院組織において継承されるカギについて検討してきたが、本稿の主要な論点である郡司の場合はどうであろうか。当然、郡司においても文書保管庫のカギの管理は長官の専権事項であったはずであるが、郡領交替の際にカギの引き継ぎが重視された形跡はあまりない。もちろん、売券などを収納する文書保管庫のカギが重要でなかったはずはないので、カギ自体を軽視したとは想像できないが、郡司は遷替の官ではないので、定期的に交替がなされることはない。カギの引き継ぎを含む交替儀礼が恒例化することがなかったために、儀礼として史料上残ることがなかったのだと推定できる。

註

（1）儀礼・饗宴・政務といっても、およそ政治的意味をもたない儀礼はないし、儀礼をともなわない政務もあり得ない。3者を線引きして区別することは不可能である。ただし、ここでは議論を整理するために、飲食をともなう儀礼を「饗宴」として他と区別し、「政務」は宮都の朝堂における「朝政」、太政官曹司庁における「官政」、外記庁における「外記政」、国の庁における尋常政などの「政」に限定して考えることとする。

（2）官衙区画の東半または西半のみを発掘調査して、中軸線を想定し、左右対称に復元している例がしばしばある。調査計画の立案や、保存範囲確定のための仮説としてそのような復元をする意義はきわめて大きいが、研究の前提とすることは問題である。事実、かつて左右対称配置をもつ典型例のようにみなされてきた肥前国庁は、未調査の東半を発掘した結果、対称ではないことが判明した。古図の残る平安宮12朝堂を参照して平城宮12朝堂を復元するところまでは一定の説得力があるが、さらにこれを参照して地方官衙のいわゆる〈脇殿〉を左右対称に復元し、その復元案を宮都と比較して共通性を論ずるのは循環論法である。なお、宮殿の構造を左右対称に復元することが問題であることは、平城宮内裏について山下信一郎氏が既に指摘している（文献25）。

（3）たとえ、中央と地方で施設の構造や造営の技術に共通性があったとしても、それが中央政府が主導して技術移転をした結果とは限らない。8世紀において

は、中央政府が主導して、一律に技術労働者を派遣して技術移転を図った形跡は、ほとんどない。中央から派遣する事業は、地方でおこなわれたとしても中央の事業として位置付けられるものなど、限定的であった。海野聡氏が様工について検討する中で指摘するように、官以外にも一定以上の技術を持った技術者集団は存在した（文献5）。また、海野氏は、国分寺造営にあたっての技術移転において、国師が果たした役割を重視するなど、官、官人以外の要素があったことを指摘している。これらの見解には賛意を表したい。一方、国司側が中央の造営機構に対して、技術者派遣を要請することはあるが、中央の造営現場ではこれに積極的に応じているわけではない。これが実現したのは限定的であり、実現しないこともあった。海野氏は、造東大寺司から相模国に対して木工を派遣したことがあったと考えているが、これは造石山院所側の抵抗で実現していない。実現したのは、越前守藤原薩雄（仲麻呂男）宛の派遣であった。また、造東大寺司から大宰府に銅工を派遣していると指摘するが、これは大宰府宛ではなく、大宰帥藤原真先（同じく仲麻呂男）宅宛の派遣である。実現している諸例は、天皇発願寺院造営機構と貴族家産機構の間で技術労働者を融通しているものと評価できる。それでは、官衙施設の構成や、造営技術における中央と地方の共通性の要因は何に求めるべきであろうか。1つには、李陽浩氏が想定するように、地方と中央の間での人々の参集／往来が大きな要素であったように思われる（本書133頁）。宮都における儀式に参列すれば、建物の配置などに関する情報は伝わるであろうし、造営工事に労働者として徴発されれば、一定程度の技術は伝達されたであろう。宮都と地方官衙、あるいは地方官衙相互間で、建物の規模、配置などについて共通性はあるが、細かく検討すると違っている、という現状は、地方出身者の中央における見聞、経験によって技術移転がなされた、という仮説でよく説明できるように思われる。なお、文献18を参照。

（4）このことは山中敏史氏との私信による議論の過程で認識した。この点も含め、多大なご教示を賜ったことに対して、謝意を表したい。

（5）天平20年（748）8月26日「山背国宇治郡加美郷家地売買券」（『大日本古文書（家わけ）』東大寺文書之2（東南院文書之2）2巻564号（3）、東南院文書3櫃41巻。なお、郡印については文献16を参照。

（6）九条家本延喜式紙背文書（文献9）。

（7）大同2年「西行南第二倉公文下帳」（正倉院古文書続々修44帙11巻、『大日本古文書（編年文書）』巻25附録55頁）。

（8）郡家推定地遺跡のうち、郡庁に近接して総柱建物が

検出された例として、三重県久留倍官衙遺跡、神奈川県今小路西遺跡、栃木県長者ヶ平官衙遺跡などがある。文献13を参照した。

（9）「年中行事絵巻」御斎会、右近陣饗。

（10）このほか、仏堂に文書を保管することについては、山岸常人氏の研究を参照（文献24）。

（11）永禄2年（1560）「廿一口方手文箱送進状」（『東寺百合文書』ト171号）。

（12）なお、中世法隆寺でも拝堂儀の際に継承されるのは、「綱封倉鑰」であった。「寺務御拝堂注文」（文献21）。

引用・参考文献

1　浅野清『昭和修理を通してみた法隆寺建築の研究』中央公論美術出版、1983。

2　石毛彩子「平城京内寺院における雑舎群」『古代』第110号、早稲田大学考古学会、2001。

3　石村喜英「政所の構成と機能」『日本古代仏教文化史論考』山喜書房仏書林、1987。

4　稲葉伸道「興福寺政所系列の組織と機能」『中世寺院の権力構造』岩波書店、1997。

5　海野聡『奈良時代建築の造営体制と維持管理』吉川弘文館、2015。

6　海野聡「遺構からみた郡庁の建築的特徴と空間的特質」『郡庁域の空間構成』奈良文化財研究所、2017。

7　大林潤「長舎の構造的検討」『長舎と官衙の建物配置』奈良文化財研究所、2014。

8　川尻秋生「資財帳からみた伽藍と大衆院・政所」『古代』第110号、早稲田大学考古学会、2001。

9　群馬県史編さん委員会『群馬県史　資料編4原始・古代4』群馬県、1985。

10　竹内理三「寺院建築の要素」『奈良朝時代に於ける寺院経済の研究』竹内理三著作集第一巻、角川書店、1998、初発表1932。

11　東野治之「奈良平安時代の文献に現れた木簡」『正倉院文書と木簡の研究』塙書房、1977。

12　直木孝次郎「法隆寺の食堂と講堂について」『奈良時代史の諸問題』塙書房、1968。

13　奈良文化財研究所『地方官衙政庁域の変遷と特質　資料編』2018。

14　奈良六大寺大観刊行会編『奈良六大寺大観―法隆寺―』岩波書店、1972。

15　西弥生「中世興福寺における別当就任儀礼」『国立歴史民俗博物館研究報告』第100集、国立歴史民俗博物館、2003。

16　平川南「古代郡印論」『国立歴史民俗博物館研究報告』第79集、国立歴史民俗博物館、1999。

17　福山敏男「東大寺の諸倉と正倉院宝庫」『日本建築史研究』桑名文星堂、1943。

18　古尾谷知浩「奈良時代の木工における都鄙間技術交流」『名古屋大学文学部研究論集』第185号（史学第62号）、名古屋大学文学部、2016。

19　古尾谷知浩「国の「庁」とクラ」『名古屋大学文学部研究論集』第188号（史学第63号）、名古屋大学文学部、2017。

20　法隆寺昭和資財帳編集委員会編『昭和資財帳Ⅰ法隆寺の至宝　西院伽藍』小学館、1991。

21　法隆寺昭和資財帳編纂所『法隆寺史料』9、ワコー美術出版、1984。

22　堀池春峰「印蔵と東大寺文書の伝来」『南都仏教史の研究上　東大寺篇』法蔵館、1970。

23　森公章「古代文献史料からみた郡家」『日本古代の郡衙遺跡』雄山閣、2009。

24　山岸常人「仏堂納置文書考」『中世寺院の僧団・法会・文書』東京大学出版会、2004。

25　山下信一郎「書評・橋本義則著『平安宮成立史の研究』」『史学雑誌』第105巻第6号、史學會、1996。

26　山中敏史『古代地方官衙遺跡の研究』塙書房、1994。

27　吉松大志「文献からみた郡庁内・郡家域の空間構成」『郡庁域の空間構成』奈良文化財研究所、2017。

【史料１】大同２年「西行南第二倉公文下帳」

西行南第二倉公文下帳

八月廿一日下公文五巻六と　、「合」一巻政所東倉　員十一枚
　　　　　　　　　　　　　　　、「合」一巻同院西南一倉　員十六枚

　　、「合」二巻同院西南二倉員九枚　已上四巻綱所進上料　、「合」又俗官交度帳一巻
　　　　　　　　　　　　　　　　　　　　　　　　　　　　　　　政所在、加此下帳

　　　　　　一巻人々所負物抄　　下置於政所

右被僧綱今月十八日牒、治部省同日状云、被勅使右少弁佐伯宿祢社屋同日宣云、月廿四日、為勘東大
寺倉封開状、令進件倉下文者、仍附僧綱使威儀師慈晧等、進上如件、

　　　　　　　　　　　　　　　　　　大同二年八月廿一日　都維那「延忠」
　　　　　　　　　　　　　　　　　　　　　　　　　　　　上座兼知事「実忠」

「以九月九日返収五巻四巻倉下
　　　　　　　　　一巻政所交替帳、在政所
　　又収納廿四年板策一枚　　　　　　　　　」

　上座兼知事「実忠」　　　　　　　　　　　寺主「伍浄」
　寺主「伍浄」　　　　　　　　　　　　　　可信「勝猷」
　都維那「延忠」　　　　　　　　　　　　　可信「永紀」
　可信「勝猷」　　　　　　　　　　　　　　知事「安禎」
　知事「慈冠」　　　　　　　　　　　　　　知事「景秋」
　威儀師「慈晧」　　　　　　　　　　　　　知事「慈冠」
　従儀師「澄哲」　　　　　　　　　　　　　威儀師「聞珠」
　　　　　　　　　　　　　　　　　　　　　威儀師「慈晧」
　　　　　　　　　　　　　　　　　　　　　従儀師「中璟」

「返納了」

以大同二年八月廿五日下板札壱枚　始従去延暦廿四年二月十八日、至
　　　　　　　　　　　　　　　　同年十月廿四日之、并四箇日

　右為綱所牒、進上下如件
　　　　　　　大同二年八月廿五日　案主安辺年人
　　　　　　　　　　　　　　　　　知事
　　　　　　　　　　　　　　　　　知事兼可信「景秋」
　　　　　　　　　　　　　　　　三綱
　　　　　　　　　　　　　　　　　寺主「伍浄」
　　　　　　　　　　　　　　　　　可信「常喜」
　　　　　　　　　　　　　　　　　可信「永紀」

綱所使
　　　　　　　　　　　　　　　　　威儀師「聞珠」
　　　　　　　　　　　　　　　　　従儀師「勝哲」

「以同年九月九日返上納已畢
　威儀師「慈晧」　従儀師「澄哲」
　知事「安禎」　知事「慈冠」

三綱

　　上座「実忠」　　寺主「伍浄」　　都維那「延忠」

　　　　　　　　　　　可信「勝猷」　　　　　　　　」

【史料２】『東大寺要録』４諸院章

　　一　大庁

　　　庁東倉代殿　南端二間宿直殿　次中三間公文殿

　　　北二間鼓殿　庁前納殿　庁内東端殿［納神代］

　　　同庁西端殿　南一端倉［納舞装束、楽器等］

　　一　印蔵

　　　納流記公験等。銘一枚［注伽藍縁起］

【史料３】『大乗院寺社雑事記』文明15年（1483）５月「印鑰昇之中綱問答記」

　　文明十五年癸卯二月七日、権僧正政覚興福寺別当職事被宣下、同十六日自京都被下向了。同廿一日

　　戌刻権僧正尊誉令奉納印鑰於寺庫畢。

　　（中略）

　　　　　菩提山本願御記

　　　一印箱寸法ハ、長一尺四寸・広九寸三分・高五寸、蓋深一寸。

　　　　　　印二面入之　大ハ御寺印、小ハ大供印。

　　　　　　鉄錘二筋　長一尺、方白瑩。

　　　　　　衾一帖　唐綾入錦、弘紙之長程也。

　　　　　　丹器一　スリ木アリ。

　　　　　　丹一裏在之。

　　　　　　　以上印差之具也。各納入之。鑰差之封也。

　　　　　鑰箱寸法同前　但長方三分計ミシカシ。

　　　　　　鑰七入之　五ハ宝蔵鑰、二ハ通倉鑰云々。長八寸分也。鑕之鑰也。

　　　　　　　以上一合ニ入之。緒付之封之。

　　　　　唐鑰四在之。各大也。横鑰也。長一尺九寸・柄方一尺之内六寸ハ木柄分。

【史料４】永禄２年（1560）「廿一口方手文箱送進状」

　　送進

　　廿一口方手文箱

　　　　合拾八合

　　　　文庫鑰袋入之

　　右所送進如件

　　永禄二

　　十二月廿九日　　俊朝（花押）

　　宝蔵院大僧都御房

国庁・郡庁建築と前期難波宮

李　陽浩（大阪歴史博物館）

はじめに

　大化改新にともなって古代難波に造営された前期難波宮（＝難波長柄豊崎宮、7世紀中頃完成、**表1**）は、建築的にみた場合、多くの画期的な要素を備えた宮殿であることが指摘できる。なかでも、とりわけ注目されるのが、当初から人々の参集や往来を意識した建築計画をもつという点であろう。これは何よりも広大な朝庭と多数の朝堂の存在（朝堂院）からうかがうことができる。このような空間は、官人による政務・儀式をおこなう上で必要であっただけでなく、地方勢力の参集／往来に関する大化の政策・制度とも密接な関係があったものと思われる。この点について、やや詳しく見てみたい。

　乙巳の変の後、中央権力が地方勢力に対して新たな介入を開始したことはつとに知られているが、それを具体的に示す事柄として、『日本書紀』大化元年(645) 8月庚子条にみえる「東国等国司」の発遣と翌2年(646) 3月甲子条にみえる国造らを率いた復命の記事があげられる。「東国等国司」の派遣は国造の地方支配を調査し、天下立評のための基礎作業を進めるためとも考えられているが[1]（文献14）、復命に際して国造などを率いていることから[2]、地方勢力の宮殿への往来があったことが知られる。

　一方、同じく大化元年(645) 8月庚子条には鍾匱の制の記事もみえる。これは朝廷に「鍾」と「匱」を置き、憂訴しようとする者の訴状をその匱に入れさせ、それに対する政府の処置が不当と思われる場合には、憂訴人にその鍾をつかせようというもので（文献21）、このような制度の存在は、地方から宮殿への往来がおこなわれることを前提とする。『日本書紀』大化2年(646) 2月戊申条には、全国から訴訟のために上京した「国民」は早々に帰国することなく、天皇の裁定があるまで「朝」に集い侍れとあり、往来が実際におこなわれたことを示唆する[3]。

　このように大化の政策・制度は人々の宮殿への蝟集を可能にしたが、国庁・郡庁建築と宮殿建築との関係を考えようとする際には、そのような参集／往来のもとで宮殿建築が地方に伝わり得たのか、あるいは伝わったとするのなら、どのような特徴が伝播したのか、ということが問題となる。その解明には、まず何よりも参集／往来の舞台となった宮殿建築が示す諸特徴の検討と、その意味の解読が必要となろう[4]。

　そこで、小稿ではそのような検討のための予備的作業として、前期難波宮の建築的特質を「計画性」、「巨大性」、「多様性」という3点から振り返り、前期難波宮の建築が示す意味を、「元日朝賀と正殿」、「回廊と荘厳」というテーマから読み解くことで、前期難波宮あるいは宮殿建築一般と国庁・郡庁建築との関係を考える際の一助とすることにしたい。

I　前期難波宮の建築的特質

　7世紀中頃に造営された前期難波宮は、その完成に際して、『日本書記』白雉3年(652)秋9月条に「其の宮殿の状、殫に論ふべからず（言葉にできないほど素晴らしい）」と特記される。このような記述をもたらしたのは具体的な宮殿の姿が示す隔絶した威容であったと思われるが、発掘された遺構からは、その言葉にふさわしい画期的な要素を多く認めることができる。

　ここでは前期難波宮がもつ特質を（1）計画性、（2）巨大性、（3）多様性という3点から指摘したい。

（1）計画性

　前期難波宮の造営においては、中軸線を正南北に設定し、左右対称の建物配置を採用するなど、高度な計画性の存在が認められる[5]。

　まず、配置計画では、天皇の居住空間である内裏と官人の政務・儀式空間である朝堂院を中軸線上に南北に並べる点が特筆される。その目的は、それまで

分散していた人や機能を一ヵ所にコンパクトに統合するとともに、明確な中心 (=中軸線) を設定するところにあったと思われる。ここでは中軸線を南から北に辿ることが、すなわち権力の中枢へと至ることを意味し、そこに政治的なヒエラルキーが空間構造として表現される例を認めることができる。さらに、この軸線上には大型門も複数存在する。いくつもの門をくぐるという行為もまた、政治的なヒエラルキーを身体的行為として感受するための重要な儀式になったものと思われる。

また、朝堂院は朝参・朝政・朝儀などをおこなうための空間であり、その広大さの要因は、大化3年 (646)・5年 (648) の2度にわたる冠位の改正を受けた君臣関係の拡大、有位者および百姓の「朝参」のあり方、口頭伝達による執務形態、という3つの要素から理解すべきとされる (文献37)。前期難波宮の朝堂は身舎のみからなるシンプルな建物であるが、場所によって規模が異なり、北に行くほど間口を狭く、奥行きを深くする。これは建物の規模・位置によって、着座する官人の位階や官職の違いを示した可能性が高い。また、広場を政務・儀式などに用いる手法は、部民制と公民制の連続性からすると、前期以前にすでにおこなわれていた可能性も指摘されている (文献10)。このように、前期の朝堂院はそれ以前における広場の利用法を前提に、周囲に簡素ながら恒常的な朝堂を併設することで、より多数の官人を一堂に集める新しい執務・儀式空間を創出したものと考えられる。

次に、宮殿の東方や西方に官衙群を配置したゾーニングプランにも特徴がある。前期難波宮の宮殿配置を全体から俯瞰すると、空間の単位 (ブロック) が明確に区分されている点が注目される。宮域には、先にみた内裏や朝堂院のほかに、内裏の西方に多数の倉

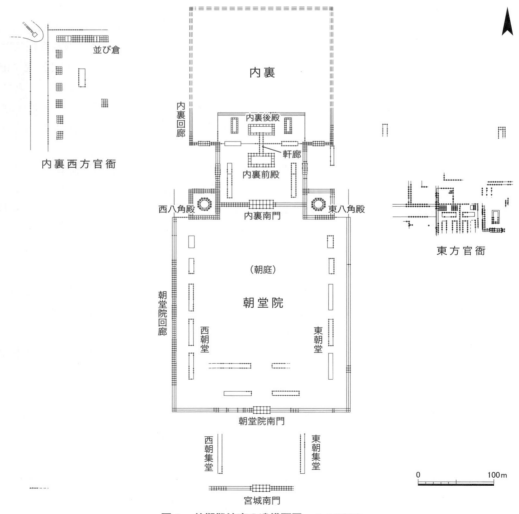

図1　前期難波宮の遺構配置　1：5000

庫群から形成される独特の専有空間があり（「内裏西方官衙」）、東方には倉庫と長舎を組みあわせて単位空間を形成し、それを東西に並列させた空間（曹司と推定）が存在する（「東方官衙」）。

このようなブロックごとの差異は、場所ごとに異なる機能をもつ専門的な空間が営まれたことを示しており、それがあたかも近代のゾーニングプランのように明確に分散して配置される点に特徴がある。このようなゾーニングは広大な宮域内でおこなわれるさまざまな活動を整序するとともに、それを専業領域として視覚化する上でも役に立ったものと思われる。

さらに、計画性の観点からは完数値の尺度による造営計画の存在も重要である。すでに知られるように、前期難波宮では個々の建物、あるいは建物間の配置に10尺などの完数値を用いた整然とした尺度計画が存在したことが指摘されている（文献7）。

一例を挙げると、建物計画では東・西八角殿（八角平面の対辺間距離60尺）、朝堂東第4堂（桁行総長120尺、梁行総長20尺）のように、整数尺による計画例が多数存在し、ほとんどの建物で桁行柱間を10尺（2.92m）とすることを基本とする。配置計画では、朝堂院の東西幅が800尺（復元値は810尺か）、内裏の東西幅が広い部分で630尺、狭い部分で390尺、朝堂院南門から宮城南門（朱雀門）までの間が360尺など、その多くに30尺を基本単位とする配置計画が読み取れる（文献44）。このような計画性は、大規模な建物群を効率的に配置・造営するにおいて重要な役割を果たしたものと思われる。

なお、その際に用いられる1尺＝0.292mという特徴的な造営尺の存在も注目される（文献8）。この尺度は一般にいわれる唐尺（天平尺、1尺＝0.296〜0.298m）よりも若干短いもので、これまで前期難波宮に特有のものとされてきた。しかし、近年の調査では、類似の尺度も検出されつつある。

まず、飛鳥稲淵宮殿跡（7世紀中頃）では、1尺＝0.2933mという数値が示されており（文献23）、前期難波宮との近似が注目される。次に、藤原宮（7世紀末）では、朝堂院・朝集殿院の全体計画において、1尺＝0.2925m前後の造営尺を用いていた可能性が指摘されている（文献26）。また、各朝堂でも東第3堂で1尺＝0.2920m（検出した8間分32.7mを14尺等間とした場合）（文献28）、東第4堂で1尺＝0.2924m（文献30）、東第6堂で1尺＝0.2935m（文献29）と類似する尺度が

検出されており、大極殿院南門でも1尺＝0.290mという尺度が推定されている（文献31）。

これらの尺度はいうまでもなく前期難波宮と等しいか、きわめて近似すると考えられるものである。このような類似からすると、1尺＝0.292mという尺度が7世紀中頃〜末までの間に流通・使用されていた可能性も十分に考えられる。特に藤原宮との共通性は改めて注目されるところであり、ここにも前期難波宮の画期性が垣間見えよう。

（2）巨大性

前期難波宮では、宮域の広さや個々の建物規模がそれの遺構・遺跡に比べて突出していることが見て取れる。

まず、宮域の広さであるが、前期難波宮の宮域は諸説があるもののおよそ南北が750m、東西が650m程度と考えられる（文献44）。この広さは前期難波宮以前では匹敵するものが見当たらないが、比較の一例として、古墳時代の豪族居館とされる遺構の区画では、群馬県三ツ寺I遺跡（5世紀後半）が方86m、同時代最大とされる群馬県原之城遺跡（6世紀中頃）が長辺165m、短辺108mであり（文献16）、それぞれ規模に大きな差がある。

また、古代寺院における寺域と比較しても、飛鳥寺（6世紀末）が東西約215m、南北約324m（文献27）、本薬師寺（7世紀後半）が方約266m（文献24）、文武朝大官大寺（8世紀初）が東西約266m、南北約400m（文献3）となり、規模の差があきらかである。

同時代あるいはそれ以前の宮殿例が不明であるため、これ以上の比較は難しいが、前期難波宮の宮域が突出した大きさであったことは想像されよう。

ちなみに日本最大の大仙陵古墳（仁徳天皇陵）では、周溝を含めた全長が840m、全幅が654mとされており（文献17）、前期の宮域はそれに近い広さをもつことが知られる。

続いて、個々の建物規模であるが、主要な建物の平面規模を古墳時代の大型建物や同時代の寺院建築と比較してもその差があきらかである（図2）。

まず、前期難波宮の建物規模を確認すると、内裏前殿が桁行総長36.6m、梁行総長19.0m、床面積約700m²、内裏南門が桁行総長32.7m、梁行総長12.3m、床面積約400m²、東・西八角殿が対辺間距離17.4m、床面積約240m²となる（文献8）。

それに対して、古墳時代の大型建物は、奈良県極楽寺ヒビキ遺跡建物1が桁行総長13.2m、梁行総長12.7m、床面積約240m²（文献13）、奈良県南郷安田遺跡ＳＢ01が桁行総長17.0m、梁行総長15.5m、床面積約280m²（文献12）、奈良県阿倍丘陵遺跡群中山地区ＳＢ01が桁行総長22.5m、梁行総長18.5m、床面積約420m²（文献18）となり、いずれもかなり小さい。前期難波宮で最大の内裏前殿と比べると、古墳時代最大と考えられる阿部丘陵群中山地区ＳＢ01ですら6割程度の大きさであり、古墳時代の大型建物とはあきらかに規模が異なることが見て取れる。

また、同時代の寺院建築と比べても、その違いが認められる。桁行総長で比較すると、金堂では7世紀で最大規模となる吉備池廃寺金堂の正面基壇幅が37mで桁行総長はそれよりも短くなることから、内裏前殿に及ばないことがわかる。8世紀を通じても桁行総長で内裏前殿を凌ぐのは、東大寺金堂（総長85.9m）、新薬師寺金堂（総長59.1m）、文武朝大官大寺金堂（総長45.0m）が知られる程度である（文献35）。相対的に規模が大きな講堂でも、山田寺講堂（総長32.7m）、唐招提寺講堂（総長33.8m）は内裏前殿よりもやや小さく、それより規模が大きなものは、文武朝大官大寺講堂、興福寺講堂、平城薬師寺講堂、大安寺講堂が知られる程度である（文献25）。また、門についてみると、古代を通じて桁行7間門自体が寺院では知られておらず、寺院との規模の差は大きい。

以上のように、前期難波宮の建物規模は隔絶しており、このような巨大性は前期難波宮の大きな特徴のひとつといえる。

ところで、前期難波宮がこのように巨大になった理由は、それぞれの建物の用途や機能はもとより、むしろ建物の巨大さそのものが求められた結果と考えられる。先にみた大化における「東国等国司」の発遣や鍾匱の制などの政策・制度は、地方豪族が宮殿へと参集／往来する状況をもたらした。そこでは、集まった地方豪族に対して内裏・朝堂院の壮大さや威容を見せることが、そのまま王権の威容を実感させることに繋がったと考えられる（文献37）。同様の行為の淵源は、すでに秦と前漢の宮城から認められ（文献38）、広く東アジア宮殿に伝統的な手法と考えられる（文献45）。そう考えると、前期難波宮において巨大さが求められた要因とは、そのような宮殿建築を介した王権の提示にあったものと思われる。

（3）多様性

前期難波宮は、大型正殿や大型門、八角殿、並び

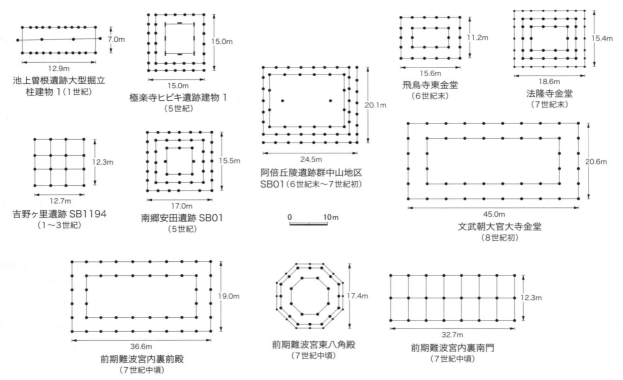

図2　大型建物の規模比較　1：1000

倉、複廊、軒廊などの多様な建物から成り立っている。これらはそれぞれが特徴的な建築類型[6]を示すと考えられるが、いずれも前期難波宮で最初に確認される類型といえる。以下、それぞれの建築類型の特徴を簡単に振り返ってみたい。

ちなみに、前期難波宮の建築類型を全体としてみた場合、個々の特徴もさることながら、それらが一挙に出現する点が問題となる。おそらく日本古来の建築類型が徐々に変化／発展することで達成されたのではなく、大陸的な宮殿建築を一体的に受容したことが、その要因と考えられよう。また、当時において、このような独特な建築類型が採用された背景には、そのような類型＝機能・用途を必要とした当時の政治的・社会的な欲求が存在したことも想定できる。

内裏前殿（桁行9間殿）　中軸線上に建つ正殿で、桁行7間、梁行3間の身舎周囲に廂がめぐる四面廂付掘立柱建物である。平面の特徴は桁行柱間が中央間から両端間にかけて徐々に狭くなる点にある。このような柱間計画は南面する建物の正面観を強調するための手法と考えられ、桁行9間という長大さとも相まって、宮殿建築の威容を示すために採用されたと考えられる。柱径をみると、側柱（径約50cm）に対して入側柱（径約70cm）が太いことから、その分だけ高かったことが想定され、上部構造は唐招提寺金堂のように側・入側で柱の高さを違え、側柱上から渡した梁を入側柱側面と繋ぐ形式と推定される。

内裏南門（桁行7間門）　内裏前殿の前面に建つ、桁行7間、梁行2間の大型掘立柱門である。平面の特徴は桁行柱間を等間とする点にある。このような柱間計画は古代の宮殿門に一般的なもので、寺院の門において桁行中央間を広く、両端間を狭くする形式とは大きな違いをなす。隅間の平面が桁行（16尺）と梁行（21尺）で大きく異なること、かつ長大な梁行と上部荷重の関係からすると、上部構造は単層・切妻造と推定される（文献42）。

東・西八角殿（八角形建物）　平面八角形の柱列が3重に廻る掘立柱建物で、内裏南門の左右に1棟ずつ存在する。周囲を複廊で囲繞するが、そこに明確な門は見つかっていない。朝堂院の北端かつ内裏南門の両側というもっとも注目される場所にあることから、中国の門闕のように宮門を区別するための標識で、かつ威容を誇示するための装置と考えられる（文献46）。3重のうち、最内側の柱がもっとも太く（径約50cm）、

その他が細い（径30cm前後）ことから、上部構造は最内周を高くした単層裳階付風と推定される（文献43）。

複廊（回廊）　桁行10尺等間、梁行7〜9尺×2間からなる回廊で、棟通りに間仕切が入ると考えられる。平面の特徴は場所によって梁行寸法が変化する点にある。すなわち朝堂院回廊では9尺、内裏南門・八角殿院回廊では8尺、内裏回廊では7尺と、南から北にかけて徐々に回廊幅（梁行）が狭くなる。このような例は寺院・宮殿を含めて他に知られていないが、その目的は南から北にかけて徐々に幅を狭めることで、よりプライベートな空間であることを演出し、そこが内裏に近いことを意識させるための手法と考えられる。

並び倉（双倉の一種）　桁行4間（総長約11m）、梁行3間（総長約8.3m）の高床式掘立柱倉庫を3棟以上直列に連結し、各倉庫間に桁行2間（7.8〜8.0m）、梁行3間の空所を設けるもので、全体で桁行14間以上、梁行3間をなす東西棟の掘立柱倉庫である。内裏西方官衙で検出された倉庫群の北端に南面して建つ。東大寺正倉院正倉（宝庫）や法隆寺綱封蔵と平面が類似することから、いわゆる双倉の一種と考えられ、空所を含めて全体をひとつの屋根で葺いたものと思われる。なお、このように構成された倉庫は長大な桁行をもつが、その目的は南側（間口）から見たときの正面観を立派に見せることにあったものと思われる。

II　前期難波宮の建築的意味と国庁・郡庁建築

さて、以上の検討を踏まえて、次に前期難波宮（あるいは宮殿建築）と国庁・郡庁建築との関係を考えてみることにしたい。

はじめにみた「東国等国司」の発遣や鍾匱の制といった大化の政策・制度に共通するのは、参集／往来を通した地方勢力と当時の王権との直接的な関係性である。そこから、それらの参集／往来を介した宮殿建築の地方への伝播や継受などを想像することができる。

そこで、ここでは前期難波宮の建築的意味を（a）元日朝賀と正殿、（b）回廊と荘厳、というテーマから読み解き、その過程を通じて、両者の関係性を考える際の若干の視座を得ることにしたい。

（a）元日朝賀と正殿：出御と距離をめぐって

元日朝賀は『延喜式』において即位・受蕃国使表

とともに「大儀」とされるもので、古代日本を代表する儀礼である。それは天皇の権威の明確化をはかり、君臣関係を再確認させる上でも重要な儀式であったとされる（文献33）。

ところで、元日朝賀では天皇が正殿（大極殿）に出御して儀式が執りおこなわれるが、正殿と儀式との関係を建築的にみた場合に重要な点が、当時における天皇の出御方法である。

平安時代初めの儀式書である『内裏儀式』によれば、当時の元日朝賀における出御方法は、天皇が後殿（房）に待機して正殿（高御座）まで自ら歩いて出御するというものであった[7]（文献41）。また、このような方法は隋唐以前の中国の出御方法とは全く異なり、日本の独自性を示すことが指摘されている[8]（文献41）。

この出御方法を平安宮にしたがって建築的に示すと、正殿と後殿、そしてそれを繋ぐ軒廊という構成となる。このような形式は工字殿ともいい、中国では宋代に盛行するが（文献22）、このような建物配置・構成が日本に固有の出御方法を示すのなら、その初例は前期難波宮まで遡る可能性がある。すなわち、前期難波宮では内裏前殿と後殿、さらにそれを繋ぐ軒廊が検出されており、そこに同様の出御方法が想定されるからである。

さて、以上の点を考慮して、改めて古代の宮殿を振り返ってみると、ほとんどの宮殿において、正殿と後殿がセットになって配置されていることが見て取れる。軒廊の有無については違いがあるものの、この出御方法の根幹が後殿から正殿（高御座）に移動（出御）することにあるのなら、まずは正殿と後殿がペアで存在することが重要となろう。

そこで正殿と後殿の関係を示すために、その間の距離（心々間）を遺構図・復元図を用いて計測してみたい。すると、そこに大きく2つのグループの存在が確認できる（図3・表1）。ひとつは44〜49mという距離をとるもの（前期難波宮、平城宮中央区、平安宮豊楽殿）、もうひとつは27〜31mという距離をとるもの（後期難波宮、平城宮東区上層、長岡宮、平安宮）である（文献45）。

これらは、それぞれが出御に際して天皇が歩く距離と解せられるが、前者は平城宮中央区や平安宮豊楽殿が饗宴・饗応空間と考えられることから（文献5）、そのような目的をもつ施設の基準であった可能性が考えられる。前期難波宮がここに含まれるのは宮殿がもつ性格の一面を示すとともに、それが平城宮中

央区や平安宮豊楽殿の淵源を示すようで興味深い。

一方、後者は4つの宮殿で距離がほぼ一定することを示している。このような一定性は、おそらく出御方法が定型化したことによると思われるが、これは同時に8世紀前半以降における正殿配置スタイル（モデル）を示すともいえる。

そこで、次にこのようなグループと国庁・郡庁建築との関係を考えてみたい。その際に注目されるのが、養老儀制令18元日国司条に示される次の記述である。

凡そ元日には、国司皆僚属郡司等を率ゐて庁に向ひて朝拝せよ。訖りなば長官賀受けよ。宴設くることは聴せ〔其れ食には、当処の官物および正倉を以て充てよ。須ゐむ所の多少は、別式に従へよ〕[9]

この儀礼は、①国司が僚属郡司などを率い誰もいない庁に向かって「朝拝」をする、②長官（国守）が庁に着座し僚属郡司等の賀を受ける、③その国の「官物」および「正倉」により宴を設ける、という3つの部分から構成される（文献11）。

そのうち、特に注目されるのが①である。この場合の「庁」とは国庁正殿のことと理解されるが[10]、元日に庁に向かって朝拝することは、本来この儀礼が都でおこなわれる元日朝賀と一体的なもので、国司以下の地方官人による朝廷への遥拝を意味したことを示す（文献11）。

すると、ここから建築的に考えられることは、このような儀礼をおこなうために必要な場である国庁正殿が、そのモデルとなる宮殿正殿を引き写した可能性であろう。すなわち国庁正殿と宮殿正殿が相似的な配置・構成を取る可能性が考えられるのである。

そこで、以上の観点からこれまでに知られる国庁・郡庁建築のうちで、正殿と後殿あるいは後殿に相当する建物を背後に配置する例を検討したところ、特に『延喜式』にみえる「大国」とされる国庁正殿において、その距離が27〜31mで一定することが確認される（表1）。いうまでもなく、これは先にみた8世紀前半以降の宮殿正殿の数値（後者のグループ）と一致するものである。また、この一致は全体の施設規模が宮殿と国庁とで大きく異なることとも対照的である（図3）。

ここから、これらの国庁正殿が8世紀前半以降の正殿配置スタイルを特に参照して造営された可能性

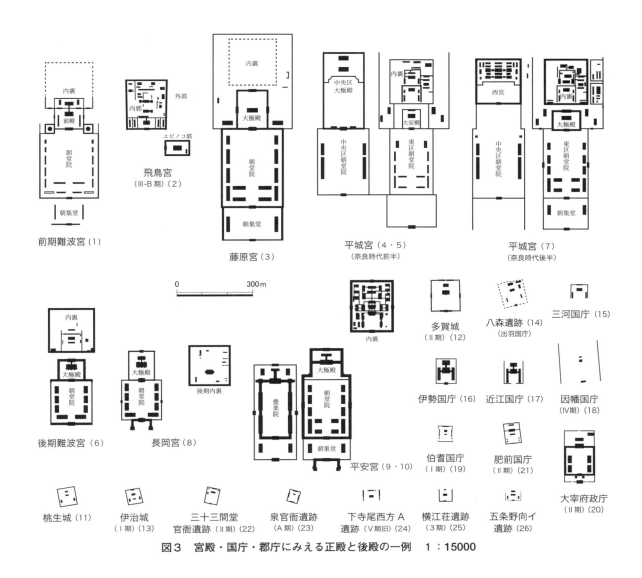

図3　宮殿・国庁・郡庁にみえる正殿と後殿の一例　1:15000

表1　宮殿・国庁・郡庁における正殿～後殿間距離の一例

番号	遺跡名	距離(心々間)	年代	資料編頁
1	前期難波宮	44m	7c中	174
2	飛鳥宮（内郭）※参考	18m（塀まで）	7c後	186・187
3	藤原宮※参考	84m（北門まで）	7c末	190・191
4	平城宮中央区	49m	8c前	209
5	平城宮東区下層	24m	8c前	211・212
6	後期難波宮	27m	8c前	175
7	平城宮東区上層	28m	8c中	211・212
8	長岡宮	27m	8c後	260・261
9	平安宮	31m	8c末	266
10	平安宮豊楽院	47m	9c前	266
11	桃生城	15m	8c後	12
12	多賀城（陸奥国庁、Ⅱ期）●	27m	8c中	13・14
13	伊治城（Ⅰ期）	19m	8c後	16
14	八森遺跡（出羽国庁）▲	28m	9c末	30
15	三河国庁（Ⅰ期）▲	20m	8c末	75・76
16	伊勢国庁●	31m	8c後	78・79
17	近江国庁（Ⅰ期）●	27m	8c中	84・85
18	因幡国庁（Ⅳ期）▲	16m	平安	101
19	伯耆国庁（Ⅰ期）▲	20m	8c後	106・107
20	大宰府政庁（Ⅱ期）	35m	8c前	148
21	肥前国庁（Ⅱ期）▲	21m	8c後	158・159
22	三十三間堂官衙遺跡（亘理郡衙、Ⅱ期）	15m	9c中	20・21
23	泉官衙遺跡（行方郡衙、A期）	14m	7c後	36・37
24	下寺尾西方A遺跡（高座郡衙、V期旧）	24m	8c前	64
25	横江荘遺跡（3期）	19m	9c中	65
26	五条野向イ遺跡	14m	7c後	178

※国庁のうち、●は延喜式における大国、▲は上国を示す。

が示唆される。元日国司条を介して知られる地方と中央との儀式の共通性は、建築的な配置・構成として「大国」の国庁正殿に反映された可能性が考えられるのではなかろうか[11]。

また、上記以外の国庁・郡庁についてみてみると、大宰府を除けば、全体的にやや短い距離が用いられたようである(表1)。これは宮殿を直接参照したのではなく、別の論理から採用された可能性を示唆するが、ここでも注目すべきは、その距離がおよそ15〜20mの範囲内に収まる点である。

やや詳しくみると、『延喜式』にみえる「上国」の国庁正殿は約20m(因幡国庁を除く)、それ以外の城柵・郡庁は14〜19m(下寺尾西方A遺跡を除く)で一定することが指摘される。前者に対して後者がやや短い数値をとることは、両者の間に格差や階層性が存在した可能性も考えられよう。

ここでは、これ以上の点について明確に指摘し得ないが、いずれにせよ、このような一定性はそれぞれに何らかのモデルの存在を想像させるものである。それが国庁と郡庁間の影響関係によるものか、宮殿からの影響かは、現段階では不明とせざるを得ない。

大化以降における中央政府と国司・郡司との関係性において、いくつかの歴史的な推移があったこと(文献36)、あるいはその中に占める郡司の独特なあり方(文献6)などを考えた場合、3者の間にはその時々の情勢に従った勢力図があったはずであり、そうした状況下における相互の影響関係については、より柔

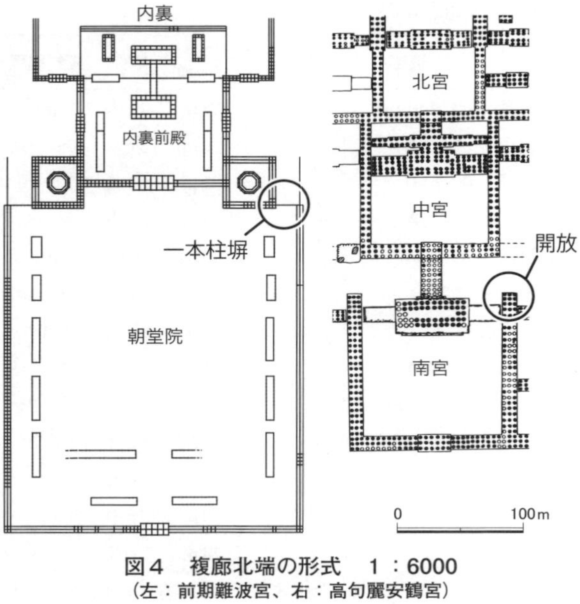

図4　複廊北端の形式　1：6000
(左：前期難波宮、右：高句麗安鶴宮)

軟かつ慎重な検討が必要とされよう。

(b) 回廊と荘厳：複廊の閉じ方をめぐって

前期難波宮では、寺院・宮殿建築を通じて古代日本で初例となる複廊の遺構が確認される。その建築的な意味を考える上では、なかでも朝堂院回廊の構成が注目される。その特徴は回廊の東・南・西の3方が複廊であるのに対し、北が一本柱塀のみで遮蔽される点にある(図4)。一般的に考えて、このような形では朝堂院の周囲を複廊に沿って一周することができず、通行のための施設と考える際には大きな支障となる。

この問題を考えるにおいて参考となるのが、高句麗安鶴宮南宮の例である[12]。そこでは周囲を囲む複廊が東・西・南の3面にしかなく、北は閉じずに開放となる(図4)。北を一本柱塀で遮蔽する前期難波宮とは厳密な意味では異なるものの、双方とも回廊をたどって一周することができないという点では共通する。

このような形式の回廊は通行のための空間とは理解しがたく、その目的が別のところにあったと想像される。おそらくそれは、宮殿の周囲を立派に囲むことで、宮殿を荘厳するところにあったのではなかろうか。

前期難波宮朝堂院と安鶴宮南宮は、ともに宮城正門を入った正面に位置するもっとも規模が大きな施設であり、かつそれぞれの正殿は宮殿内でもっとも重要な建物である。このような場において、その空間を複廊を用いて囲繞することは、そこに参入した人々に対して宮殿全体をより立派に見せる効果があったものと思われる。あわせて回廊とは何よりも遮蔽施設であることを想起した場合(文献4)、前期難波宮の複廊とは、通行のための空間というよりも、まずは高級かつ立派な遮蔽施設として設置されたものと考えられよう。

次に、同様の観点から国庁・郡庁における囲繞施設を振り返ってみたい。そこでは回廊に類する施設として、久米官衙遺跡群(I期、資料編125頁)や常陸国庁(前身国庁、資料編40頁)などにみられるような、塀と一体となった長舎建物が注目される。

これらは一見すると回廊の代替施設のようにも思われるが、建物をたどって周囲を一周できない点が歩行空間としての回廊相当施設ではないことを示し、先にみた前期難波宮・安鶴宮の複廊例とも共通する。

長舎建物の具体的な機能については不明な部分が多いが、その目的の第一は、前期難波宮や安鶴宮と同様に空間の荘厳化にあったのではなかろうか。

なお、古代における回廊は遮蔽施設であると同時に、儀式における座や通路としても用いられたことが知られている。一例として、寺院では永承3年（1048）の興福寺供養の儀式において、連子などをはずして複廊内外を衆僧の座としたことがみえる（『造興福寺記』）（文献34）。また、宮殿では長保3年（1001）の平安宮大極殿における千僧御読経において、東西廊などを諸僧が行道したことがみえる（『江家次第』）（文献20）。このような事例がいつまで遡るかは不明であるが、通路としてはともかく、長舎建物が座として用いられた可能性は十分に考えられるように思われる[13]。

このように考えた場合、国庁・郡庁にみえる塀と一体となった長舎建物とは、建物の収まりが難しいコーナー部分などを省いて効率的に空間を囲続・荘厳し、かつ長舎内を座としても利用できるという点で、簡便かつ有効な方法であったと解釈できるのではなかろうか。

まとめ

地方官衙を考えるにおいて、そこでおこなわれる政務・儀式とその舞台となる建物・施設との関係は官衙の実態を復元的に考えようとする上で重要な視点となり得る。小稿はそのような問題意識から、前期難波宮の建築的特徴とその意味の読解を通じて、国庁・郡庁建築が示す特徴の一端について考えてみたものである。

今回の検討で特に注目されるのは、8世紀以降の宮殿にみられる正殿〜後殿間の距離の一定性が『延喜式』にみえる「大国」の国庁正殿にもみられる点である。このような相同性は、後者が前者を参照した可能性を強く示唆する。

なお、すでに国庁のモデル問題については、建物配置において諸国庁に共通する画一的な構造が存在するとみて、それを中央の朝堂院に求める説（文献40）、内国太政官型・東北城柵多賀城型・西海道大宰府型の3類型として捉え、それを平城宮の太政官に求める説（文献2）などが検討されている（文献19）。また、近年では藤原宮に求める説（文献1）なども存在する。

いま、それぞれの説の当否は措くとしても、文献

史料が乏しいなかで発掘された遺構から研究を進めようとするにおいては、このような仮説の提示は非常に重要な意味をもつ。そのような中、小稿での検討が、従来の仮説の枠組みに対する別の視点の提示となり得れば幸いである。

なお、検討では推論を重ねた部分が多く、かつ前期難波宮との直接的な影響関係如何についても明確にし得なかった。これらの点については今後の課題とし、大方のご叱正を請う次第である。

註

（1）この際の派遣は広域の巡回を任務としていたと考えられ、後の令制国司のように、特定の場所に常駐したものではないとされる（文献36）。

（2）「国造・郡領」をともなって帰還することは「東国等国司」の任務そのものであったともされる（文献37）。

（3）このように「朝集」することは、中央政府が命じた政策ともいえる事柄であり、その際に参集した「国民」とは一般の人民とは考えられず、「国造・郡領」をさすことが指摘されている（文献37）。

（4）大化の政策・制度は宮殿への人々の蝟集を可能にしたが、同時にこれは、宮殿の計画・造営がそのような要求に対する建築的な回答として用意された可能性をも示す。ここに宮殿建築を読み解く歴史的意義の一端が存在しよう。

（5）前期難波宮の中軸線を南に約10km延長した松原市大和川今池遺跡では、幅約18mの南北道路が見つかっており、そこから難波に至る直線道路の存在が知られている（文献39）。前期難波宮における中軸線の設定は、宮域にとどまらず、京域あるいはその外側にまで影響を与えた可能性がある。

（6）ここでいう建築類型とは、正殿や門、回廊など、機能や形態によって分かれる建物の種別のことを指す。

（7）『内裏儀式』元日受群臣朝賀式并會「〈前略〉鋪四幅布単於軒廊、自後房属高御、人不敢踏、〈中略〉、辰一刻、皇帝乗輿、入大極殿後房、〈中略〉、皇帝服冕服、歩布単上、就高座、〈中略〉、皇帝帰入後房、〈後略〉、」。

（8）中国の出御方法については、隋唐時代が輿に乗って太極殿の西房を経て御座につく形式（『大唐開元礼』）、南朝梁代が輿に乗って太極殿前に着いて自ら階段を上って御座につく形式（『通典』）とされ、日本とは大きく異なることが指摘されている（文献41）。

（9）養老儀制令18元日国司条「凡元日、国司皆率僚属郡司等、向庁朝拝。訖長官受賀。設宴者聴。〈其食、以当処官物及正倉充。所須多少、従別式。〉」。

（10）国庁の整備がまだ始まっていなかった大宝令施行当

初では、郡庁が用いられていた可能性が指摘されている（文献11）。

(11) すでに指摘されているように、このような反映を考える際に注目されるのが『続日本紀』天平宝字三年(759)十一月甲子条にみえる「国分二寺図」の頒布である（「頒下国分二寺図於天下諸国」）。そこでは、この図を国分二寺造営の手本となる伽藍図のような図面と解して、同様に国庁の造営においても国庁図ともいうべき図面が各国に配布され、そこに示された雛形がある程度守られた結果、比較的画一的な国庁の構造が現われたとする説が唱えられている（文献40）。

(12) 高句麗安鶴宮は平壌市街東北にある大城山城南麓に位置する宮殿遺跡である。1958年から開始された発掘調査によって、城門をもつ宮城（一辺約622m）内に、大きく分けて5つの宮殿区の存在が確認されている（文献15）。宮城中軸線上に位置する遺構群は、規模や平面形態などから安鶴宮の主軸をなす建物と考えられ、もっとも南に位置し、もっとも規模が大きいのが南宮である。

(13) 実際に用いられたかどうかについては、柱間装置がどのように設置されていたのかなど、建物遺構の詳細な検討が必要となろう。

引用・参考文献

1　青木敬「宮都と国府の成立」『古代文化』第63巻第4号、古代学協会、2012。

2　阿部義平「国庁の類型について」『国立歴史民俗博物館研究報告』第10集、国立歴史民俗博物館、1986。

3　井上和人「大官大寺の発掘調査」『日本歴史』第422号、吉川弘文館、1983。

4　井上充夫「回廊の建築的意義とその変遷（その1）」『日本建築學會研究報告 52』日本建築学会、1960。

5　今泉隆雄『古代宮都の研究』吉川弘文館、1993。

6　磐下徹『古代日本の郡司と天皇』吉川弘文館、2016。

7　植木久『日本の遺跡37 難波宮跡』同成社、2009。

8　大阪市文化財協会『難波宮址の研究』第七、1981。

9　大阪市文化財協会『難波宮址の研究』第十三、2005。

10　大隅清陽「大化改新論の現在―律令制研究の視角から―」『日本歴史』第700号、吉川弘文館、2006。

11　大隅清陽「儀礼空間としての国庁・郡庁―儀制令18元日国司条の周辺―」『帝京大学山梨文化財研究所研究報告 第13集』帝京大学山梨文化財研究所、2009。

12　橿原考古学研究所「井戸遺跡・南郷安田遺跡」『奈良県遺跡調査概報1995年度（第2分冊）』1996。

13　橿原考古学研究所『極楽寺ヒビキ遺跡』2007。

14　鐘江宏之「「国」制の成立」『日本律令制論集 上巻』吉川弘文館、1993。

15　金日成総合大学考古学・民俗学講座『大城山の高句麗遺跡』金日成総合大学出版社、1973。

16　国立歴史民俗博物館編『企画展示 再現・古代の豪族居館』1990。

17　堺市博物館『平成21年度秋季特別展 仁徳陵古墳築造―百舌鳥・古市の古墳群からさぐる―』2009。

18　桜井市教育委員会『阿部丘陵遺跡群』1989。

19　佐藤信「宮都・国府・郡家」『岩波講座日本通史 第4巻』岩波書店、1994。

20　杉本厚典「宮殿の囲繞施設、特に複廊について」『大阪歴史博物館共同研究報告書8』大阪歴史博物館、2014。

21　関晃「鍾匱の制と男女の法」『歴史』第34輯、東北史学会、1967。

22　田中淡『中国建築史の研究』弘文堂、1989。

23　奈良国立文化財研究所「稲淵川西遺跡の調査」『飛鳥・藤原宮発掘調査概報 七』1977。

24　奈良国立文化財研究所『薬師寺跡発掘調査報告』1986。

25　奈良文化財研究所『山田寺発掘調査報告』2002。

26　奈良文化財研究所「朝堂院東南隅・朝集殿院東北隅の調査：第128次」『奈良文化財研究所紀要2004』2004。

27　奈良文化財研究所『川原寺寺域北限の調査』2004。

28　奈良文化財研究所「朝堂院東第三堂・東面回廊の調査：第132次」『奈良文化財研究所紀要2005』2005。

29　奈良文化財研究所「朝堂院東第六堂の調査：第136次」『奈良文化財研究所紀要2006』2006。

30　奈良文化財研究所「朝堂院東第四堂・東面回廊の調査：第142・144次」『奈良文化財研究所紀要2007』2007。

31　奈良文化財研究所「大極殿院南門の調査：第148次」『奈良文化財研究所紀要2008』2008。

32　奈良文化財研究所『第20回古代官衙・集落研究会報告書 郡庁域の空間構成』2017。

33　西本昌弘「元日朝賀の成立と孝徳朝難波宮」『古代中世の社会と国家』清文堂出版、1998。

34　箱崎和久「回廊」『歴史考古学大辞典』吉川弘文館、2007。

35　箱崎和久・鈴木智大・海野聡「日本からみた韓半島の古代寺院金堂」『日韓文化財論集 Ⅲ』奈良文化財研究所、2016。

36　早川庄八「律令制の形成」『岩波講座日本歴史2』岩波書店、1975。

37　早川庄八『日本古代官僚制の研究』岩波書店、1986。

38　村元健一『漢魏晋南北朝時代の都城と陵墓の研究』汲古書院、2016。

39　大和川・今池遺跡調査会『大和川・今池遺跡Ⅲ』1981。

40　山中敏史『古代地方官衙遺跡の研究』塙書房、1994。

41 吉田歓「大極殿と出御方法」『ヒストリア』第201号、大阪歴史学会、2006。

42 李陽浩「前期難波宮内裏南門の上部構造についての復元的考察」『日本建築学会大会学術講演梗概集 建築歴史・意匠2010』日本建築学会、2010。

43 李陽浩「前期難波宮東・西八角殿における柱高の復元的考察」『日本建築学会大会学術講演梗概集 建築歴史・意匠2014』日本建築学会、2014。

44 李陽浩「前期難波宮の内裏規模をめぐる一考察」『建築史学』第65号、建築史学会、2015。

45 李陽浩「古代日本の宮殿モデルと東アジア」『建築史学』第67号、建築史学会、2016。

46 渡辺信一郎『中国古代の王権と天下秩序―日中比較史の視点から』校倉書房、2003。

図・表出典

図1： 文献9、図60を加筆修正。

図2： 著者作成。

図3： 著者作成。

図4： 文献9、図60および、文献15、図84を加筆修正。

表1： 文献32をもとに筆者作成。

Ⅱ 討　議

【司会】　それでは総合討論といたしまして、司会を大阪歴史博物館の李陽浩さんにお願いしております。

　李さん、よろしくお願いいたします。

【李】　よろしくお願いいたします。きのう、きょうと2日間で7つの発表がございました。その中で各地の様相等、だいぶおわかりになってきたのではないかと思います。事務局より発表者への事前依頼といたしまして、各地の郡庁・国庁の空間的特徴、その中でみられる共通性や独自性、中央的要素や在地的要素は何か、という論点が示されていたわけでございますが、各地の国庁・郡庁の共通性・独自性、あるいは中央性・在地性につきまして簡単に振り返っていただければと思います。それでは廣谷さんからお願いいたします。

【廣谷】　多賀城政庁の検討を前提としまして、城柵設置地域の政庁について検討いたしました。この地域では、城柵政庁型や、城柵型国庁といった言葉に代表されますように、正殿と桁行の短い両脇殿が前方に品字形に配置されるという特徴が抽出されているわけですけれども、そういう特徴がどの程度あるのかということも含めまして、12の遺跡について検討をおこないました。その結果、それを裏付ける形と言いますか、8世紀から9世紀前半には、品字形の配置が常に踏襲されることを確認いたしました。9世紀後半以降は、基本的には品字形の配置が多いわけですが、出羽国の国庁である城輪柵では、正殿が南側に寄りまして、正殿の南柱列と脇殿の北妻が揃う形になります。城柵設置地域の大きな特徴である品字形の配置が崩れるということで、ここに1つの画期があるのではないかと結論付けました。

　それから、国庁の検討として、陸奥国の8世紀前半以降の国庁である多賀城と、9世紀前半以降の出羽国の国庁である城輪柵の前庭空間について着目しますと、いずれも、一辺60m以上の正方形を呈するという共通性が見てとれるということを確認しました。これは、山形の荒木志伸さんなども既におっしゃっていることですが（荒木志伸「城柵政庁の再検討」『古代学研究所紀要』第15号、明治大学古代学研究所、2011）、2つの国庁の前庭空間が、ほかの郡庁に比べて大規模で正方形を呈するといったところを確認いたしました。それから、最北かつ最大の城柵であります志波城についても、前庭空間は両国庁と近似するということを確認いたしております。

　最後に、これまで多賀城をモデルとしたという見解が、進藤秋輝さんや阿部義平さんから打ち出されております。確かにそういったモデルというものは、前庭空間、特に正殿・脇殿の主要殿舎の配置に関してはありそうだということを追認いたしましたが、それは常に一定だったわけではなくて、8世紀代は多賀城をモデルとした影響がもっとも強く、9世紀代以降徐々に弱まっていったのではないかと、そういう一様ではない様相を、今回確認したのが私の主要な中身になります。

【李】　ありがとうございます。発表の中で、前庭空間のうち北側の空間が、一定の規模で踏襲されていく可能性が高いというお話があったかと思います。

　続きまして箕輪さん、お願いします。

【箕輪】　茨城県石岡市役所の箕輪と申します。

　きのうの発表では、まず、常陸国庁につきましては、近年の調査により、定型化国庁とその前身施設であります初期国庁と考えられる施設が出ており、そういった国庁の空間構成の特徴の整理をおこないました。

　それから常陸国内で郡庁の内容・構造が知られるものとして、鹿島郡庁（神野向遺跡）がございます。この鹿島郡庁について、特に定型化前の国庁とどういった関係があるかということを、述べました。その中で、初期国庁と思われるものが与えた、3つの要素があるのではないかということを述べました。

　1つ目は、郡庁の規模が大体50mから60mぐらいということで、初期国庁を凌駕しないような規模で鹿島郡庁がつくられていること。そういったことから、国庁との同規模化という意味で影響が与えられたのではないかということであります。

　2つ目といたしましては、長舎の準用という点で、塀で連結するような長舎を常陸国庁の初期国庁の段階で用いているわけですが、そういったものを参考にしながら、郡庁側でいろいろな選択、具体的には構造の選択、それから棟数の選択などをしたのではないかという影響がみられました。

　それから、3つ目ですが、前庭の確保ということで、第I期の鹿島郡庁におきましても、基本的構成要素である正殿と脇殿のみを配置し、正殿の前方には何も置かずに、前庭を確保するといった状況が見られます。これも、初期国庁から影響を受けた要素なのではないかと考えました。

それから、郡庁からみた国庁の特性ということですが、山中敏史さんが分類をされている政庁の類型について改めて検討いたしまして、8つに分かれる郡庁の分類は、初期国庁と見られるものにも当てはまるのではないかということを述べました。

さらには、後の定型化国庁は大きく3つに分類されるという点で、やはり、国の儀式、儀礼をおこなう上での舞台装置を視覚的に伝えることによって、大きく3つの類型に絞られてくるのではないかということを確認しました。

【李】 ありがとうございます。

中軸線のお話などもしていただいたかと思いますが、初期国庁から定型化国庁に変わるときに、その中軸線の基準をうまく踏襲しているということで、ほかに前庭空間の確保など、初期国庁と言われているものから定型化国庁にかけて継承されている部分があるというお話も伺ったかなと思います。

では続きまして、志賀さんお願いいたします。

【志賀】 雲南市教育委員会の志賀です。

出雲では、政庁域が見つかっている遺跡が出雲国庁と、それから古志本郷遺跡と郡垣遺跡の3ヵ所になるわけですが、これらの遺跡で見つかった政庁域の比較検討をして共通点をまとめると、大きく2つの特徴が見られます。

1つ目は建物主軸方位が変化することです。斜め方位から正方位へと変化していくということが、共通点としてあげられます。ただ、古志本郷遺跡I期と郡垣遺跡の建物主軸方位が振れることの要因については、すぐ近くを通ると推定される道路との関係が強いということが指摘できますが、出雲国府のI期に属する建物については、どうも、出雲国府のすぐ近くを通る道との関連性は低いようだということが指摘できます。

それから、2つ目の共通点としては、構造が大きく変化するということです。この中には、郡衙自体の移転も含まれているわけですが、I期からII期にかけて、出雲国府の場合はさらにIII期へと移っていきますが、そういった中で官衙域として、あるいは全体として見てもですが、大きく構造が変化しているということがあげられます。

これらの変化が起きるのが大体7世紀末から8世紀前葉の間で、ちょうど『出雲国風土記』が編纂されていく過程の中で起きていくような状況が見てとれま

す。また、そういった変化が、国府でも郡衙でもどちらでも見られるということで、両者は関連があるのではないかと考えまして、『出雲国風土記』に記載される黒田駅家と大原郡衙の移転の記事から、その背景について考察したわけです。

結論としては、こういった方位の変化をともなう、あるいは構造が変化する、郡衙や駅家の移転も含めてですが、そういったものは、国府の主導による官衙施設や交通路の再編や整備が要因ではないかと結論付けたところです。

出雲では、なかなか国庁域についても調査が十分に進展していないところがあって、わかりづらいところがあるのですが、考古学の調査成果と、『風土記』の記載内容をあわせてご紹介しました。

【李】 ありがとうございます。7世紀終わりぐらいから8世紀半ばぐらいにかけて、方位が斜め方位から正方位に変わるという、大きな流れがあるというお話を伺いまして、そういう変化は、建物施設だけの変化ではなくて、おそらく道路などの周りの変化とも関係していることと思います。この点につきましては、あとでお聞かせいただければと思います。

続きまして、杉原さんよろしくお願いいたします。

【杉原】 福岡県教育庁の杉原です。政庁域の共通性というところで、大宰府管内、西海道諸国からです。まず、II期大宰府政庁はI期政庁の上層に造営され、南北215.45m、東西119.20mぐらいの規模ですが、その中である程度、施設の空間配置を決定している状況があります。朝庭部に関して言えば、中門から正殿までとるか、その前の段（龍尾壇状の石敷）の下でとるかで違いますけれど、大体南北90mぐらい、東西60mぐらいの範囲で空間をつくっています。これはII期、III期とずっと踏襲している状況があります。それと、大宰府政庁は、I期から掘立柱構造の施設が置かれて続くのですが、すでにI期の新段階で主軸方位も正方位をとっており、長舎の南の中心に四面廂建物を置く建物配置をとっている状況があります。

続いて、大宰府から国庁のほうに目を移してみますと、私は建物の構造の多様化という話をしましたけど、共通性って何だろうということになれば、いずれも全部正方位をとっていることです。おそらく7世紀にさかのぼる施設はどれも正方位をとっています。それも、施設の規模に関わらずとっています。

あともう1つ、西海道においては、それぞれ置かれ

ている施設の場所自体が、要衝にあたるということです。大宰府は、そのまま防衛から政治の中心になっていく、玄界灘につながる福岡平野の奥まった場所に置いて、筑後国府は、南の要衝だといわれている筑後川南岸の台地に置いて、福原長者原官衙遺跡は都にもつながる、瀬戸内に面した場所に置いていて、日向国府に関して言えば、それが国か郡かという話は別として、南に面する隼人との関係もあるでしょうけど、大淀川は越えない、西都原古墳群の周辺に置いているということで、それぞれ特徴があるのです。その中で共通している要素を見れば、最初の施設は多様ですが、やはり大宰府が成立して、西海道が機能しはじめる段階になってきて、正面奥に正殿を置いて、両脇殿を置く形をとっていくのです。

特に、肥前国府がある意味大宰府と共通しているというのはどういうことか。それが大宰府型どうこうというよりも、正殿は正殿、ずっと同じ場所で建て替えて前殿も同じ場所を踏襲します。脇殿は規模が変わりますが。そういった施設の位置関係というのが、ずっと踏襲されていくような、共通性があると思うのです。

さらに、郡ですが、これは共通性というか多様性なのかもしれません。初期の段階で長舎を配置していますが、方位もそれぞれですし、その施設を展開する地形とか場所の状況に応じてまちまちです。その代表になるのが小郡官衙遺跡 (資料編140頁) の変遷かと思います。そうしたものが、郡・評段階から律令制が成立して、8世紀の前半ぐらいまで続いていく様相があります。その後、例えば小郡官衙遺跡もそうですし、下高橋官衙遺跡 (資料編144頁) のように、きちんと院を形成して、それぞれ正倉と郡庁を置いているような、方位、区画も意識している状況があります。

逆にそれとは違った例として、上毛郡衙の大ノ瀬官衙遺跡 (資料編154頁) では、方位ではなく、あくまでも官道に沿って施設全体が配置されている、そうした例もあります。さらに、場所が移るか、あるいはその場所を踏襲しているかとか、いろいろな議論があると思います。また、幾つか共通する要素と同時に、多様性ももちろんあります。そういったところです。

【李】　ありがとうございます。

やはり、大宰府ができることによって、その形式が踏襲されていくようにみえるということでしょうか。

そういう形式が共通したものとして出てくるというお話もあったように思います。

さて、4名の方に各地の状況についてお話をいただきました。それだけを聞いておりましても、なかなか多様で、共通した議論が難しい点もございます。そこで、まず私から幾つか提案をさせていただきながら、議論を進めていきたいと思います。

まず1つ目として、皆さんの発表の中で共通の話題として出てきたのが、定型化国庁の下層にいわゆる初期国庁といわれる遺構があるということです。その際、初期国庁のあり方が重要になってくると思います。初期国庁の上に定型化国庁が置かれる際には、例えば、方位が正方位になるといった改造がなされる場合があります。あるいは、定型化国庁には類型性、画一性が強く認められるという点もございます。このようにみると、初期国庁と定型化国庁とがどのような関係にあったかという問題が、非常に興味深いと思います。そこで、初期国庁と定型化国庁の関係について簡単にお聞きしたいと思うのですが、最初に箕輪さんから、常陸国庁での関係について教えていただければと思います。

【箕輪】　それでは、初期国庁と定型化国庁の関係ということですが、きのうも申しましたが、定型化国庁の前身官衙 (本書65頁図7) は、東向きの建物になっております。後の定型化国庁になりますと南面するのですが、前身官衙の場合は東向きですので、中軸線は、当然、東西方向になってしまいます。ということで、これを南北方向を軸として半分に折ったときの反転軸、つまり折り返しラインと、後の定型化国庁の中軸線が、ほとんど同じになってくるということがわかりました。

それから、繰り返しになりますが、この前身官衙の正殿の桁行が6間、そして、次期定型化国庁の正殿の桁行も6間ということで、常陸の場合に限って言えば、次の国庁につながる、継承される要素が多くあるものですから、この前身官衙の形態だけを見ていると、本当に郡庁と見分けがつかないと思います。昨年の郡庁域の空間構成で、九州の西垣彰博さんが類例として、小郡官衙遺跡の第Ⅱ期とこの前身官衙が非常にそっくりだということであげていらっしゃいます (西垣彰博「九州の郡庁の空間構成について」『郡庁域の空間構成』奈良文化財研究所、2017)。私も、この平面プランだけを見ましたら郡庁と言わざるを得ないのかなと、実

際現場ではそう思っておりましたが、報告書を作成する段階で、常陸国庁については、次の定型化国庁に受け継がれる要素が見られるものがありますので、これを単なる偶然とは片付けられないという点で、前身官衙を初期国庁ではないかと考えた次第です。ですから、常陸の場合においては、単なる偶然的にここに置かれたのではなくて、次の国庁に継承されるような造営の理念が踏襲されているものだと考えております。

【李】　方位が東向きから北向きに大きく変わっているにも関わらず、正殿の規模が桁行6間で踏襲されるということですが、海野さんにお聞きしたいのですが、桁行6間の正殿となりますと、ご発表でもあったように、建物のシンボル性という観点からは、やや弱い建物として考えられるように思うのですが、桁行6間の建物が次の定型化国庁に踏襲されるということ、これは一体どういうふうに考えたらよろしいでしょうか。

【海野】　奈良文化財研究所の海野です。

　建築的にという話の前に、まず、きのうの私の発表、あるいは昨年度の発表の中で、正殿というものは、基本的に奇数間が多いだろうと。それは後殿等も含めての話ですけれども、奇数間の場合ですと、中央に扉を設けることができる。それに対して、偶数間、例えば常陸国庁の6間のような場合、中軸線上に柱が置かれてしまう。その中心、ど真ん中に国司なりが座ろうとしてもそこに座れない。真ん中に座ると前に柱がきてしまうことになってしまいます。それで、律令的な正殿ですと、奇数間で真ん中に扉があり、柱がない形とするのが基本的な形で、ほかの国庁などでは見られる特徴なのですが、郡庁に関して言いますと、比較的国庁に比べて偶数間のものは多いという特徴があげられます。そういった点で見ますと、常陸国庁の初期国庁に関して、そこが郡庁、あるいは評衙のような構成をしているという特徴を強く示していると思います。逆に、定型化しているのに6間を引き継いでいるということは、先ほどの国司が真ん中に座るということを想定するのであれば、せっかく両脇殿を配してシンメトリーな空間をつくったのに対して、荘厳性、中心性が、必ずしも有効に機能していないのではないかと考えます。

【李】　実は私も発表で、出御の話をしましたが、出御する建物というのは、基本は真ん中に座ると考えら

れますので、そこに柱が立つ偶数間の建物ですと非常にまずいように感じられます。初期国庁から定型化国庁に移ったときに、桁行を6間から7間にして立派になるのなら、非常に理解しやすいのですが、6間が踏襲されていくということになると、形式的には継承しているということでいいのかもしれませんが、もし定型化国庁でおこなわれる儀式などを考えた際には、通常の正殿とはやや違う考え方をしなければならないのかなとも思います。先ほど海野さんがおっしゃったように、脇殿を備えて、きちんと左右対称につくっているにも関わらず桁行6間を踏襲するというところには、正殿の荘厳化とは違う考え方が入っているようにもみえますが、どういったことが考え得ると思われますか。

【海野】　1つは多分、儀式なりあるいは建築の形が直接的に入っているのではなくて、ある程度規模の大きな建物を中心につくるといった概念だけが入ってきて、その中心軸に柱を置くことが問題になるという、細かいところまでは理解されていないということが考えられると思います。ただ、これに対してはもちろん立証性はありません。

　もう1つ、つけ加えさせていただきますと、常陸で言うとⅡ期に7間になり、前殿を置くというところで、瓦葺の正殿になるとか、あるいはほかの国庁におけるいわゆる荘厳化が進むであろうと言われている時期、あるいは定型化が進むと言われている時期になって、奇数間になるという関係性のほうが、律令的な要素が出てくる1つと見ることもできるのではないかと思います。

【李】　正殿が偶数間か奇数間かというところに、律令的な要素の導入如何を読み取る手がかりのようなものもあるのではないかという感じを受けました。そのほか、初期国庁と定型化国庁の関係において、少しご意見等いただければと思うのですけれども、どなたかいらっしゃいませんでしょうか。

【廣谷】　陸奥国の国庁ですと、今回、私は、8世紀前半以降の多賀城創建以降の話だけをしましたけれども、それ以前の陸奥国の国庁ということで、仙台市郡山官衙遺跡（資料編10・11頁）のⅡ期官衙が想定されております。この郡山官衙遺跡Ⅱ期官衙については、区画施設の規模とか構造ですとか、そういったものから藤原宮を模したものであるということが、指摘されておりますけれども、Ⅱ期官衙のさらに古い時期に

Ⅰ期官衙がございます。資料編11頁図2がⅠ期官衙で、方位が東側に振れた官衙ですけれども、Ⅱ期官衙になると正方位になって、この後の多賀城に関しても正方位で、真北から1度04分という、北で東に振れる方位になります。郡山官衙遺跡ではⅡ期官衙の時点で正方位になることがわかっております。

【李】　つまり、新しいものが入ってきたという考え方ですね。

【廣谷】　方位という意味でいうと、基準としているものは、少しその基準が変わってきたのかなと考えられます。

【李】　ここで、方位の振れの問題について考えたいと思います。初期国庁と考えられる遺構に対して、定型化国庁というのは、ほぼ正方位になっていく。正方位になっていくからこそ、定型化国庁と認識できるという側面もあろうかと思いますが、この点について、ご発表の中で幾つか共通する事例がございました。例えば、志賀さんは、出雲のほうでは7世紀末から8世紀初めにかけて方位が正方位に大きく変わっていくことが見られるということでした。それと、杉原さんも、大宰府近辺でそういった大きな動きがみえるということでございましたので、初期国庁から定型化国庁にかけて正方位化することをどのように考えたらいいかというところで、少しご意見をいただければと思います。

【志賀】　出雲の場合、先ほども申しましたように、国庁と郡庁がそれぞれ斜めの方位から正方位に変わります。出雲国庁については、現状では、下層で見つかっている西に少し振れた方位の建物を、国庁とみてそもそも大丈夫なのかという問題がまだあります。ですので、本当に同一地点で初期国庁から定型化国庁になったのかというのは、現状では国庁正殿とされている四面廂建物のみしかわかっていませんので、常陸のように同一地点で変わっているかどうかはわからないわけです。郡庁である郡垣遺跡や古志本郷遺跡では、7世紀末から8世紀前葉のところで方位が変わっているということは考古学的な調査成果として言えます。ただ、それがどうして正方位なのかはよくわからなくて、土器がほとんど出土していないので、年代的に細かいところまでなかなか追えない、つまり、年代の根拠となるものがあまりない中で7世紀末から8世紀前葉ということを言っていますので、国庁が正方位になった影響を受けたかもしれないのです

が、それもわからないのが現状です。

【李】　一般に、定型化する国庁の成立時期は、もう少し後のような話を聞いておりましたもので、その変化が少し早い点につきまして何かございますか。

【志賀】　そうですね。出雲国庁が正方位をとる、ＳＢ020と言っている建物が造営される時期は国府Ⅱ期ですが、資料編113頁図3をご覧いただきたいと思います。Ⅱ期になると正方位の溝などがブロックを形成するようになってきますが、政庁地区といっている六所脇地区の北側の宮の後地区で検出された正方位になる溝（ＳＤ004）から「大原評」と書かれた木簡が出ています。そうなると7世紀末までⅡ期がさかのぼる可能性があるということと、それから、国庁正殿と言っている四面廂のＳＢ020が、8世紀中葉に瓦葺の礎石建物化した可能性というのが、最近の島根県の調査などによって高まってきます。さらにＳＢ020が掘立柱建物で一度建て替えられているということを発表の中でも指摘しましたが、ＳＢ020が8世紀中葉に礎石建物化して、その前に掘立柱建物の段階が2時期あるとすれば、7世紀末ぐらいまでＳＢ020の創建をさかのぼらせてもいいかなという気はしていますが、それも絶対的な根拠があるというわけではありません。

【李】　ありがとうございます。

　　出雲の状況をお伺いしたのは、先行して郡衙が正方位になり、それを踏襲して国庁が成立するのか、あるいは国庁が正方位をともなって入ってくるのか、さらに周囲の地割などに正方位が先に導入され、その影響を受けて郡衙が正方位に変わったのかといった観点が重要になるかと思いましたので、質問させていただいた次第でございます。

【杉原】　先ほどの常陸国庁の話に少し戻してしまうのですが、資料編168頁に日向国庁があります。これは最初から正方位をとる前身官衙ですが、実際に、調査をされた西都市教育委員会の津曲大祐さんの報告では、1つは西側の長舎の柱筋の軸線を、それをそのまま活かして定型化国庁につなげていくという考えをおっしゃっています（津曲大祐「日向国府跡の調査成果」『一般財団法人日本考古学協会2017年度宮崎大会研究発表資料集』一般社団法人日本考古学協会、2017）。あともう1つ、常陸国庁とも関わっているのですが、中央の正殿ＳＢ030、これも偶数間です。そのまま柱間の軸線を通して、後ろの長舎のＳＰ072とで中軸線を設定しています。そうしたものがまず国庁の下層にあり、後の段階

に八脚門が設置されて、そのまま8世紀以降の定型化の国庁に変わるということです。

それと、神水遺跡（資料編160頁）についてです。これもあまり議論されていないですけれども、正方位ですが、これもそれなりに格式のある門がついている可能性があります。場合によっては、これも肥後国に関わる可能性もあります。

あともう1つ、定型化国庁とそれ以前の国庁では、1ヵ所でずっと連続して変遷していく国庁と、移転して8世紀のある段階でみえてくる国庁の2種類があります。その中で、先ほど報告しました福原長者原官衙遺跡（資料編139頁）は、藤原宮がモデルと言われていますが、あの政庁自体も8世紀の第2段階で変容してしまいます。場所としての空間は残っているけれど、おそらく本来の機能は変容して、別の場所に移転すると思います。ですから、初期と定型化の話のときには、1ヵ所でずっと連続していく国庁と、移っていく国庁があるので、その違いが何なのか、後の定型化国庁の議論の中で重要になるのではないかなと思います。

【李】　ありがとうございます。郡庁あるいは国庁の移転の話も、非常に重要な論点かと思います。今、聞いていて思ったのですが、定型化国庁を設置するときは、その前にあった下層の、いわゆる初期国庁と言われている建物配置を、結構参考にしているといいますか、その配置をよく見て建てているという印象をもったのですが、そういう理解でよろしいでしょうか。すなわち、連続しているかどうかという話ですが、箕輪さんのご発表は、そのような感じで理解してもいいという内容だったように思います。

【箕輪】　先ほど、中軸線と反転軸の話を、それから、正殿の柱間6間の話をいたしましたけれども、実は第Ⅰ期の国庁脇殿でも、前身官衙の長舎の8間、7間という柱間、桁行が踏襲されていますので、そういった建物についても、関係があるのではないかなと思っています。

【李】　きょう私は難波宮の発表をいたしましたが、7世紀の中頃に前期難波宮が、8世紀に後期難波宮がつくられるのですが、中軸線が全く一緒で、ほぼ同じ場所につくられています。両者の配置をみますと、後期の建物が前期の建物を上手にかわしながら、その内側にうまく配置されていることがわかります。どうしてそんなことが可能かといいますと、おそらく、

前期の建物を参照して、その位置を見て後期を建てているからだと思われます。これは細かい話かもしれませんが、建物をそういうふうに建てるときに、前にあった建物との関係をどう考えるのか、あるいは何をどう踏襲して新しく建てたのかといった点も、今後の議論では重要になるように思います。

ここで、服部一隆さんから箕輪さんにご質問をいただいております。初期国庁が定型化国庁に比べて規模が小さいことをどう評価すればいいでしょうか。国だとしても、郡と同じレベルにとどまったとも考えられるのではないかということです。初期国庁が定型化国庁に比べてなぜ小さいのかということを、どう考えたらいいのでしょうか。

【箕輪】　初期国庁がなぜ定型化国庁より小さいかということですね。ちょっと難しい質問ですが、郡庁レベルあるいは評衙レベルとの格差が、まだこの段階ではできていなかったということが1つあげられるのかなと思います。律令期の定型化国庁の段階になると、初期国庁より大きくなるというのは、国の宮殿などの儀式に倣うため、そういった舞台装置をつくり上げるために、より大きくなったのではないのかなと思います。明確なお答えは難しいですが。

【李】　箕輪さんのご発表の中で、郡庁が山中敏史さんの類型では8つぐらいに分かれ、初期国庁もその郡庁の類型で、認識ができるのではないかということがあったかと思います。建物の平面において、そうした同じような分類ができるということは、その段階における役割と申しましょうか、重要性と申しましょうか、そのあたりも、実は近いものがあったのではないかということが、考えられるという感じでしょうか。

【箕輪】　そんな感じだと思います。

【李】　さらに初期国庁が定型化国庁よりも規模が小さいということにつきまして、先ほど、郡山のⅠ期とⅡ期でしたか、大きさ的にはどのような関係にあるのでしょうか。

【廣谷】　まずⅡ期官衙のほうから見ますと、こちらが1辺424mの正方形を呈しまして、藤原宮をモデルとしているところも含めて、この大規模な長さ、大きさから国府であるという評価はほぼ確定しているかと思います。Ⅰ期官衙については、東西辺、こちらの長辺に関して言いますと、こちらも400m以上の長さがあります。Ⅰ期官衙については、拠点的な官衙であるといった考えもあります。ただ、評としての単位でこれ

だけの大規模なものをつくれるかどうかというところは、検討する必要があるのかなと思っております。

【李】 I期も規模的にはだいぶ大きくて、II期官衙とも遜色ないぐらいの大きさをもっているということですよね。

　初期国庁が小さく、定型化によって大きくなる要因につきましては、まだまだわからないところも多いように感じます。

　初期国庁と定型化国庁の関係を考える上において、会場にいらっしゃる大橋泰夫さんに、ご意見を伺いたいと思います。初期国庁が斜め方位から正方位になるその両者の関係、あるいは、今ご質問がありました、初期国庁と定型化国庁で規模が大きく違うのをどのように解釈したらいいのかという点につきまして、突然で恐縮ですが、ご意見をいただければと思います。よろしくお願いいたします。

【大橋】 島根大学の大橋です。いきなりでどう答えていいか、にわかにあれですけれども、2点目のほうから。規模の大小という話ですが、そもそも定型化した8世紀以降の国庁ですら、それほど規模が、すべてが大きいわけではないんです。郡庁の中にも巨大なものも、100mを超える程度のものもあります。ですから、従来は政庁の規模が、ある程度国郡制の実態を反映するのだという意見は強かったような気がするのですが、あまり規模だけにこだわらないほうがいいのかなと思っています。これは、先ほど来、話が出ている初期国庁とされているものも、実際にはだいぶ規模にばらつきがあって、杉原さんの発表された福原長者原官衙遺跡は、豊前国庁の可能性が高い、初期国庁の可能性が高いという話があって、100mを優に超えるような規模をもつものも、その時期あるわけです。ですから、多様なあり方をまだ7世紀の終わりぐらいの段階はしているということで、それをあまり歴史的な評価にすぐ結びつけないほうがいいだろうというのが、個人的な意見でございます。

　もう1点は方位です。方位のことは前にも少し書いたことがあるのですが（大橋泰夫「地方官衙と方位」『技術と交流の考古学』同成社、2013）、やはり調べていくと、都などは、林部均さんなどが指摘しているように、7世紀半ばに飛鳥では正方位に変わる。ただ、一方で飛鳥の宮殿なども7世紀前半に上がるというけれど、都自体が正方位をいつ採用するかというのは、意見がまだ分かれているようです。いずれにしても、愛媛県の久米官衙遺跡（資料編124・125頁）のように、7世紀半ばぐらいには、正方位をとっているのではないかといわれている遺跡もありますが、地方においては7世紀の終わりぐらいから変わってくると。その変わる要因としては、私は国府が正方位をとることによって、先ほどの陸奥などの例もそうだと思いますが、やはり、拠点的な官衙である初期国庁のようなところで正方位が採用されたものがその地方の中で広まっていくのだろうと考えています。

　それから、杉原さんから、初期国庁から定型化国庁での移転の問題があって、その辺も考えないといけないというご指摘があったと思うのですが、その辺の事例は以前長舎の時にも説明したことがあります（大橋泰夫「長舎と官衙研究の現状と課題」『長舎と官衙の建物配置』奈良文化財研究所、2014）。いい例としては、資料集の108頁、伯耆国の倉吉市不入岡遺跡が、初期国庁と倉吉の眞田廣幸さんも考えていますし、私もそれでいいと思っていますが、8世紀前半のB期の構造は、長舎で三方を囲んでいて、正殿が南を向くシンメトリックなものです。これが移転して、伯耆国庁が資料編106頁です。I期、II期、III期、IV期とありますが、先ほど来問題になっています初期国庁の構造が定型化したときに、引き継がれていく事例の1つだろうと私は見ています。山中敏史さんが国庁の定型化の類型を示していて、1つが長舎型、1つがきょう問題になっている大宰府型、もう1つが城柵型の3類型があり、その長舎型の定型化としているものがこの伯耆の国庁の例です。実際に見ていただくと、脇殿が塀から完全に独立するのは、IV期平安時代になってからです。ですから、初期のI期は後殿に塀がくっつき、西脇殿、東脇殿も長舎型をまだ採用しているような状態で、私などは、これは常陸や、日向の国庁でも話がありましたように、下層の初期国庁を同じ場所で構造的に引き継いでいる例もあれば、このように移転してもその構造の一部に初期国庁を引き継いで成立し、定型化しているものもあるだろうと理解しています。

【李】 突然にも関わらず、ありがとうございます。

　国庁を中心とした技術の伝播と申しましょうか、そういう形が見られる点につきまして注意が必要かと思います。

　もう1つ、吉村武彦さんから海野さんにご質問をいただいています。国庁と郡庁の関係についてですが、

武蔵国などでは、国庁や郡衙が隣接している可能性があると。遺跡はまだ発掘されているわけではないけれど、『出雲国風土記』などによれば、国庁と郡家が隣接している可能性も考えられるということで、このように国庁と郡庁が隣り合っていた場合には、両者を区別したり、差異化することが必要になってくるのではないかとのご意見です。この点につきましてご意見をいただければということです。

【海野】 武蔵と出雲、どちらにしても、初期国庁なのか、それとも定型化国庁なのかというところは、まず1つ問題としてあると思います。初期国庁の段階が評家と区別がつきにくいという話がずっと出ておりますけれども、それ自体に関しては、いわゆる国府の成立、あるいは国司が赴任するかどうか、常駐するかどうかという問題も関わる問題と個人的には考えています。

そういった中で、武蔵の例でいいますと、少なくとも、私がきのうあげた例としては、基本的には国司が、国府あるいは国庁、国庁正殿ではなくて、国府中枢におり、そういった場所に巨大な建物が出てくるという、要は国は国として成立しているところに、郡は郡として隣にあるという状態ではなかろうかと考えます。それに対して初期国庁というのは、そこの段階、初期国庁と併設する評家が出てくる例は、私は存じ上げないのですが、そういった例でない限りは、そこが重層的に入っている可能性、要は、社会構成として別離していたものなのか、それとも同一とされていたものかという違いはあると思います。さらに加えて、建築的な話で言えば、国庁と郡庁において、定型化以降の話ですけれども、瓦葺礎石建物とかあるいは築地塀とか、そういったもので国庁周辺は荘厳されてくるのに対して、郡庁に関してはそういうものはされてこないというところで、一般的な建築の見方として、郡庁と国庁は差別化されている時代とみていいのではないかと思います。ただ、この点については具体的な事例を報告していただけるとありがたいです。

【李】 そうですね。

では、出雲の状況につきまして、志賀さんご意見をいただけますでしょうか。

【志賀】 出雲では、『出雲国風土記』の記載内容から、国庁の北のところに「十字街」があり、その周りに意宇郡家と軍団と黒田駅家があるということがわかりま

す。「国庁意宇郡家」と『出雲国風土記』に書かれているところを、発表でも申し上げましたように、「国庁たる意宇郡家」と読んで、国庁と意宇郡家が同居しているという説がかつてあったわけですが、最近では、平石充さん（島根県古代文化センター）や大橋泰夫さん（島根大学）の検討から、国庁と意宇郡家というのは別々にあって、「国庁たる意宇郡家」ではなくて、「国庁と意宇郡家」と読むようにされています。ただ、実際に意宇郡家の遺構はこれだというのは、現状ではわからないところがありますので、すぐ近くにあることは間違いないと思います。調査でわかっている遺構からは、ここが意宇郡家ですということは指摘できないという状況です。

【李】 ありがとうございます。

会場に、江口桂さんがいらっしゃるということですので、武蔵国についてぜひコメントをいただければと思うのですが、よろしいですか。

【江口】 武蔵国府から参りました、府中市の江口でございます。

なかなか多磨郡家の実態がわかっていないので、説明しにくいのですが、資料編60頁をご覧ください。その上の図2、国府域の図が、ちょっと小さくて申しわけございませんが、図の中央の下側に国衙と書いてあります。その下にありますものが国衙域で、国衙と書いてある右側に小さい字で多磨寺と書いてあります。この国衙域が南北300ｍ、東西200ｍの範囲を想定しているのですが、資料編59頁に、さらにその右側に南北の溝が2条あり、ここから向かって右側が多磨寺の場所になりまして、ここからは「多寺」とか「多磨寺」と書かれた瓦が出土していて、ここが郡名寺院の多磨寺であることは間違いないと考えられています。問題は多磨郡家なんですが、残念ながら、多磨郡家の遺構はまだはっきり見つかっておりません。この周辺で、「多磨の硯」と私は考えていますけれども、「多研」と書かれた墨書円面硯が出土していたり、またさらに、この多磨寺の近くからは、「多麻多麻」と線刻のある土師器の甕が出土しています。具体的な遺構としては、さらにその東側に小さいのですが、武蔵国八幡神社と書いてある場所がありますが、このすぐ上で、5間×2間の南北棟が南北に並ぶ巨大な掘立柱建物が出ておりまして、掘方の規模からすると、国庁正殿と匹敵するぐらいの規模なんです。残念ながら、これがコの字型配置に並ばないのです

が、私はこの建物を含めて、多磨郡家がここに推定できるのではないかと考えています。ただ、うちの先輩の荒井健治さんのように、「いや、調布のほうだ」とおっしゃる方もいらっしゃいますが、この周辺が多磨郡家の推定地であろうということで、現在、お宮に依頼して、国府八幡神社の境内を少しずつ調査を始めているところです。ちなみに、私は国府の中の郡家は他の郡の郡庁と違っていてもいいのかなと。これはちょっと想像ですけれども、具体的な場所としてはこの周辺を考えていいのかなと思っております。

【李】　ありがとうございます。

国府における郡家の状況はまた別に考える必要があるのではないかというご意見をいただきました。海野さんのご発表では、建物の具体的な規模からすると、国庁と郡庁はやはり少し違うということがありました。礎石、瓦葺など、そのパーツから見ましても、少し違うのではないかということで、おそらく国庁と郡庁が隣接する場合にも、両者において何らかの差異化が働いた可能性は考えられるのではないかというお話だったかと思います。

さて、ここで少し話題を変えたいと思うのですが、廣谷さんのお話で、今回、多賀城の前庭空間が66m四方ぐらいの規模をもち、特に、北側の空間規模というのは、周辺の政庁域、郡庁域にも踏襲されていく要素があるという指摘がございました。その前提となるのが、脇殿の桁行の長さ18mで、これは尺に直すと60尺となりますが、その60尺による割り付けということが、図で提示されていたと思います。こういった規模の話をするときには、そこで何がおこなわれていたのか、その規模なら何がおこない得るのかといったことと引きつけて考えることが重要だと思います。そこでまず、今回発表していただいた国庁・郡庁の類例の中で、そういう一定の規格が見出せるような場所があるのかどうか、主に、前庭空間で比較していただければと思いますが、そういう規格性が見出せるような空間があるのかないのかについて、コメントをいただければと思います。

まず、箕輪さんからお願いできますでしょうか。

【箕輪】　常陸国庁については、そういった前庭の規格性は、特に見当たりません。今回検討しました鹿島郡庁においても、第Ⅰ期では、広めの前庭を確保しておりますが、Ⅱ期目、Ⅲ期目には前殿を置くということで、前庭を狭めてまでも前殿を置く時期が見られるという意味では、造営の意味そのものが変化したということだと思います。

【李】　ということは、前庭としてずっと広く空けていたわけではなくて、途中で庭の中にも、建物を建てていく時期が出てくるということですね。

【箕輪】　そうですね。鹿島郡庁においてはⅡ期とⅢ期に、むしろ前庭を狭めてしまうというような時期が存在しているところがあります。

【李】　全体の形としてはいかがですか。正方形になるとか、長方形になるとか、何かそういった傾向は特に見当たらないという感じでしょうか。

【箕輪】　そうですね。

【李】　わかりました。ありがとうございます。

続きまして、志賀さんお願いできますでしょうか。

【志賀】　出雲国庁も脇殿がわからないので、前庭がどう広がっているかはわかりません。古志本郷遺跡、郡垣遺跡の場合は、今のところ、正殿に相当するものが見つかっていませんので、あるいは正殿がないのかもしれないのですが、一応、郡垣遺跡では45m（150尺）四方の空間がつくられて、その中に、正方形に近い空間をとっているかと思います。

古志本郷遺跡は、半町ほどで復元されるロの字かコの字を呈する郡庁かというところです。そのあたりは、まだ内部的な実態はよくわからないので、前庭空間ということでは、出雲ではなかなか指摘するのは難しいという気がします。

【李】　全体を把握するにはまだ難しい段階というところですか。

【志賀】　そうですね。今後、検討してみたいとは思いますが。

【李】　ありがとうございます。

杉原さん、よろしくお願いいたします。

【杉原】　まず、大宰府です。前提として、Ⅱ期の正殿自体が小尺を使って、正面の東西で、大体400尺になっていますので、中軸線を中心にして4等分の割り振りができています。その中で、中軸線から、左右ちょうど100尺ずつの並びで脇殿の内側のラインにのってきます。それから、正殿までを含めると、前庭（朝庭）までは120m、400尺ぐらいの空間になっています。ですからそれがⅡ期、Ⅲ期と踏襲しますので、前殿もありませんし、そういう空間としては一定の大きさを保っている状況です。

もう1つ、細かなところまで詰めて検討していない

のですが、肥前国庁も前庭（朝庭）部に前殿を置いており、そこから前面の空間は基本的に、礎石になっても変わりません。資料編159頁にⅡ期、Ⅲ期の変遷があります。若干脇殿の位置がどうかという議論はありますが、40mから50mぐらいは普通で、東西の範囲は50mぐらいです。南北は40mの範囲におさまるような大きさです。Ⅱ期、Ⅲ期でも、Ⅰ期と比べると、空間自体の規模はそんなに変えていないと思います。

あと1つ、余談でつけ加えますが、九州で最初の定型化国庁の出発は、肥前国庁である可能性があると思っています。筑後国府のⅠ期古宮国府は移転して、天平年間の造営だといわれていますが、肥前国庁だけは掘立柱から始まって、最初から前殿を置いて、正殿を置いて、後に後殿を置いています。あと、いろんな出土遺物を整理すれば、最初の政庁は、肥前のような形から、南北は50mよりも小さい空間で始まっていたかもしれません。その中で、前庭（朝庭部）部の空間だけは一定に保っていくという原則を守っていた、そういう考えもあります。

【李】 ありがとうございます。

国庁や郡庁に関するこれまでのモデル論では、正殿や脇殿など、どちらかというと建物に注目した議論が多かったように思います。それに対して、今回、廣谷さんが話をされた、前庭部の広さに着目するというのは、広さ自体もさることながら、そのような広さがなぜ必要とされ、確保されたのかといった問題につながると思います。あるいはその広さとは、そこでおこなわれる活動に必要な、一定の規模・規格を示す可能性もあるように思います。いずれにせよ、そこでの活動が重要となります。そこで古尾谷さんにお聞きしたいのですが、なぜ庭が必要なのかということにつきまして、文献史をご専門にされておられる立場から、教えていただければと思います。

【古尾谷】 名古屋大学の古尾谷です。これは、別に私が申し上げることではなく、皆さんご承知のことだろうと思いますけれども、基本的には、文献上にみえるさまざまな儀式、政務等をおこなうために何が必要かという観点から考えますと、元日の朝拝などをおこなうときには、宮都でいえば大極殿と朝庭、国府でいえば、国の庁と、それからその前に列立するための空間がありさえすればよいと考えていますので、そのほかの建物は実際必要ない。実際、平城宮創建期の中央区大極殿というのは、後殿はつくりますけれど

も、基本的な構成要素としては、大極殿と何も建物を建てない空間から成り立っています。何のためかと言えば、列立して拝礼するためであって、そのことから考えれば、そういう用いられ方をするために、そこが必要な空間であったと考えています。

【李】 今のお話でおもしろいと思ったのが、例えば、脇殿などがなくても、庭さえ確保できれば儀式は成立するのではないかという点です。これは、庭の部分こそが実は重要であるということだと思います。それにともなって、今、ちょっと思いついたのですが、これまでに正殿のない郡庁が見つかっております。また、前殿だけがあって正殿がないような例もあったと思います。これらの例はどのように解釈すべきでしょうか。

【古尾谷】 これは、宮都でいえば、大極殿に天皇が出てこないといけないので、大極殿は必要ですけど、きょう、李さんのお話の中にもありましたが、（国では）空っぽの庁に対して列立して礼拝するということだったと思います。そうすると極端なことを言えば、別に庁がなくてもいいと思っています。だから、それをするためには、空間さえあればよいので、いわゆる正殿に相当する中心の建物がなくても、場所さえあれば、必要にして十分な要素はそろっているのではないかと私は思っております。こちらから振って恐縮ですけども、馬場さんは、何かそのあたりのお考えをおもちだと思いますが、伺っていいですか。

【馬場】 奈良文化財研究所の馬場です。庭があればいいと思いますが、郡家の場合は、古くは、例えば、郡山遺跡などの遺跡があると思うのですが、古木か何かがあると思います。飛鳥の槻の木とか。やはり、ああいった空間には、シンボル性のある何かが必要で、おそらく大ざっぱに言うと、古くは、巨木とか泉とかであったものが、巨大な建造物に変わっていくという過程があるのかなというイメージをもっています。そうすると、もしかしたら例えば正殿がない空間であっても、そこに何かシンボリックなものが想定されていれば、特に郡の第一政庁領域は、国庁とはちょっと違う役割なので、空間としては十分有意義ではないかなと考えている、その話でどうですか。

【古尾谷】 ありがとうございます。

【李】 非常におもしろい、貴重なご意見をいただきました。

たしか、宮殿を移転したときに、恭仁宮でしたか、

大極殿ができていないので、そこに帳幄を張って仮の場所をつくって、そこで儀式をおこなったみたいな記述があったと思います。そう考えますと、今、古尾谷さんがおっしゃったように、正殿自体も実は、極端に突き詰めて言えば、要らないと言えばおかしいですけれども、儀式本位で考えると儀式が成立すればいいので、そういう意味では建物は、後から荘厳化するときについてくる要素というふうにも捉えられるのかもしれません。いずれにせよ、正殿のない郡庁などを考える上で何か別のヒントになりそうな気がいたします。今、木が立っていたというお話があり、非常におもしろいと思うのですが、ちなみに木でなかったとしたら、例えばどういったものが置かれたと思われますか。

【馬場】　たしか、古くは郡山遺跡では、池がすごく重要な役割を果たしたんでしたよね。また、石神遺跡のような須弥山や石人像など幾つか見られると思います。水と石と木というのは、非常にやっぱりいいのかなとは思います。

【李】　ありがとうございます。ここまでお伺いしてきて、庭を中心にしてものを考えてみるということも重要かなと感じている次第です。ちなみにきのう、廣谷さんのご発表を聞いたときに、18ｍ、60尺で、それの半分が９ｍ、30尺で、実は前期難波宮の建物の配置計画は30尺で大体割り振られているのではないかと私は考えております。急いで朝堂院の朝堂の内法間を測りましたら、大体180ｍなんです。そうなってくると、多賀城の使っている規格・単位と非常に近い可能性も感じます。そう考えると、これは本当かどうかわかりませんが、儀式空間と言われるものがもつ一定の規模・規格、そういうものもおぼろげながら見えてくるようにも思われます。

　続きまして、建物の話で質問をいただいております。和歌山県の丹野拓さんから、箕輪さん、あるいは私ということで、どのような国庁・郡庁において正殿が建てられているのか、またその理由についてご意見くださいということで、もうお一方からも前殿についていただいております。前殿がなぜ設けられているのかということについてご意見いただければということです。ご発表の中で少しお話しいただいていましたので、再度になるかもしれませんが、箕輪さんにお願いしたいと思います。

【箕輪】　前殿の話ですけれども、今回比較した鹿島

郡庁の第Ⅱ期、第Ⅲ期には、北廂付の前殿が配置されます。それにともなって、正殿の構造も、Ⅰ期の南北二面廂から、南だけの片廂構造に変化するのですが、この正殿と前殿の構造の変化は連動したものなのかなと思っております。第Ⅰ期の場合は、常陸国庁もそうですが、正殿と脇殿だけという、非常にすっきりしたスタイルで出現しますが、鹿島の場合は、神郡ということで、鹿島神宮の影響が非常に強いのかなということを考えたわけです。『常陸国風土記』を見ますと、各郡の条文では、郡よりどこどこまで、何里のところに何々がある、郡より何里のところに何々、これこれがある、というスタイルになっており、郡家を起点にいろいろな場所の位置の説明をしているのですが、香島郡条のみは、鹿島神宮を起点としまして、鹿島神宮から南に郡家がある、あるいは北方に旧郡家があったという記載がされております。『常陸国風土記』の中では、神宮を起点としていろいろな場所の説明、位置の説明をしているのは香島郡条だけなのです。ということで、当時、鹿島郡にとっては、神宮というのが非常に重要なものであって、前殿においては北廂ということで、方向的に北方にある神宮を意識していたと考えることができると思いますので、何か礼拝ですとか遙拝ですとか、また特別な儀式など、そういった観念が働いた時期なのかなと考えました。

【李】　ありがとうございます。

　前殿は、基本的に正殿よりも簡素な建物が多いということですが、北に廂が付いていて、北にある鹿島神宮を遙拝したのではないかというお話がございました。そこで、廂の建物につきましてお詳しい、奈文研の箱崎和久さんがいらっしゃっていると思います。北廂が付いている前殿、あるいは前殿一般についてでも結構ですが、どのように考えたらよろしいでしょうか。

【箱崎】　奈良文化財研究所の箱崎です。

　以前の研究集会で、四面廂とか廂付の建物の発表をしたので、今、振られたのではないかと思いますけれども、難しいですね。さっぱりわかりません。

　身舎があって廂があるので、身舎の部分はやっぱり重要なんだろうと思いますけれども、廂の部分は付属的につくっていく、主たる身舎があって、廂の従属的な部分があるんだということと思います。今の鹿島の前殿のように、北側の正殿に向いて廂がある

というのを、どういうふうに考えたらいいのか、他に類例がないとなかなかわからないです。一体的に前殿と正殿、正殿の従属的な空間が前殿になるのだろうと思いますけれども、それにさらに廂が正殿側のときにはどう考えたらいいのか、ちょっと私にもわかりません。

【李】　ありがとうございます。

　廂が北側に付いているということは、建物に対するアプローチとして、北から南に入る建物ではないのかなという気もするのですが、いかがでしょうか。廂の付いているほうから建物に入る気がするのですが、そういうわけでもないのでしょうか。空間として北側に延ばしたのではなくて、入り口のポーチみたいな感じで廂がついており、入る方向としては北から南として解釈できるのかなとちょっと思ったのですが。

【箱崎】　わかりません。春日大社に車舎という建物がありますけれども、参道に向いた片廂で、参道に向いているほうには廂がなくて、背面側に廂がある建物があるんです。そういうのを見ていると……。

【李】　一概には言えないと。

【箱崎】　なかなかそういう感じとは、今、李さんがおっしゃっていることとは状況が真逆になるということで。

【李】　逆になるということですか。なるほど。

【箱崎】　廂が付くと軒先は低くなりますから、建物の棟の大きさは変わらなくても、軒先が低くなるような形になりますよね。そうすると……。

【李】　遙拝ということになった場合、建物としては、北のほうが軒先が低いわけですね。廂が付いている方向の軒先がおりてきますので、南から入ったとして、北を見たときに、おそらく眺望という意味では、もしかしたら、ちょっと弱くなるかもしれません。前殿につきましては、この会場に上野邦一さんがいらっしゃってますので、ぜひ、コメントをいただければと思います。

【上野】　奈良女子大学の古代学学術研究センターの上野です。

　私は建築が専門で、以前論文で前殿のことを少し書いたことがあるのですが（上野邦一「古代東北城柵の政庁域の建物について」『古代学』5、奈良女子大学古代学学術研究センター、2009）、基本的には前殿というのは、当然、正殿と対となって機能する建物とまず理解すべきだろうと思いますので、鹿島郡庁の場合も、とにかく正

殿に向かっている建物だろうと理解します。それで、前殿はおそらくこの区画の中でおこなわれる儀式のときに、正殿と一体となって使われるのだろうと思うのですけれども、多分、正殿のほうに主体がいて、前殿はその次になると思いますけれども、もし、座ってする儀式のときには、当然のことながら、前殿にも座る人間がいると思うと、単なる広場ではなくて、そういう建物に客体を着座させる機能かなと思っている程度です。

【李】　ありがとうございました。前殿につきましては、建物の構造から追いかけるということも少し難しいという感じを受けました。

　前殿ということで、私が思いつくのが、平城宮の内裏正殿です。内裏正殿では階段が南に延びており、その先が前殿まで達しています。そうなってくると、内裏正殿の場合は、前殿が階段を上がる際の控えの間的な用途に用いられたとも解釈できそうに思われますが、前殿を設置する理由につきましては、もう少し検討の素材が要るように思います。また今、上野さんから、前殿の後ろに正殿があるのが基本であるというコメントをいただきましたが、先ほどの議論でいくと、正殿がなくて前殿だけがあるという場合もあるということでしたので、それをどう理解するのかを整合的に考えていく必要があるかなと思いました。

　前殿につきましては、山路直充さんからも同じご質問をいただいておりました。次に、今、コメントをいただきました上野邦一さんから質問が来ております。正殿の東西にある総柱建物を楼閣とする根拠は何かということで、質問といたしましては廣谷さんのほうに来ているんですけれども、海野さんとも非常に関わりが深いと思いますので、お二人にぜひコメントをいただきたいと思います。

【廣谷】　多賀城の第Ⅱ期遺構につきましては、正殿の東西に楼が左右対称の位置であります。どうしてこれを楼と呼ぶかに関しましては、恥ずかしながら、特に疑問をもたずにこれは楼だということで認識しておりまして、何をもって楼だということは考えたことがありませんでしたので、すみませんがお答えできません。

【李】　ありがとうございます。

　では、建築学的にみた場合にどのように解釈できるのかを含めまして、海野さん、お願いいたします。

【海野】　建築のほうから言いますと、もちろん、総

柱と言ったときに、遺構から考えられることは、床を張っているだろう、高床だろうというのは、第1段階としてあると思います。次の段階として、楼閣になるのか、倉庫になるのかという判断になってきます。その上で、多賀城だけではなくて、例えば、伯耆にも総柱建物があると思いますけれども、そういった国庁には楼閣がある、荘厳されているという話のところで出てくるのですが、1つは、きょうの李陽浩さんの発表にもありましたように、前期難波宮では八角殿が両脇にあって、それは荘厳している施設だろうと考えられていることです。あるいは、いわゆる闕と言われているものが、中国の都城ではくっついてくる、平城宮の第一次大極殿院の庭に楼閣があるといったところや、複廊と呼ばれる構造、そういったところから荘厳性ということが想定されると思います。一方できょうの発表の中で、古尾谷さんからクラ、あるいは、公文書というのが大事なのではないかという議論が出てきたときに、必ずしも楼閣というふうに一義的に考えるわけではなくて、公文書を納めるための倉庫として存在していて、それ自体が権威性を帯びているという可能性も、建築的には全く否定してはいけないことでして、むしろその可能性も十分考えておかなければいけないことではないかと思っております。

【李】　ありがとうございます。総柱建物とした場合に、それを楼と倉に分けて考える根拠みたいなものがあれば、教えていただきたいのですが。

【海野】　非常に難しい質問ですけれども、例えば、校倉と言われるものですと、柱を立てる建物ではなくて、校木を組んでいる建物になりますので、1間1間の柱間というよりは、全長というのがある程度規格性があるものとして出てくる可能性があります。

柱配置に関しても、柱と柱の間が長方形の平面のもの、正方形のグリッドに乗ってくるのではなくて、少し横長。現存の校倉などを見てみますと、柱配置はやはり、若干横長の長方形の形になってくるような特徴がありますので、これらの特徴から積層型の倉かどうか判断できる可能性があります。

もう1つは、礎石ではなくて掘立柱の可能性の場合ですけれども、掘立柱の場合ですと、通し柱、長い柱を使う場合には、根入れの深さが深いのではないかということは、宮本長二郎氏以来、言われておりますので、そういった点も判断する基準にはなると思います。

【李】　柱の径なども参考になるのではないでしょうか。

【海野】　荷重に関して、二重や三重の楼になればもちろん荷重はかかりますけれども、ただ、倉に関しても中に重量物が入るとそれ自体は柱径も太くなるので、なかなか判断する理由としては一概に言えないところがあります。

【李】　平面で判断すると同時に、例えば、柱の部材の太さで判断しようとしても、倉と楼閣の場合は楼閣は高いがゆえに柱が太くなり、倉は重いものを支えるがゆえに太くなるので、なかなか判断しづらいということでしょうか。

【海野】　どちらが影響しているかを、直接的に判断するのは難しいというところです。

【李】　ありがとうございます。となりますと、総柱建物が政庁内で見つかったときにもすぐにどちらかということを判断するのは難しくて、周りの状況等も踏まえながら、また出土遺物等があれば、それらも参考にしながら決めるという、ある意味、非常にオーソドックスなやり方を大事にしなければいけないという結論になろうかと思いました。

建物につきましては、もう1つ、上野邦一さんから志賀さんにご質問があります。出雲国のⅢ期、北のほうに立派な1号建物跡がありますが、これが正殿ではないでしょうかというご質問です。

【志賀】　上野さんがおっしゃった1号建物跡は、出雲国府のⅢ期に出てくるものです（本書93頁図4・5）。実はこれ、国庁正殿と考えているＳＢ020に匹敵する、あるいは、それよりも大きいかもしれない、そういった建物になります。大舎原地区で見つかっていますが、この建物は、最初のⅢ－1期に、掘立柱建物だったものが、Ⅲ－2期になると、身舎の部分だけ礎石建物になって、廂の部分は掘立柱建物へ建て替えられる建物です。この場所から出土した土器に「館」とか「介」と書かれたものがあることから、国司の館の「介の館」ではないかと考えられていて、その中心的な建物ではないかと評価されているところです。時期としては8世紀後半から9世紀前葉ぐらいの時期にあたるかと思いますが、これが国庁になるとすると、単独で建っていて、脇殿とかそういったものによってコの字形になるような配置が見られないので、国庁の正殿というよりも、「介の館」の正殿というか、中心建物ではないかと考えられます。

【李】　ありがとうございます。

　正殿につきましても、実はどのように判断するのか、その規格がどうであるのかというところを、海野さんからご発表いただいたと思います。今回の海野さんのご発表では、国庁の正殿と郡庁の正殿と、あと国分寺の金堂を比較されましたが、国庁と郡庁の正殿にはやはり差があって、平面の規模、礎石建物の割合、瓦葺建物の割合、廂の付き方などに違いがあるということでした。それに対し少し気になったのが、国分寺金堂と国庁正殿を比較されたところです。国庁正殿は、非常にいろんな種類があって多様なのですが、国分寺金堂はすごく画一的で、平面の大きさにかなり均一感を受けました。建築的に考えたときに、このような画一性を実現し得る前提としてはどのようなことが考えられるかを教えていただきたいと思います。言い換えれば、国分寺金堂の画一性が何によって保証されているのかということです。国庁・郡庁では、先ほど国庁の類型が３つほど提示され、一方、郡庁は８つほどというお話でした。この数は別の見方をするといわば国庁が３つにしか分けられないということ、すなわち数の違いが両者の画一性の違いを如実に示しているとも考えられます。その異なる画一性のうち、より少ない種類しかもたない国庁よりも、国分寺金堂は、さらに画一的なイメージを私はもつのですが、こういった画一性は、何によって得られるものなのでしょうか。

【海野】　なかなか簡単に答えられる質問ではないのですが、正直申しますと、国分寺に関して、私が金堂だけ取り上げたのは、伽藍配置を取り上げると多様性が出ているからで、あくまで国分寺金堂という単一の建物について見たときに、いわゆる唐招提寺に近い形というもの、７間×４間の規模で、桁行総長が90から100尺程度の建物が非常にまとまった形で見えてくるというところが特徴としてあげられます。これが何ゆえ出てくるのかというのは、国分寺に関して建築学でも、文献史料でも、考古学でもずっと議論されていることですけれども、１つは、実際に参照されたかどうかは別として、「国分二寺図」と言われているものが頒布されていて、何らかの情報共有するようなものがあった可能性は、もちろん考えられます。それをもとに、山中敏史さんが国庁に関しても同様なものがあったのではないかということは指摘されてますけれども、それに関して、国分寺ほどの規格

性は見られないというのは実態としてあります。私はその中で、国分寺の造営に関しては、一定程度、いわゆる国の坊主が関わっているのではないかと考えております。ちょっと余談になりますけれども、奈良時代において、すべての僧侶が必ずしも造営能力を有していたとはもちろん言いかねますけれども、一部分、例えば、良弁とか、実忠とか、そういったお坊さんに関して、特に良弁に関しては、軒先の細かい部材の寸法まで出しているような史料があります。我々が考えている以上に、実際に建築技術、あるいはその細部を指示するだけの能力をもっていた、設計能力あるいは指示をする能力をもっていたお坊さんたちが関わっているというのは、国分寺が画一化する１つのきっかけになったのではないかと考えます。

【李】　そういった技術の移転の問題につきましては、古尾谷さんもご研究なさっておられますので、ぜひ、コメントいただければと思います。

【古尾谷】　もうすでに私のしゃべったことがほとんどといえばほとんどなのですが、今、海野さんのお話に続けて言えば、僧侶自身が技術をもっていたケースはもちろんあると思いますけれども、自分自身が技術をもっていなくても、人脈の関係で技術者とのつながりをもっている僧侶というのはいると思います。そういう人が、その人脈で技術者を引き連れていくことはあり得ると思いますので、今、ご指摘のあったような、僧侶自身の派遣による技術の移転ということと、それにともなって技術者がくっついていったということも、両方あり得ると思います。私の話では、僧侶のほうの国師だけあげましたけれども、それ以外にも、国師周辺の人脈という、少し広めに考えていったほうがいいのかなという気もいたしました。

【李】　ありがとうございます。

　国庁・郡庁のモデル・祖型についての問題は、どのように技術が移転されたのかという問題と必ずセットで語られるべきかと思います。国分寺金堂の画一性が何によって保証されたのかを考えることが、国庁・郡庁が何をモデルにしたのか、そこから一歩踏み込んで、そのモデルをどのように獲得したのかを、考える際のヒントになるように思いました。どうぞ。

【海野】　今の話で言いますと、廣谷さんのご発表が非常におもしろかったのですが、いわゆる城柵系のところで比較的、形状が似ているのではないかと私は聞いていて思いました。いわゆる国師系のものとは別

に、軍団から軍団、そういった系統での移動に、ある程度の色分けというか、近似性みたいなものというのはみえてこないのでしょうか。何かお考えがあれば、教えていただければと思うんですが。

【廣谷】　その答えになっているかどうかわかりませんが、政庁中枢部のもっとも重要な正殿に着目してみますと、7世紀末の郡山Ⅱ期官衙の正殿は、梁行3間の構造をもつ四面廂の正殿になります。この身舎梁行3間という数に関しましては、海野さんのご発表でもありましたけれども、8世紀以降は身舎梁行2間のものが圧倒的に多い中、特徴的な間数だろうという話もございました。今回、私の発表では触れなかったのですが、郡山Ⅱ期官衙とおそらく同時期だと考えられております宮城県の県北、大崎地方にあります名生館官衙遺跡 (資料編17頁) は、丹取郡衙の可能性が考えられておりますが、多賀城の創建前に正殿をもつ政庁がつくられておりまして、こちらも身舎梁行3間をもつ四面廂の正殿となります。

　それから、これら郡山Ⅱ期官衙や名生館官衙遺跡の次の段階につくられる多賀城創建段階の正殿も、身舎梁行3間であることが再調査の結果わかりました。さらにそれとほぼ同時期につくられた秋田城の正殿も身舎梁行3間であるといった状況です。加えて、今あげた正殿はいずれも瓦葺であるという特徴もございます。その後の時代は身舎梁行2間の正殿であることが特徴的な中で、古い時期に身舎梁行3間の例が多いのは、この時期のこの地域の特徴と言えるかと思います。2間であるということがどういった影響で入ってきたかというのは、いろいろあるかと思いますけれども、少なくとも、多賀城創建段階の政庁のもっとも重要な殿舎である正殿には、古い時期から存在する在地といいますか地元の技術を導入しているところは、1つ着目してもいいかなと考えております。

【李】　ありがとうございます。

　海野さん、その身舎梁行3間というのは、どのように解釈すればよろしいでしょうか。

【海野】　建築の人間からすると、梁行3間の身舎をもつというのは、私の発表では、平安時代に近いところで屋根の形が変わるという話をしましたが、7世紀段階より前、あるいは古墳時代あたりの話をしますと、むしろ内裏系の建物が身舎3間になる、古い宮殿の形式を引き継ぐのは梁行3間というのを思いつきます。そういった系譜と、梁行2間で廂を回してく

る、いわゆる律令的な、奈良時代に入ってきた礎石を中心とする形式との違いというところで、方式の差が特徴としてあげられます。

【李】　ということになりますと、東北地方に見られる梁行3間というのは、ある意味、在来というのでしょうか、その技術が強い中で建てられたということも想像できるということでしょうか。

【海野】　そうですね。在来というのもありますし、先ほどから出ています初期国庁の時期も含めてですけれども、時期として、やはり古い段階の技術がそのまま継承されている、あるいは、土着的になったものがもともと古いものだったのか、少なくとも、奈良時代に新しく入ってきたもので一新されたのではなくて、そうではない系統のものを想定することができるのではないかと思います。

【李】　全体の区画などはもちろん、定型化国庁ですから、正方位をもっているし、左右対称で、正殿があって、脇殿があってということですよね。そういう意味では、全体は、8世紀の中頃以降のある種共通した様相を示すにも関わらず、正殿という個別の建物については、在来の技術が見られる可能性もあるということですよね。そういうことは、実は非常に重要というのか、おもしろい視点かなと個人的には思うのですが、なかなかスパっといくわけではなくて、技術の受容過程における段階差みたいなものも、一方では想像できそうで、非常に参考になると思いました。

　さて、一般に国庁・郡庁を見るときには、平面図などからそれが国庁・郡庁かどうかを判断する部分が非常に多いと思います。それに対して、古尾谷さんのご発表で、形というよりもそこで何がおこなわれているか、さらにそこから、そこにある建物やその機能が推定できないかという、別の視点からの非常に重要なご指摘をいただいたと思っております。その中で、国庁・郡庁でおこなわれる政務のうちで、判という、いわゆる決裁ということと、判を押すという押印という2つがあって、それが重要になってくるとありました。印を納めたり、あるいはそれを用いた文書を納める倉庫のようなもの、倉が近くにないといけないということもございました。その中で、まず1つ、言葉の定義の問題なのですが、庁という言葉が出てまいりました。実は私の発表のときにも、養老儀制令の元日国司条の一番初めのところで、正月に庁に向

かってみんなが拝する、その場合に庁というのは国庁正殿であると発表させていただいたのですが、そういうふうに庁という言葉が、単純な1つの建物に対応して考えていいのか、あるいは、もう少し広く考えたほうがいいのかというあたりを含めまして、少し言葉のご説明をいただければと思います。

【古尾谷】　これは前の論文で書いたことの繰り返しになりますけれども、今、李さんからご指摘がありましたとおり、朝拝の対象となるものは、単一の建物でなければおかしいので、それが中心となる建物を指すと考えるべきところであります。ただ、庁という言葉自体は、拝礼の対象という意味の言葉ではなくて、庁の文字についても先行研究がありますけれども、基本的には決裁をおこなう、判をおこなうというのが本来の意味である。少なくとも律令、あるいはその周辺の史料ではそう使われています。判はどうするかというと、本来のあり方で言えば、四等官が一堂に会して、口頭で決裁するというのが伝統的なあり方ですので、判をする建物というのは、基本的に四等官構成が1組であれば、1つで十分ということになります。ですから、判をおこなう建物としての庁が1つありさえすれば、政務についてはそれで十分だということになるわけです。先ほど、拝礼の儀式のときに庁が1つあれば十分だというお話をしましたけれども、それと同様に、決裁をおこなう場合、政務をおこなう場合でも、庁が1つあればそれで十分です。あと、きょうの私の話で言えば、文書および印を収納するスペースが、別に建っていてもよいし、庁の中に区切ってあってもよい。それからあと、先ほど前殿の話がありましたけれども、決裁をする前に文書の整理をおこなうという手続きがありまして、実際、平安朝の太政官の政務なんかでも、結政という、決裁の前に文書を整える儀式がありますけれども、そういうスペースも必要で、それを庁の中でやってもよいし、それと別の建物でやってもよいということなので、ひょっとすると前殿はそういうもので使ったかもしれない。そのように考えています。ですから、基本的には庁1つあればよいので、そういう意味で言っても、宮都の十二朝堂とは対応しません。十二朝堂は太政官以下八省以下の四等官構成が複数ある中で、それぞれが庁に座をもつということに意味がありますので、庁がたくさんある必要があるわけですけれども、国というのは四等官構成が1つですから、庁が1つあれば十

分ということかと思います。

【李】　ありがとうございます。

　前殿についても、非常に示唆に富むご指摘をいただいたかと思います。庁という言葉を何にあてるのかというのは、いろいろ考え得るということですね。

　ちょっと話を戻しますが、ご発表の中で文書を納める倉、あるいは判を納める倉みたいなものが近くにないといけないということで、その倉のあり方といたしまして、建物を区切って、一部を倉にした可能性も考えられるのではないかというお話がありました。この点について、海野さん、そういう倉のあり方というのはいかがでしょうか。

【海野】　こういう倉のイメージを建築史的に考えると、堂蔵というものがありまして、いわゆる中世の密教本堂の中に一部部屋を区切って、そこに大事な文書を納めておくということがありました。多分、そういった機能を想定されているのですが、建築史の教科書的な話から言いますと、こうした密教本堂自体が成立するのは、平安後期以降、いわゆる野屋根という大きな屋根を架けて、その中の部屋を区切ったことが一般的な発生の理解です。もちろん、発掘遺構で長舎の中に間仕切りみたいなものがありますけれども、それが堂蔵的に用いられたというのは、実証的にはなかなか示すことができないのが事実ですので、その辺の使用方法をさかのぼらせられるかというところに関しては、建築の側から積極的な提案はしにくい状態です。

【李】　そのあたりの研究は、建築の分野ではなされているのでしょうか。

【海野】　基本的には仏堂の中でどこに安置するかという話としてはなされていますけれども、それ自体、結局、現存建築では密教本堂は限られていますので、限界があるというのが現実だと思います。

【李】　建築的には、少し要検討の部分があるかもしれないというところですけれども、もう1つお聞きしたいのが鍵の問題です。そのようにして建物の一部を区切った場合に、鍵がどうなっていたか。普通に考えますと、国司などが交替するときには鍵のやりとりなどを、儀式としておこなっていたと思うのですが、その鍵は建物の外側についていたのか、仕切った内側についていたのか。鍵の開け閉めが文書として残るということは、それが儀式化されていた可能性を示すと思うのですが、その際にはそれをどう見せる

かともつながってくるような気がしまして、鍵の問題をどのように考えたらいいのかを教えていただければと思います。

【古尾谷】　最終的に鍵をかけるときに重要なのは、いわゆる鑰、クルル鉤だと思いますが、これも以前書いたのですが、一応規定の上で言えば、長官が自ら管理することになっています。

【李】　基本としては、鍵を開け閉めするということは、単に防犯上だけではなく別の儀式的な意味ともなっているように思うのですが、貴重な古文書を納めるような倉については、そのような意味があったと考えていいものですか。

【古尾谷】　鍵がですか。

【李】　いえ、鍵を開けたり閉めたりする行為が、儀式の問題とも関わっていると考えていいものでしょうか。

【古尾谷】　奈良時代までの史料で根拠としましたのが、倉庫令置公文鎰鑰条ですが、その公文庫の鍵をどうするのかということで、「公文を置くクラの鎰鑰は、長官みずからつかさどれ」とあります。それについて、『令集解』で古記がついていまして、「長官みずからつかさどる」というところの註で、「家に退くときは鑰に封をして当直の人にさずけよ」という規定があります。鍵の管理としては、個人として管理するのではなくて、きちんと封をして誰も使えないような状態にして、当直の人、つまり官のところで動かさずに、そこでとどめて管理するということが、一応、古記では言われていますので、そういう意味での厳密な管理はされていると考えています。

【李】　建物を区切って倉庫にした場合は、もし中に鍵があったりすると、その鍵の開け閉めは見えないといえばおかしいですが、人に示しにくいですよね。倉庫が1棟で建っているのなら、鍵の開け閉めは儀式として、いわゆる見せる行為として成り立ち得るような気がするのですが、ちょっとそのあたりが気になっておりまして。

【古尾谷】　これも建築のほうでどういうことがあり得るのかはわかりませんけれども、先ほどご指摘のあったいわゆる中世的な、密教的なお堂の中の公文保管庫というものは、外から見えないだろうと思います。きょう例にあげたのは、東大寺の、院政期だろうとは思いますけれども、あれは7間の建物の真ん中を区切っているわけですから、これを外から開け閉めする

ことは可能で、外に扉が付いていれば、そういうことはあり得ると思います。実際、例にあげました内裏の校書殿なども、外から出し入れしますので、そういうことからすれば、単独の倉であっても、建物の一部を区切って収納施設とした場合でも、同じことかなと思います。

【李】　ありがとうございます。

さて、お時間が過ぎてまいりました。最後に少し、モデル問題について議論したいと思います。この問題をなぜ最後にもってきたかといいますと、今回もたくさんのご発表をいただいたのですが、なかなかモデル問題というのは語るのが難しい部分が多いからです。どこで区切って比較したらいいのかということもありますし、何を指標にして考えた場合にモデル関係が成り立つのか。これまででも、いろいろなモデルが言われていますが、その根拠が単純に、見た感じなのか、あるいはある種の正確な、例えばこの間の距離が何十mだから、これを何モデルと認定する、といったような根拠があるのかということになりますと、必ずしも簡単にはいかないというところもございます。ですので、今回のご発表でも、モデル問題まで踏み込んで議論いただくには、難しい側面があったように思います。

ここで、山路直充さんからご質問をいただいております。初期国庁に見られる長舎型の建物の祖型は何になりますか、というご質問です。そこで最後に、この点につきまして少し議論をさせていただきたいと思います。いただいた質問には続きがございまして、先年の小田さんの発表を踏まえれば、その祖型が石神遺跡なのかどうか。あるいは、雷丘北方遺跡の性格と年代についてもあわせて伺いたいということですので、小田さん、よろしくお願いいたします。

【小田】　奈良文化財研究所の小田と申します。

祖型の問題ですけれども、私は初期国庁であったり、郡庁もそうですが、官衙の政庁域の建物配置は、大きくロの字形とコの字形の2つに分かれるだろうと思っています。そのうちのロの字形、山中敏史さんは、もっと分類されているのですが、基本的にはとにかく長い建物や塀によって内と外を区切る、その中心に正殿にあたるような建物があって、前面に儀式空間があるという、その構造をロの字形の基本モデルだろうと考えました。その典型が資料編182・183頁の、明日香村の石神遺跡のA3期で、その中でも

東区画では、長い建物で四辺を囲まれた中に、南北棟の四面廂建物があります。その南にも東西棟の建物がありますが、これも私は前殿にあたるものだと考えています。この前殿は、郡山遺跡にもあるような石組の池を潰して前殿をつくっています。ということから、私はこの正殿に対する石組の池や前殿があり、それを長い建物で囲む空間がロの字形のモデルになると考えているところであります。これが、7世紀の中頃、斉明朝になります。

また、雷丘北方遺跡ですけれども、資料編の188頁です。こちらも、全体が出ているわけではないですが、二面廂の長舎がありまして、その中心に四面廂建物があります。これは、一見コの字に見えますけれども、66−1次調査区の北西のところで柱穴が出ておりまして、北のほうにも長舎が想定されています。私はこれもロの字形になると考えています。時期ですけれども、私も丁寧に土器を見ているわけではありませんが、概報では、7世紀後半から藤原宮期ぐらいと書かれております。ですので、石神遺跡Ａ3期の次ぐらいの時期にあたるわけです。雷丘北方遺跡は忍壁皇子宮と考えられていますが、私はそれよりも、石神遺跡Ａ3期の建物がここに移ったと考えられるのではないかと思っています。雷丘北方遺跡では、ロの字形の建物群の周りに塀がありますので、それまでは外周の建物で内と外とを区切っていたものが遮蔽施設が分化した段階ではないかなと考えております。

【李】　ありがとうございます。初期国庁に見られる長舎型のモデルとしては、やはり石神遺跡が考えられるという結論でよろしいでしょうか。

【小田】　典型的に出ていると思います。

【李】　ほかに何か、いや、違うというご意見等ございませんでしょうか。海野さん、いかがですか。

【海野】　初期国庁の問題に関しては、もう1つ、正殿がないという問題は引き続き残るかと思います。その場合は、古尾谷さんから出たような、いわゆる庁にあたるようなもの、文書行政をするような一段高い、空間内で格式の高い場所を1ヵ所設ける必要があるのかという問題を含めて考える必要がある。それがひいては時代性、7世紀の後半なのか8世紀に入ってからなのかは、問題として残るのではないかと思います。

【李】　ありがとうございます。

では私のほうから。石神遺跡では周囲を長舎で囲っているところなのですが、あれは、座なのですか。私のきょうの発表では、あのような長舎は遮蔽施設が立派になったものではないかと発表させていただいたのですが。

【小田】　基本的には外側に壁が入っていて、中が開放しているのだろうと思います。

【李】　中はいわゆる吹き放しの空間になっている。それは、発掘調査では何か追えたりはしているのでしょうか。

【小田】　壁や床束の有無とかの細かいところは、今確認できていません。

【李】　ありがとうございます。

それと、石神遺跡がモデルであったとした場合、先ほどの話ともつながってくるのですが、どのようにして石神遺跡のモデルが諸国に伝播したのかという問題が次の興味になってくるかと思います。これもなかなかわからない部分が多いように思いますけれども、そういう意味では、初期国庁に見られる長舎型というのは、石神遺跡がモデルではないかというのが、小田さんのご意見ということで伺ったところでございます。

そろそろ終わりの時間になってまいりました。モデル問題につきましては、大宰府の政庁、大宰府型といわれるものをどのように考えるかという点で、杉原さんから問題提起をいただきました。あるいは、廣谷さんから、多賀城のタイプが前庭の形に注目した場合には広く見られるというお話もいただいたりしています。これらの部分をさらに深く掘り下げることで、もう少しおもしろい話も出てくるように思います。近年、発掘調査も非常に進展し、あるいは再調査もたくさんなされて、新しい発見もございます。できればその成果を用いて、モデル論で研究会をおこなうなど、今後の宿題とさせていただければと思います。今回、いろいろなテーマでお話をさせていただきましたが、突然で恐縮ですが、ここで、坂井秀弥さんに少しコメントをいただきたいと思います。お願いできますでしょうか。

【坂井】　全く突然で、何も考えていませんが、前回は郡庁を中心として、今回は国庁を中心として、その成立から寺院も加えて検討されて、さまざまな理解ができて、各成果をどう解釈するかというところに進んできたと思います。特に、前回から海野さんが問題意識をもってこのテーマを設定されて、今回は李さん

163
討議

が発表と司会を務められたということで、建築史の上から立体的な構造をどう理解するか、考古学ではあまり解明できない点をかなりシャープに浮き彫りにされたのではないかと思います。それに加えて、文献のほうからその機能を具体的に解明していくと、きょう古尾谷さんの話を聞いて、その手続きも的確にあぶり出されたように思います。そういう中から、7世紀半ば以降、律令体制がどういうふうに全国に波及して、それぞれの地域で官衙というものが成立していったのか、幾つかのご発表と今の討論を聞いていて、まだまだすべてがぴたっとというところにはいかないところもありましたが、それでもなお、前回、今回と2回開催したことによって、かなり前進したことが多かったのではないかと思います。これも、先ほど古尾谷さんが言われた組み合わせの視点で、どのように技術波及をしたのかということと関わる問題ですが、奈文研だからこそ、その3分野のことが一体的にできて、それと、全国で進む発掘調査を担う多くの方々の努力とその成果のまとめが今回できたことは、大変有意義ではなかったかと思います。

多賀城の発表で、皆さんよくご存じのとおり、再発掘がされて評価が見直されていると、これは大変大きな意味をもっていると思います。多くのところは掘って、報告書を書いて整備して終わり。整備する段階で発掘調査をして、肥前国庁のように、成果がさらに再検討されたり中身がわかったところもありますが、大抵はそこまでできないところもあると思います。これは記録保存の調査で、かなりの成果を上げてきていますが、その再調査とか再評価も全国的に進めていくことも大きな課題だなと思います。

いずれにしても、最近、遺跡とか文化財の活用ということが前面に押し出されて、遺跡の調査から保存して、それでこそようやく活用できる、その過程でこうした研究の積み重ねがいかに重要であるかということも再認識しまして、近々、来年にも予定されている文化庁全体の組織改編や文化財保護法の改正などについても、思いをめぐらすところが個人的にはありました。きょうはどうもありがとうございました。

【李】　ありがとうございました。

論点が多岐にわたりましたため、お聞きになられた方には、もう少しこれを聞いてほしかったのに、というところも多々あろうかと思いますが、その点につきましては、なにとぞご寛恕いただければ幸いです。また継続して研究会をされると思いますので、さらに今後検討できればと思っております。

以上で討論を終わりたいと思います。どうもありがとうございました。（拍手）

研究集会参加者（五十音順）

青木聡志	赤川正秀	安達訓仁	渥美賢吾	雨森智美	荒木志伸	安間拓巳
家原圭太	石口和男	石毛彩子	磯久容子	出浦崇	井上翔	今泉潔
岩永省三	上田真	上野邦一	海野聡	江口桂	大川勝宏	大隈彩未
大澤正吾	大橋泰夫	大村浩司	大矢健太郎	岡本治代	押井正行	押木弘巳
小田裕樹	小田芳弘	加藤貴之	河瀬孝夫	河野一也	神所尚暉	久保穰二郎
栗田一生	黒済玉恵	郷堀英司	小杉山大輔	小林新平	小宮俊久	是田敦
齋藤春太郎	齋部麻矢	佐伯英樹	坂井勇雄	坂井秀弥	坂爪久純	佐藤敏幸
佐藤雄一	鮫島えりな	志賀崇	鹿野塁	重見泰	柴田博子	柴田亮
島田朋之	下原幸裕	下村嘉輝	白石聡	神野恵	神保公久	菅波正人
菅原祥夫	杉原敏之	鈴木一議	清野陽一	田尾誠敏	高井晧	高島英之
髙橋香	高橋千晶	髙橋透	滝沢匡	田中恵梨	田中弘志	玉田芳英
丹野拓	知久裕昭	長直信	辻尾榮市	筒井崇史	津曲大祐	内藤京
長井博志	中川猛	仲田周平	中原彰久	中村信幸	西拓巳	西垣彰博
西田紀子	西別府元日	西山良平	新田剛	新田宏子	根鈴智津子	根鈴輝雄
箱崎和久	服部一隆	馬場基	馬場保之	濱部美紗	林正憲	林正之
姫野健太郎	平田博幸	平田政彦	昼間孝志	廣谷和也	深澤みどり	藤木海
藤原秀樹	古尾谷知浩	堀祥岳	堀沢祐一	前岡孝彰	松葉竜司	松村浩
松本太郎	眞鍋昭文	丸杉俊一郎	箕田拓郎	道田賢志	箕輪健一	三舟隆之
宮田浩之	宮畑勇希	三好清超	室伏徹	森岡秀人	矢越葉子	山口亨
山崎結以	山路直充	山根謙二	山本輝雄	吉田真由美	吉村武彦	李陽浩
若杉智宏						

これまでに開催した研究集会

第1回	律令国家の地方末端支配機構をめぐって	1996年12月
	(『律令国家の地方末端支配機構をめぐって―研究集会の記録―』1998年3月刊)	
第2回	古代の稲倉と村落・郷里の支配	1998年 3月
	(『古代の稲倉と村落・郷里の支配』1998年12月刊)	
第3回	古代豪族居宅の構造と類型	1998年12月
第4回	郡衙正倉の成立と変遷	2000年 3月
	(『郡衙正倉の成立と変遷』2000年12月刊)	
第5回	銙帯をめぐる諸問題	2000年11月
	(『銙帯をめぐる諸問題』2002年3月刊)	
第6回	古代官衙・集落と墨書土器―墨書土器の機能と性格をめぐって―	2002年 1月
	(『古代官衙・集落と墨書土器―墨書土器の機能と性格をめぐって―』2003年3月刊)	
第7回	古代の陶硯をめぐる諸問題―地方における文書行政をめぐって―	2003年 3月
	(『古代の陶硯をめぐる諸問題―地方における文書行政をめぐって―』2003年12月刊)	
第8回	駅家と在地社会	2003年12月
	(『駅家と在地社会』2004年12月刊)	
第9回	地方官衙と寺院―郡衙周辺寺院を中心として―	2004年12月
	(『地方官衙と寺院―郡衙周辺寺院を中心として―』2005年12月刊)	
第10回	在地社会と仏教	2005年12月
	(『在地社会と仏教』2006年12月刊)	
第11回	古代豪族居宅の構造と機能	2006年12月
	(『古代豪族居宅の構造と機能』2007年12月刊)	
第12回	古代地方行政単位の成立と在地社会	2007年12月
	(『古代地方行政単位の成立と在地社会』2009年1月刊)	
第13回	官衙と門	2009年12月
	(『官衙と門』2010年12月刊)	
第14回	官衙・集落と鉄	2010年12月
	(『官衙・集落と鉄』2011年12月刊)	
第15回	四面廂建物を考える	2011年12月
	(『四面廂建物を考える』2012年12月刊)	
第16回	塩の生産・流通と官衙・集落	2012年12月
	(『塩の生産・流通と官衙・集落』2013年12月刊)	
第17回	長舎と官衙の建物配置	2013年12月
	(『長舎と官衙の建物配置』2014年12月刊)	
第18回	宮都・官衙と土器（官衙・集落と土器1）	2014年12月
	(『官衙・集落と土器1―宮都・官衙と土器―』2015年12月刊)	
第19回	宮都・官衙・集落と土器（官衙・集落と土器2）	2015年12月
	(『官衙・集落と土器2―宮都・官衙・集落と土器―』2016年12月刊)	
第20回	郡庁域の空間構成	2016年12月
	(『郡庁域の空間構成』2017年12月刊)	
第21回	地方官衙政庁域の変遷と特質	2017年12月
	(『地方官衙政庁域の変遷と特質』2018年12月刊)	

付記　資料編目次
（掲載図版目次付き）

I　地方官衙

志波城跡（陸奥国）‥‥‥‥‥‥‥‥‥2

　　図1　政庁・官衙域遺構配置図
　　図2　全体図
　　図3　政庁・官衙域変遷試案

胆沢城跡（陸奥国）‥‥‥‥‥‥‥‥‥4

　　図1　全体図
　　図2　政庁遺構図
　　図3　政庁・東方官衙・西方官衙付近遺構配置図
　　図4　北辺建物遺構変遷図
　　図5　前門遺構変遷図
　　図6　正殿遺構変遷図
　　表1　主要遺構時期区分および施設変遷

徳丹城跡（陸奥国）‥‥‥‥‥‥‥‥‥6

　　図1　政庁地区遺構全体図
　　図2　全体図
　　図3　東半部遺構図
　　図4　造営等官庁遺構変遷図

鳥海柵跡（陸奥国）‥‥‥‥‥‥‥‥‥8

　　図1　全体図

大野田官衙遺跡（陸奥国）‥‥‥‥‥‥‥9

　　図1　遺構図

郡山官衙遺跡（陸奥国）‥‥‥‥‥‥‥10

　　図1　全体図
　　図2　I期官衙遺構配置図
　　図3　I期官衙中枢部遺構図
　　図4　I期官衙中枢部遺構変遷図
　　図5　II期官衙遺構配置図
　　図6　II期官衙中枢部遺構配置図

桃生城跡（陸奥国）‥‥‥‥‥‥‥‥12

　　図1　全体図
　　図2　政庁・政庁西側官衙主要遺構配置図
　　図3　政庁遺構図

多賀城跡（陸奥国）‥‥‥‥‥‥‥‥13

　　図1　遺構変遷図
　　図2　政庁遺構図
　　図3　遺跡周辺図
　　図4　多賀城方格地割
　　表1　主要遺構変遷

伊治城跡（陸奥国）‥‥‥‥‥‥‥‥16

　　図1　官衙域模式図
　　図2　政庁遺構変遷図

名生館官衙遺跡（陸奥国）‥‥‥‥‥‥17

　　図1　遺跡範囲および調査地区
　　図2　II期官衙遺構配置図（城内地区）
　　図3　III期政庁遺構配置図（城内地区）
　　図4　V期政庁遺構配置図（小館地区）

新田柵跡推定地（陸奥国）‥‥‥‥‥‥18

　　図1　南西部主要遺構配置図
　　図2　鍛冶町地区（第6～10次）遺構図
　　図3　鍛冶町地区（第6～10次）遺構変遷図
　　図4　御殿坂東地区（第5次）SB 427～431遺構図
　　図5　御殿坂東地区（第5次）遺構変遷図

三十三間堂官衙遺跡（陸奥国）‥‥‥‥‥20

　　図1　全体図
　　図2　郡庁院遺構変遷図1
　　図3　郡庁院遺構変遷図2
　　図4　郡庁院遺構図
　　表1　郡庁院主要遺構変遷

東山官衙遺跡（陸奥国）‥‥‥‥‥‥‥22

　　図1　政庁遺構図
　　図2　政庁遺構変遷図1
　　図3　政庁遺構変遷図2
　　図4　全体図
　　図5　壇の越遺跡方格地割

秋田城跡（出羽国）‥‥‥‥‥‥‥‥24

　　図1　政庁遺構図
　　図2　全体図
　　図3　政庁遺構変遷図
　　表1　政庁遺構変遷

払田柵跡（出羽国）‥‥‥‥‥‥‥‥26

　　図1　全体図
　　図2　政庁遺構図
　　図3　政庁遺構変遷図

城輪柵跡（出羽国）‥‥‥‥‥‥‥‥28

　　図1　政庁遺構図
　　図2　政庁遺構変遷図
　　図3　全体図

八森遺跡 (出羽国) ……………………………………30

　図1　遺構配置図

西原堀之内遺跡 (出羽国) ……………………………31

　図1　推定復元略図
　図2　全体図

根岸官衙遺跡群 (陸奥国) ……………………………32

　図1　全体図
　図2　遺構配置図
　図3　遺構変遷図1
　図4　遺構変遷図2

栄町遺跡 (陸奥国) ……………………………………34

　図1　遺構変遷図1
　図2　遺構変遷図2
　図3　全体図

泉官衙遺跡 (陸奥国) …………………………………36

　図1　郡庁院遺構変遷図
　図2　全体図
　図3　郡庁院遺構図

関和久上町遺跡 (陸奥国) ……………………………38

　図1　高福寺・上町南地区主要遺構変遷図1
　図2　高福寺・上町南地区主要遺構変遷図2

常陸国府跡 (常陸国) …………………………………39

　図1　遺構図
　図2　遺構変遷図

金田西遺跡 (常陸国) …………………………………41

　図1　金田官衙遺跡群全体図
　図2　金田西遺跡・九重東岡廃寺遺構図
　図3　金田西遺跡・九重東岡廃寺遺構変遷図

神野向遺跡 (常陸国) …………………………………43

　図1　全体図
　図2　郡庁遺構図
　図3　郡庁遺構変遷図

上神主・茂原官衙遺跡 (下野国) ……………………45

　図1　全体図
　図2　政庁遺構変遷図

西下谷田遺跡 (下野国) ………………………………46

　図1　全体図
　図2　遺構変遷図
　図3　西下谷田遺跡と上神主・茂原官衙遺跡の位置関係

下野国府跡 (下野国) …………………………………48

　図1　国庁遺構変遷図
　図2　全体図

長者ヶ平官衙遺跡 (下野国) …………………………50

　図1　全体図
　図2　中央ブロック遺構変遷図

上野国新田郡家跡 [天良七堂遺跡] (上野国) ………52

　図1　郡庁遺構図
　図2　郡庁遺構変遷図
　図3　全体図

嶋戸東遺跡 (上総国) …………………………………54

　図1　全体図
　図2　Ⅰ期政庁域復元案
　図3　中央建物群遺構図
　図4　中央建物群遺構変遷図

大畑・向台遺跡群 (下総国) …………………………56

　図1　大畑Ⅰ遺跡遺構配置図
　図2　遺構変遷図

御殿前遺跡 (武蔵国) …………………………………57

　図1　遺構図
　図2　郡庁遺構変遷図
　図3　評衙段階全体図
　図4　郡衙段階全体図

武蔵国府跡 (武蔵国) …………………………………59

　図1　国衙域遺構図
　図2　武蔵国府・武蔵国府関連遺跡主要遺構図
　図3　国衙域遺構配置図

長者原遺跡 (武蔵国) …………………………………61

　図1　全体図
　図2　郡庁遺構変遷図

相模国府跡 (相模国) …………………………………62

　図1　遺構変遷図

今小路西遺跡 (相模国) ………………………………63

　図1　遺構図
　図2　遺構変遷図

下寺尾西方A遺跡 (相模国) …………………………64

　図1　下寺尾官衙遺跡群と周辺遺跡
　図2　郡庁遺構変遷図
　図3　郡庁域遺構図 (古代)
　図4　官衙関連建物配置図

横江荘遺跡（加賀国）‥‥‥‥‥‥‥‥‥‥65

図1　遺構変遷図
図2　全体図

榎垣外官衙遺跡（信濃国）‥‥‥‥‥‥‥67

図1　遺構変遷図

弥勒寺東遺跡（美濃国）‥‥‥‥‥‥‥‥68

図1　郡庁院遺構図
図2　全体図
図3　郡庁院遺構変遷図
図4　建替の変遷

広畑野口遺跡（美濃国）‥‥‥‥‥‥‥‥70

図1　遺構変遷図

美濃国府跡（美濃国）‥‥‥‥‥‥‥‥‥71

図1　全体図
図2　遺構配置図
図3　遺構図

伊場遺跡群［梶子北遺跡］（遠江国）‥‥‥72

図1　梶子北遺跡南西部遺構図
図2　梶子北遺跡南西部遺構変遷図
図3　伊場遺跡群全体図

六ノ坪遺跡（遠江国）‥‥‥‥‥‥‥‥‥74

図1　遺構図

三河国府跡（三河国）‥‥‥‥‥‥‥‥‥75

図1　全体図
図2　国庁遺構図
図3　国庁遺構変遷図

狐塚遺跡（伊勢国）‥‥‥‥‥‥‥‥‥‥77

図1　全体図
図2　推定郡庁遺構図

伊勢国府跡（伊勢国）‥‥‥‥‥‥‥‥‥78

図1　国庁遺構図
図2　全体図
図3　国庁復元図
図4　遺構変遷図

久留倍官衙遺跡（伊勢国）‥‥‥‥‥‥‥80

図1　全体図
図2　遺構配置図
図3　遺構変遷図

伊賀国府跡（伊賀国）‥‥‥‥‥‥‥‥‥82

図1　国庁遺構図
図2　遺跡周辺図
図3　国庁遺構変遷図

近江国府跡（近江国）‥‥‥‥‥‥‥‥‥84

図1　国庁遺構図
図2　全体図
図3　遺跡周辺図

堂ノ上遺跡（近江国）‥‥‥‥‥‥‥‥‥86

図1　全体図
図2　遺構図

竹ヶ鼻遺跡（近江国）‥‥‥‥‥‥‥‥‥87

図1　全体図
図2　郡庁遺構図

岡遺跡（近江国）‥‥‥‥‥‥‥‥‥‥‥88

図1　遺構変遷図
図2　遺構図

黒土遺跡（近江国）‥‥‥‥‥‥‥‥‥‥90

図1　全体図
図2　長　舎

青野南遺跡（丹波国）‥‥‥‥‥‥‥‥‥91

図1　遺跡周辺図
図2　遺構配置図

正道官衙遺跡（山城国）‥‥‥‥‥‥‥‥92

図1　遺構図
図2　遺跡周辺図
図3　遺構変遷図

芝山遺跡（山城国）‥‥‥‥‥‥‥‥‥‥94

図1　A区遺構図
図2　遺構配置図
図3　遺構変遷図

樋ノ口遺跡（山城国）‥‥‥‥‥‥‥‥‥95

図1　全体図
図2　第1次調査遺構図
図3　遺構変遷図

平尾遺跡（河内国）‥‥‥‥‥‥‥‥‥‥96

図1　全体図
図2　遺構図
図3　遺構配置図

丹上遺跡（河内国）……………………98

　図1　A・B地区遺構図
　図2　周辺遺構図

河合遺跡（河内国）……………………99

　図1　遺構図

祢布ケ森遺跡（但馬国）……………………100

　図1　遺構配置図

因幡国府跡（因幡国）……………………101

　図1　全体図
　図2　遺構図
　図3　正殿周辺遺構図
　図4　正殿周辺遺構変遷図

上原遺跡群（因幡国）……………………102

　図1　全体図
　図2　山宮阿弥陀森遺跡南a区遺構図
　図3　上原遺跡中央部遺構図
　図4　上原遺跡中央部遺構変遷図

戸島遺跡（因幡国）……………………104

　図1　戸島遺跡・馬場遺跡の位置関係
　図2　全体図
　図3　遺構図

法華寺畑遺跡（伯耆国）……………………105

　図1　遺構図
　図2　遺構変遷図

伯耆国府跡（伯耆国）……………………106

　図1　全体図
　図2　南門周辺変遷図
　図3　国庁遺構図
　図4　遺構変遷図
　図5　遺跡周辺図

不入岡遺跡（伯耆国）……………………108

　図1　B地区遺構図
　図2　遺構変遷図

万代寺遺跡（因幡国）……………………109

　図1　中央官衙遺構遺構図
　図2　北官衙遺構遺構図
　図3　全体図

長者屋敷遺跡（伯耆国）……………………110

　図1　遺跡周辺図
　図2　遺構配置図
　図3　遺構図

古志本郷遺跡（出雲国）……………………111

　図1　F・G区遺構配置図
　図2　推定郡庁遺構復元図
　図3　主要遺構図

出雲国府跡（出雲国）……………………112

　図1　全体図
　図2　遺構配置図
　図3　遺構変遷図

郡垣遺跡（出雲国）……………………114

　図1　遺構図
　図2　遺構変遷図

美作国府跡（美作国）……………………115

　図1　遺構配置図
　図2　SB101周辺図
　図3　遺構変遷図

宮尾遺跡（美作国）……………………116

　図1　遺構図
　図2　遺構変遷図

勝間田遺跡（美作国）……………………117

　図1　遺構配置図
　図2　遺構変遷図

備後国府跡（備後国）……………………118

　図1　遺構変遷図
　図2　ツジC地区遺構図
　図3　備後国府I期後半周辺図

下本谷遺跡（備後国）……………………120

　図1　遺構図
　図2　遺構変遷図

稲木北遺跡（讃岐国）……………………121

　図1　遺構図
　図2　推定復元図

讃岐国府跡（讃岐国）……………………122

　図1　全体図
　図2　主要遺構図
　図3　遺構変遷図

久米官衙遺跡群（伊予国）……………………124

　図1　全体図
　図2　政庁遺構配置図
　図3　政庁遺構図
　図4　「回廊状遺構」内郭の復元図
　図5　「回廊状遺構」遺構図
　図6　遺構変遷図

比恵遺跡 (筑前国) ·················· 126

図1　7次・13次調査区周辺遺構図
図2　主要遺構図
図3　那珂・比恵遺跡群全体図

那珂遺跡群 (筑前国) ·················· 128

図1　114次調査区周辺遺構配置図
図2　官衙状区画周辺遺構配置図

鴻臚館跡 (筑前国) ·················· 129

図1　遺構変遷図

都地遺跡 (筑前国) ·················· 130

図1　遺構図
図2　6次B1区遺構図

有田・小田部遺跡 (筑前国) ·················· 131

図1　1期遺構配置図
図2　1期郡庁遺構図

筑後国府跡 (筑後国) ·················· 132

図1　主要遺構配置図
図2　「I期政庁北側」遺構変遷図
図3　「I期政庁」主要遺構配置図
図4　「Ⅲ期政庁」主要遺構配置図
図5　「Ⅱ期政庁」遺構配置図
図6　「Ⅱ期政庁」第145次調査遺構変遷図
図7　「Ⅳ期政庁」遺構変遷図

ヘボノ木遺跡 (筑後国) ·················· 136

図1　全体図
図2　遺構図
図3　遺構変遷図

下伊田遺跡 (豊前国) ·················· 138

図1　遺構図

福原長者原官衙遺跡 (豊前国) ·················· 139

図1　遺構図
図2　遺構変遷図

小郡官衙遺跡 (筑後国) ·················· 140

図1　全体図
図2　遺構変遷図

上岩田遺跡 (筑後国) ·················· 141

図1　Ga区遺構図
図2　遺構変遷図
図3　全体図
図4　A区3期遺構図
図5　遺跡周辺図

下高橋官衙遺跡 (筑前国) ·················· 144

図1　全体図
図2　郡庁遺構図

井出野遺跡 (筑前国) ·················· 145

図1　遺構図
図2　遺構変遷図
図3　遺跡周辺図

志波桑ノ本遺跡 (筑前国) ·················· 146

図1　遺跡周辺図
図2　遺構図

杷木宮原遺跡 (筑前国) ·················· 147

図1　遺構図

大宰府跡 (筑前国) ·················· 148

図1　政庁遺構図
図2　政庁遺構変遷図
図3　政庁周辺遺構配置図
図4　大宰府条坊図

阿恵遺跡 (筑前国) ·················· 150

図1　遺跡周辺図
図2　政庁遺構図
図3　政庁遺構変遷図

豊前国府跡 (豊前国) ·················· 152

図1　遺跡周辺図
図2　政庁推定地遺構配置図
図3　遺構変遷図
図4　政庁推定地遺構図

大ノ瀬官衙遺跡 (豊前国) ·················· 154

図1　郡庁遺構図
図2　全体図
図3　遺構変遷図
図4　遺跡周辺図

フルトノ遺跡 (豊前国) ·················· 156

図1　遺構配置図

坊所一本谷遺跡 (肥前国) ·················· 157

図1　遺構図

肥前国府跡 (肥前国) ·················· 158

図1　遺跡周辺図
図2　遺構変遷図

神水遺跡（肥後国）……………………160

    図1　1次調査区遺構配置図
    図2　1次調査区遺構図
    図3　13・23・25・28・34次調査区遺構配置図
    図4　調査区位置図
    図5　遺跡周辺図

二本木遺跡（肥後国）……………………162

    図1　13次調査区遺構図
    図2　遺構変遷図

古国府遺跡群（豊後国）…………………163

    図1　15次調査区遺構図
    図2　遺跡周辺図

竜王畑遺跡（豊後国）……………………164

    図1　遺構変遷図

城原・里遺跡（豊後国）…………………165

    図1　遺構変遷図
    図2　里地区遺構図
    図3　里地区遺構変遷図
    図4　城原地区遺構図
    図5　城原地区第2期遺構配置図
    図6　城原地区遺構変遷図

日向国府跡（日向国）……………………168

    図1　全体図
    図2　遺構配置図
    図3　遺構変遷図

II　宮　都

錦織遺跡（近江国）………………………172

    図1　大津宮中枢部推定復元図

難波宮下層遺跡（摂津国）………………173

    図1　遺構配置図
    図2　遺構図

難波宮跡（摂津国）………………………174

    図1　前期難波宮
    図2　前期難波宮東方官衙遺構変遷図
    図3　後期難波宮遺構変遷図
    図4　後期難波宮
    図5　前期遺構配置図
    図6　後期遺構配置図

五条野内垣内遺跡（大和国）……………177

    図1　遺構図

五条野向イ遺跡（大和国）………………178

    図1　全体図
    図2　中心部遺構図

上宮遺跡（大和国）………………………179

    図1　遺構図

斑鳩宮跡（大和国）………………………180

    図1　遺跡周辺図
    図2　東院伽藍下層の遺構図
    図3　遺構全体図

石神遺跡（大和国）………………………182

    図1　遺構変遷図
    図2　1〜8次調査遺構図

飛鳥水落遺跡（大和国）…………………184

    図1　遺構想定図
    図2　A期主要遺構配置図
    図3　B期主要遺構配置図

稲淵川西遺跡（大和国）…………………185

    図1　遺構模式図
    図2　遺構図

飛鳥京跡（大和国）………………………186

    図1　I・II期遺構配置図
    図2　III-A期遺構配置図
    図3　III-B期遺構配置図

雷丘北方遺跡（大和国）…………………188

    図1　遺構図
    図2　遺構変遷図

雷丘東方遺跡（大和国）…………………189

    図1　遺構配置図

藤原宮（大和国）…………………………190

    図1　藤原京条坊図
    図2　藤原宮跡

大極殿院・朝堂院…………………………191

    図3　大極殿院・朝堂院復元図
    図4　大極殿院東北部遺構図
    図5　朝堂院復元図

内裏東官衙地区・東方官衙北地区………192

    図6　内裏東官衙地区遺構変遷図
    図7　内裏東官衙・東方官衙北地区

西方官衙南地区 ·····193

図8　西方官衙南地区
図9　西方官衙南地区遺構図

藤原京（大和国）·····194

図1　藤原京条坊図

左京六条三坊 ·····195

図2　左京六条三坊　遺構図
図3　Ⅲ-A期遺構配置図
図4　Ⅲ-B期遺構配置図
図5　Ⅲ-C期遺構配置図
図6　Ⅳ期遺構配置図

右京北五条十坊西南坪（土橋遺跡）·····198

図7　右京北五条十坊西南坪
図8　右京北五条十坊西南坪　遺構図

右京二条三坊東南坪 ·····199

図9　右京二条三坊東南坪
図10　右京二条三坊東南坪　遺構図

右京四条六坊西北坪（四条遺跡）·····200

図11　四条遺跡11次調査　遺構図
図12　右京四条六坊東北坪・東南坪・西北坪

右京七条一坊西北坪・西南坪 ·····201

図13　右京七条一坊西北坪・西南坪
　　　八条一坊西北坪　遺構変遷図
図14　右京七条一坊西南坪　遺構図

右京八条一坊東北坪 ·····203

図15　右京八条一坊東北坪・西北坪
図16　右京八条一坊東北坪　遺構図

右京八条一坊西北坪 ·····204

図17　右京八条一坊西北坪　遺構変遷図
図18　右京八条一坊西北坪　遺構図

右京十一条二坊東北坪・西北坪 ·····205

図19　右京十一条二坊東北坪・西北坪
図20　右京十一条二坊東北坪・西北坪　遺構図
図21　大型建物10000周辺遺構配置図

平城宮跡（大和国）·····206

図1　平城宮跡
図2　平城宮跡内官衙区画位置図
図3　平城宮発掘調査位置図

第一次大極殿院 ·····207

図4　第一次大極殿院遺構変遷図

西　宮 ·····208

図5　西宮遺構変遷図
図6　Ⅱ期　幢旗列　SⅩ19697～19703
　　　SⅩ19707～19713

中央区朝堂院 ·····209

図7　中央区朝堂院全体図
図8　中央区朝堂院遺構変遷図

第二次大極殿院 ·····210

図9　第二次大極殿院遺構図
図10　第二次大極殿院遺構変遷図

内　裏 ·····211

図11　内裏遺構変遷図

東区朝堂院・朝集殿院 ·····212

図12　第二次大極殿院・東区朝堂院
図13　朝集殿院
図14　南北通路遺構

官衙区画H・官衙区画G・第二次大極殿院東外郭 ·····213

図15　官衙区画G・第二次大極殿院東外郭
図16　内裏東方官衙地区遺構模式図
図17　内裏東方官衙地区遺構図

東　院／官衙区画F ·····214

図18　東院6期遺構群復元案
図19　官衙区画F遺構図
図20　官衙区画F遺構変遷図

大膳職・内膳司 ·····215

図21　大膳職遺構図
図22　内膳司・官衙区画E遺構図
図23　大膳職遺構変遷図
図24　内膳司・官衙区画E遺構変遷図

官衙区画Ⅰ（磚積基壇官衙）·····216

図25　官衙区画Ⅰ遺構図
図26　遺構模式図
図27　官衙区画Ⅰ遺構変遷図
図28　SB4900周辺図

造酒司 ·····217

図29　造酒司遺構図
図30　造酒司遺構変遷図

馬寮・馬寮東方地区 ·····218

図31　左馬寮
図32　右馬寮
図33　左馬寮遺構変遷図
図34　馬寮東方地区

兵部省 ………………………………………219

図35　兵部省遺構図
図36　兵部省遺構変遷図

官衙区画K（後期式部省）………………………220

図37　式部省遺構変遷図
図38　兵部省・官衙区画K（式部省）
図39　兵部省・式部省復元図

官衙区画L・M（前期式部省・式部省東方官衙・神祇官）………221

図40　壬生門北側の変遷
図41　官衙区画L・M
　　　下層（前期式部省・式部省東方官衙）・
　　　上層（神祇官西院・東院）
図42　官衙区画L・M遺構変遷図

平城京（大和国）………………………………222

図1　平城京条坊図
図2　左京二条二坊・三条二坊周辺

左京二条二坊五坪 ………………………………224

図3　左京二条二坊五坪　遺構配置図
図4　左京二条二坊五坪・
　　　左京三条二坊一・二・七・八坪　遺構図

左京三条二坊一・二・七・八坪 …………………225

図5　左京三条二坊一・二・七・八坪　遺構変遷図

左京二条二坊十一坪 ……………………………226

図6　左京二条二坊十一坪　2期遺構配置図
図7　左京二条二坊十一坪・十二坪
図8　左京二条二坊十一坪　遺構図

左京二条二坊十二坪／左京二条二坊十四坪 …………227

図9　左京二条二坊十二坪　II期遺構配置図
図10　左京二条二坊十四坪　遺構変遷図
図11　左京二条二坊十四坪　遺構図

左京二条四坊十坪 ………………………………228

図12　左京二条四坊十坪
図13　左京二条四坊十坪　遺構変遷図
図14　左京二条四坊十坪　遺構図

左京二条五坊北郊 ………………………………229

図15　左京二条五坊北郊
図16　左京二条五坊北郊　遺構図

左京三条一坊十坪・十二坪・十四坪 ……………230

図17　左京三条一坊十二坪　遺構図
図18　左京三条一坊十二坪　遺構変遷図
図19　左京三条一坊十坪　遺構図
図20　左京三条一坊十四坪　遺構変遷図

左京三条一坊十五坪 ……………………………231

図21　左京三条一坊十五坪　遺構図
図22　左京三条一坊十坪・十五坪

左京三条一坊七坪 ………………………………232

図23　左京三条一坊七坪
図24　左京三条一坊七坪　遺構図
図25　左京三条一坊七坪　遺構変遷図

左京三条二坊六坪 ………………………………233

図26　左京三条二坊六坪
図27　左京三条二坊六坪　遺構変遷図
図28　左京三条二坊六坪　遺構図

左京三条二坊十五坪 ……………………………234

図29　左京三条二坊十五坪　遺構変遷図
図30　左京三条二坊十五坪　遺構図

左京三条二坊十六坪 ……………………………235

図31　左京三条二坊十六坪
図32　左京三条二坊十六坪　遺構図

左京三条四坊七坪 ………………………………236

図33　左京三条四坊七坪　遺構図
図34　左京三条四坊七坪　遺構変遷図

左京三条四坊十二坪 ……………………………237

図35　左京三条四坊十二坪　遺構変遷図
図36　左京三条四坊十二坪　遺構図

左京四条二坊九坪 ………………………………238

図37　左京四条二坊九坪　遺構図
図38　左京四条二坊九坪・十五坪

左京四条二坊十五坪 ……………………………239

図39　左京四条二坊十五坪　遺構図（西半）
図40　左京四条二坊十五坪　遺構図（東半）
図41　左京四条二坊十五坪　ＳＢ01（ＳＢ3050）
図42　左京四条二坊十五坪　遺構変遷図

左京四条二坊一坪 ………………………………240

図43　左京四条二坊一坪　遺構図
図44　左京四条二坊一坪　遺構変遷図

左京五条一坊一坪 ………………………………241

図45　左京五条一坊一坪
図46　左京五条一坊一坪　遺構変遷図
図47　左京五条一坊一坪　遺構図

左京五条一坊十六坪 ……………………………………242

　図48　左京五条一坊十六坪
　図49　左京五条一坊十六坪　遺構図

左京五条二坊十四坪 ……………………………………243

　図50　左京五条二坊十四坪　遺構変遷図
　図51　左京五条二坊十四坪　遺構図

左京五条二坊十六坪 ……………………………………244

　図52　左京五条二坊十六坪　B期遺構配置図
　図53　左京五条二坊十六坪　遺構図

左京五条四坊十坪 ………………………………………245

　図54　左京五条四坊十坪　遺構変遷図
　図55　左京五条四坊十坪　遺構図

右京北辺二坊二・三坪 …………………………………246

　図56　右京北辺二坊二・三坪　遺構図

右京一条二坊九・十坪 …………………………………246

　図57　右京一条二坊九・十坪（西隆寺下層）　遺構配置図

右京北辺四坊六坪 ………………………………………247

　図58　右京北辺四坊六坪
　図59　右京北辺四坊六坪　遺構変遷図
　図60　右京北辺四坊六坪　遺構図

右京二条三坊四坪 ………………………………………248

　図61　右京二条三坊四坪
　図62　右京二条三坊四坪　C期遺構変遷図
　図63　右京二条三坊四坪　遺構図

右京三条三坊一坪 ………………………………………249

　図64　右京三条三坊一坪
　図65　右京三条三坊一坪　遺構変遷図
　図66　右京三条三坊一坪　遺構図

右京三条三坊三坪 ………………………………………250

　図67　右京三条三坊三坪　遺構変遷図
　図68　右京三条三坊三坪　遺構図

恭仁宮跡（山城国）………………………………………251

　図1　全体図
　図2　中心部復元案
　図3　遺構配置図
　図4　中心部遺構配置図

宮町遺跡（近江国）………………………………………254

　図1　全体図
　図2　朝堂地区遺構変遷図
　図3　建物配置図

　図4　朝堂地区遺構図

膳所城下町遺跡（近江国）………………………………256

　図1　奈良時代遺構図

石山国分遺跡（近江国）…………………………………257

　図1　全体図
　図2　第4次調査遺構図

青谷遺跡（河内国）………………………………………258

　図1　遺構図

宮滝遺跡（大和国）………………………………………259

　図1　全体図
　図2　大型建物遺構周辺図

長岡宮跡（山城国）………………………………………260

　図1　大極殿院・朝堂院
　図2　東　宮
　図3　全体図

長岡京（山城国）…………………………………………262

　図1　長岡京条坊図

左京北一条三坊二町・三町 ……………………………263

　図2　左京北一条三坊二町・三町
　図3　左京北一条二坊二町・三町　遺構図

左京一条二坊十二町 ……………………………………264

　図4　左京一条二坊十二町　遺構配置図

左京二条二坊十町 ………………………………………264

　図5　左京二条二坊十町　遺構図
　図6　左京一条二坊十二町　左京二条二坊十町

右京二条三坊二町 ………………………………………265

　図7　右京二条三坊二町
　図8　右京二条三坊二町　遺構図

【参考資料】

平安宮（山城国）…………………………………………266

　図1　平安宮復元図
　図2　大極殿院遺構配置図
　図3　朝堂院推定復元図
　図4　豊楽院推定復元図
　図5　内裏遺構配置図
　図6　中和院
　図7　中務省復元図
　図8　太政官
　図9　大蔵省

平安京右京一条三坊九町 (山城国) ·····························268

    図1   平安京条坊図
    図2   右京一条三坊九町遺構図
    図3   遺構配置図

平安京右京一条三坊十六町 (山城国) ·························269

    図1   右京一条三坊十六町遺構図
    図2   右京一条三坊九町・十六町

第21回　古代官衙・集落研究会報告書
地方官衙政庁域の変遷と特質　報告編

発　行　日	2018年12月7日
編　　　集	独立行政法人 国立文化財機構 奈良文化財研究所 〒630-8577　奈良市二条町2-9-1
発　　　行	株式会社 クバプロ 〒102-0072　東京都千代田区飯田橋3-11-15 PVB飯田橋6F
印　　　刷	株式会社 大應 〒101-0047　東京都千代田区内神田1-7-5

©2018　本書掲載記事の無断転載を禁じます。
乱丁本・落丁本はお取り替えいたします。
ISBN978-4-87805-158-6　C3020

第20回 古代官衙・集落研究会報告書

郡庁域の空間構成

2016年12月に開催された奈良文化財研究所
第20回古代官衙・集落研究会の報告書。

- **遺構からみた郡庁の建築的特徴と空間的特質**
  海野　聡（奈良文化財研究所）
- **九州の郡庁の空間構成について**
  西垣　彰博（粕屋町教育委員会）
- **郡庁域の空間構成—西日本の様相—**
  雨森　智美（栗東市教育委員会）
- **弥勒寺東遺跡（史跡弥勒寺官衙遺跡群）の郡庁院**
  —変遷の把握とその意味—
  田中　弘志（関市教育委員会）
- **関東地方における郡庁域の空間構成**
  栗田　一生（川崎市教育委員会）
- **東北の郡庁の空間構成**
  藤木　海（南相馬市教育委員会）
- **文献からみた郡庁内・郡家域の空間構成**
  吉松　大志（島根県古代文化センター）

A4版・240頁
3,000円+税

古代官衙・集落研究会報告書シリーズ

第20回古代官衙・集落研究会報告書「郡庁域の空間構成」（A4版・240頁 3,000円+税）

第19回古代官衙・集落研究会報告書「官衙・集落と土器2—宮都・官衙・集落と土器—」（A4版・280頁 3,500円+税）

第18回古代官衙・集落研究会報告書「官衙・集落と土器1—宮都・官衙と土器—」（A4版・194頁 2,500円+税）

第17回古代官衙・集落研究会報告書「長舎と官衙の建物配置 資料編」（A4版・466頁 4,300円+税）
　　　　　　　　　　　　　　　　「長舎と官衙の建物配置 報告編」（A4版・256頁 2,600円+税）

第16回古代官衙・集落研究会報告書「塩の生産・流通と官衙・集落」（A4版・210頁 2,500円+税）**絶版**

第15回古代官衙・集落研究会報告書「四面廂建物を考える 資料編」（A4版・504頁 4,300円+税）
　　　　　　　　　　　　　　　　「四面廂建物を考える 報告編」（A4版・216頁 2,200円+税）

第14回古代官衙・集落研究会報告書「官衙・集落と鉄」（A4版・206頁 2,500円+税）

第13回古代官衙・集落研究会報告書「官衙と門 報告編」（A4版・192頁 2,500円+税）
　　　　　　　　　　　　　　　　「官衙と門 資料編」（A4版・468頁 4,600円+税）

発行：(株)クバプロ　〒102-0072　東京都千代田区飯田橋3-11-15 PVB飯田橋 6F
TEL：03-3238-1689　FAX：03-3238-1837　URL：http://www.kuba.co.jp/　E-mail：book@kuba.jp